上财文库
新思想研究丛书
刘元春 主编

促进民营经济发展壮大

Promoting the Development and Growth of Private Economy

冒佩华 著

上海财经大学出版社
上海学术·经济学出版中心

图书在版编目(CIP)数据

促进民营经济发展壮大 / 冒佩华著. -- 上海：上海财经大学出版社, 2025. 1. -- (上财文库) (新思想研究丛书). -- ISBN 978-7-5642-4562-7

Ⅰ. F121.23

中国国家版本馆 CIP 数据核字第 20245K9N52 号

上海财经大学中央高校双一流引导专项资金、中央高校基本科研业务费资助

□ 责任编辑　廖沛昕
□ 封面设计　贺加贝

促进民营经济发展壮大

冒佩华　著

上海财经大学出版社出版发行
（上海市中山北一路 369 号　邮编 200083）
网　　址:http://www.sufep.com
电子邮箱:webmaster@sufep.com
全国新华书店经销
上海华业装璜印刷厂有限公司印刷装订
2025 年 1 月第 1 版　2025 年 9 月第 3 次印刷

787mm×1092mm　1/16　14 印张（插页:2）　258 千字
定价:79.00 元

总　序

更加自觉推进原创性自主知识体系的建构

中国共产党二十届三中全会是新时代新征程上又一次具有划时代意义的大会。随着三中全会的大幕拉开，中国再次站在了新一轮改革与发展的起点上。大会强调要创新马克思主义理论研究和建设工程，实施哲学社会科学创新工程，构建中国哲学社会科学自主知识体系。深入学习贯彻二十届三中全会精神，就要以更加坚定的信念和更加担当的姿态，锐意进取、勇于创新，不断增强原创性哲学社会科学体系构建服务于中国式现代化建设宏伟目标的自觉性和主动性。

把握中国原创性自主知识体系的建构来源，应该努力处理好四个关系。 习近平总书记指出："加快构建中国特色哲学社会科学，归根结底是建构中国自主的知识体系。要以中国为观照、以时代为观照，立足中国实际，解决中国问题，不断推动中华优秀传统文化创造性转化、创新性发展，不断推进知识创新、理论创新、方法创新，使中国特色哲学社会科学真正屹立于世界学术之林。"习近平总书记的重要论述，为建构中国自主知识体系指明了方向。当前，应当厘清四个关系：（1）世界哲学社会科学与中国原创性自主知识体系的关系。我们现有的学科体系就是借鉴西方文明成果而生成的。虽然成功借鉴他者经验也是形成中国特色的源泉，但更应该在主创意识和质疑精神的基础上产生原创性智慧，而质疑的对象就包括借鉴"他者"而形成的思维定式。只有打破定式，才能实现原创。（2）中国式现代化建设过程中遇到的问题与原创性自主知识体系的关系。建构中国原创性自主知识体系，其根本价值在于观察时代、解读时代、引领时代，在研究真正的时代问题中回答"时代之问",这也是推动建构自主知识体系最为重要的动因。只有准确把握中国特色社会主义的历史新方位、时代新变化、实践新要求,才能确保以中国之理指引中国之路、回答人民之问。(3)党的创新理论与自主知识体系的关系。马克思主义是建构中国自主知识体系的"魂脉",坚持以马克思主义为指导,是当代中国哲学社会科学区别于其他哲学社会科学的根本标志,必须旗帜鲜明加以坚持。党的创新理论是中国特色哲学社会科学的主体内容,也是中国特色哲学社会科学发展的最大增量。(4)中华传统文化与原创性自主知识体系的关系。中华优秀传统文化是原创性自主知识体系的"根脉",要加强对优秀传统文化的挖掘和阐发,更有效地推动优秀传统文化创造性转化、创新性发展,创造具有鲜明"自主性"的新的知识生命体。

探索中国原创性自主知识体系的建构路径,应该自觉遵循学术体系的一般发展规律。建构中国原创性自主知识体系,要将实践总结和应对式的策论上升到理论、理论上升到新的学术范式、新的学术范式上升到新的学科体系,必须遵循学术体系的一般发展规律,在新事实、新现象、新规律之中提炼出新概念、新理论和新范式,从而防止哲学社会科学在知识化创新中陷入分解谬误和碎片化困境。当前应当做好以下工作:(1)掌握本原。系统深入研究实践中的典型事实,真正掌握清楚中国模式、中国道路、中国制度和中国文化在实践中的本原。(2)总结规律。在典型事实的提炼基础上,进行特征事实、典型规律和超常规规律的总结。(3)凝练问题。将典型事实、典型规律、新规律与传统理论和传统模式进行对比,提出传统理论和思想难以解释的新现象、新规律,并凝练出新的理论问题。(4)合理解释。以问题为导向,进行相关问题和猜想的解答,从而从逻辑和学理角度对新问题、新现象和新规律给出合理性解释。(5)提炼范畴。在各种合理性解释中寻找到创新思想和创新理论,提炼出新的理论元素、理论概念和理论范畴。(6)形成范式。体系化和学理化各种理论概念、范畴和基本元素,以形成理论体系和新的范式。(7)创建体系。利用新的范式和理论体系在实践中进行检验,在解决新问题中进行丰富,最后形成有既定运用场景、既定分析框架、基本理论内核等要件的学科体系。

推进中国原创性自主知识体系的建构实践,应该务实抓好三个方面。首先,做好总体规划。自主知识体系的学理化和体系化建构是个系统工程,必须下定决心攻坚克难,在各个学科知识图谱编制指南中,推进框定自主知识体系的明确要求。

各类国家级教材建设和评定中,要有自主知识体系相应内容审核;推进设立中国式现代化发展实践典型案例库,作为建构自主知识体系的重要源泉。其次,推动评价引领。科学的评价是促进原创性自主知识体系走深走实的关键。学术评价应该更加强调学术研究的中国问题意识、原创价值贡献、多元成果并重,有力促进哲学社会科学学者用中国理论和学术做大学问、做真学问。高校应该坚决贯彻"破五唯"要求,以学术成果的原创影响力和贡献度作为认定依据,引导教师产出高水平学术成果。要构建分类评价标准,最大限度激发教师创新潜能和创新活力,鼓励教师在不同领域做出特色、追求卓越,推动哲学社会科学界真正产生出一批引领时代发展的社科大家。最后,抓好教研转化。自主知识体系应该转化为有效的教研体系,才能发挥好自主知识体系的育人功能,整体提升学校立德树人的能力和水平。

上海财经大学积极依托学校各类学科优势,以上财文库建设为抓手,以整体学术评价改革为动力,初步探索了一条富有经管学科特色的中国特色哲学社会科学建构道路。学校科研处联合校内有关部门,组织发起上财文库专项工程,该工程旨在遵循学术发展一般规律,更加自觉建构中国原创性自主知识体系,推动产生一批有品牌影响力的学术著作,服务中国式现代化宏伟实践。我相信自主知识体系"上财学派"未来可期。

上海财经大学 校长

2024 年 12 月

前　言

一、选题背景

党的二十届三中全会重申要在坚持"两个毫不动摇"原则的基础上,"制定民营经济促进法","保证各种所有制经济依法平等使用生产要素、公平参与市场竞争、同等受到法律保护,促进各种所有制经济优势互补、共同发展"。这是继党的二十大提出"促进民营经济发展壮大"后,对民营经济发展做的进一步战略部署,由此可见,党中央对民营经济发展的高度重视。回溯历史,民营经济是在党中央对所有制理论认识不断突破的过程中成长起来的。自新中国成立以来,在这七十余年的时间里,我国民营经济经历了逐步恢复发展、被限制、被取缔、重新恢复发展到逐步发展壮大的曲折过程。2016年3月4日,习近平总书记在全国两会上发表重要讲话,高度概括了民营经济的"56789"特征,即民营经济贡献了50%以上的税收,60%以上的国内生产总值,70%以上的技术创新成果,80%以上的城镇劳动就业,90%以上的企业数量。可见,长期以来,我国民营经济快速发展,在稳定增长、促进创新、增加就业、改善民生等方面发挥了重要作用,是稳定经济的重要基础,是国家税收的重要来源,是技术创新的重要主体,是金融发展的重要依托,是经济持续健康发展的重要力量。时至今日,民营经济已然成为我国经济制度的内在要素,在我国经济社会发展中占据重要地位。促进民营经济发展壮大,在推进供给侧结构性改革、培育新质生产力以及实现高质量发展等方面发挥着不可或缺的重要作用,是实现中国式现代化的重要助力。

目前,我国民营经济正处于发展路径转型的关键时期。民营经济原有的以量取胜、以规模扩张为核心的粗放型发展路径的内在动力已严重不足,短板和弊端也开始尽数显现。因而我国民营经济的发展已开始向创新驱动、绿色友好、协调规范、共享开放的高质量发展道路转型,并已取得显著成就。然而,目前民营经济的发展面临着不少问题与挑战,例如:经济发展方式转换带来的部分企业内生动力不足,国内市场竞争仍需加强公平;国际经济环境变化引致的市场动荡以及投资信心不足,全球产业链重构使企业增长方式发生变革;部分民营企业技术创新陷入低端锁定困境。能否顺利克服这些困难与挑战,决定着民营经济能否顺利完成发展路径转型,走上高质量发展的道路。因此,我们应当继续全面深化改革,为民营经济发展转型提供足够的外部支持,为推进中国式现代化的"生力军"的发展壮大保驾护航。

长期以来,习近平总书记始终高度重视民营经济的发展壮大。早期在地方开展工作时,习近平总书记就十分重视发展民营经济对建设社会主义市场经济的重要意义,并结合实践经验与理论研究对民营经济发展壮大提出了许多重要观点。党的十八大以来,习近平总书记关于民营经济问题的思考与认识逐渐成熟,就我国民营经济的发展理念、经济地位、政治属性、发展环境、政策措施等提出了一系列立意深远的新观点、新阐述,由此形成了习近平总书记关于民营经济的系统性重要论述。作为习近平经济思想的重要组成部分,全面梳理习近平总书记关于民营经济重要论述的发展脉络,准确把握其体系架构,科学认识其时代价值,对于更好地推进新时代民营经济发展壮大,助力实现第二个百年奋斗目标和中华民族伟大复兴具有十分重要的现实意义。

二、研究价值

首先,本书从纵向上回顾了习近平总书记关于民营经济发展壮大重要思想的演变历程,厘清了我国民营经济在不同历史阶段的发展特征和内在发展规律;在此基础上,从横向上阐明了发展民营经济同国家各项发展战略、经济社会其他部门运行发展间的关联,从而纵横结合地揭示了习近平总书记关于民营经济重要论述的时代价值以及其在习近平新时代中国特色社会主义思想中的定位。习近平新时代中国特色社会主义思想是一个有机的整体,习近平总书记关于民营经济的重要论述,是在"坚持以人民为中心的根本立场""坚持全面深化改革"等前提下,结合"科教兴国战略、人才强国战略、创新驱动发展战略"等提出的。要深刻把握习近平总书记关于民营经济重要论述的核心要义、时代价值与实践指向,就必须在横向上坚持系统观念,明确发展壮大民营经济在整个习近平新时代中国特色社会主义思想中所处的位置,厘清其与国家各项发展战略间的联系。

其次,在厘清习近平总书记关于民营经济重要论述的发展脉络以及其在习近平经济思想中所处的位置后,本书先主要从历史和实践的维度出发,系统整理了党的十八大以来相关论述的具体内容,再主要基于理论维度对这些论述的提出原因、彼此间联系以及现实意义进行了更加深入的探赜,以期能完整地呈现出这些重要论述的内在逻辑和主次关系,有助于读者形成对习近平总书记相关论述动态化、立体化的深刻认识。

最后,基于对习近平总书记关于民营经济重要论述的梳理和探赜,本书从习近平总书记的讲话和论述中提炼出了促进民营经济发展壮大的四条重要命题,从根本保障、基本方略和内外抓手几个方面,就如何促进民营经济发展壮大展开了详细论述。本书坚持理论与实践相结合、历史与逻辑相统一的方法和原则,总结梳理了与民营经济发展壮大相关联的大量历史事实和重要文件,并尝试系统性地提出相对具体的政策框架和行动逻辑,以期为科学合理地帮助民营经济摆脱当前困境,迈向高质量发展道路建言献策。

三、内容安排与写作分工

本书第一章是对习近平总书记关于民营经济相关论述的梳理。这一章首先以时间为主要线索,系统回顾习近平总书记相关论述的形成发展历程。这一章对于习近平总书记相关论述的讨论并不局限于民营经济本身,而是以民营经济为中心,结合习近平总书记的其他思想进行了适当延拓。这样做的目的,正如前文所说,是为了在横向上坚持系统观念,明确发展壮大民营经济在整个习近平新时代中国特色社会主义思想中所处的位置,并厘清其与国家各项发展战略间的联系。党的十八大以来,习近平总书记的相关认识与论述逐渐走向成熟与系统化。因此,这一章在梳理发展历程的同时,还将系统性地呈现党的十八大以来习近平总书记关于民营经济发展重要论述的核心内容,并从历史和实践的角度,对这些论述的形成原因和重要意义进行了初步说明。

本书第二章是对第一章内容的承接,主要从理论的角度,更深入地对习近平总书记关于民营经济发展的相关论述进行探赜,以期在理论层面揭示习近平总书记重要论述的逻辑体系,展现这些论述的理论价值和指导意义。同时,这一章还提炼出了促进民营经济发展壮大的四个重要命题,作为对后续章节的总领。后续章节都是这一章内容在理论上的进一步展开,以及在实践上的落地开花。

本书第三章就"发展壮大民营经济需要坚持党的领导"这一命题进行展开,深入讨论了民营经济发展壮大为什么要坚持党的领导以及如何贯彻落实党的领导两个问题。该章第一节将重心放在党对民营企业的领导上,详细说明党的领导对民营企业发展的重要作用,以及党是通过什么方式领导民营企业发展的。该章第二节围绕"坚持党的领导"这一主题,对农村集体经济组织的发展壮大进行了一个较为简单的讨论。这样做的原因在于,坚持党的领导是民营企业和农村集体经济组织发展都必须奉行的根本原则。围绕这一主题展开,在有限篇幅内,既能体现出民营企业和农村集体经济组织在运行特征和发展规律方面的显著差异,又能体现出两者在本质层面的相似性和同一性。这样就能在不偏离本书主题的前提下,使本书的讨论研究更加完备而不留遗憾。

本书第四章就"在坚持'两个毫不动摇'中发展壮大民营经济"这一命题进行展开。首先,回顾坚持"两个毫不动摇"的提出与发展历程,梳理党和国家对于发展民营经济的认识和态度的演变过程。其次,展开讨论不同所有制经济之间是通过什么方式来彼此助力对方发展的。最后,就如何在实践中坚决贯彻"两个毫不动摇"给出了若干建议。

本书第五章就"发展壮大民营经济需要苦练民营企业发展内功"这一命题进行展开,对民营经济该如何苦练发展内功做进一步讨论。该章就民营企业为何以及如何建立具有中国特色的现代企业制度、弘扬企业家精神以及实现发展路径转型三方面内容进行了详细阐释。

本书第六章就"构建有利于民营经济发展壮大的外部环境"这一命题进行展开,讨论了如何构建有利于民营经济发展的外部环境。所谓"良好的外部发展环境",是指由微观、中观、宏观三个层面组成的完整制度体系。微观层面的具体制度直接作用于企业的日常运营和转型升级,中观层面的要素保障机制支持产业的生存空间不断拓展,而宏观层面的制度则需要在国内完备的宏观治理的基础上,扎实推进高水平对外开放,更好推动民营企业"走出去",助力更多世界一流企业的诞生。该章将按照从微观到宏观的顺序,从民营经济面临的具体问题入手,见微知著、系统集成、逻辑连贯地呈现出"良好外部环境"这个完整制度体系的具体内容。

本书的框架设计和统稿由冒佩华、杨浩宇和郎旭华负责。各章撰写者分别为:第一章、第二章是冒佩华、杨浩宇,第三章是冒佩华、杨浩宇、朱静,第四章、第五章是冒佩华、黄超，第六章是冒佩华、朱静、陈思。刘陈弘毅参与了文献和脚注的编排与校对工作。

尽管作者为本书的撰写付出了巨大努力，但由于研究时间和研究能力方面的局限，本书仍然可能存在一些不够深入和不够全面之处，恳请读者朋友批评指正。

冒佩华
2024 年 12 月

目 录

第一章 习近平总书记关于民营经济发展壮大的相关论述 / 001

第一节 习近平总书记关于民营经济发展壮大的早期探索 / 002

第二节 党的十八大以来习近平总书记关于民营经济发展壮大思想的发展深化 / 026

第三节 习近平总书记关于民营经济重要论述的时代价值和重要意义 / 042

第二章 习近平总书记关于民营经济发展壮大的相关论述的深入探赜 / 047

第一节 发展壮大民营经济的必要性 / 048

第二节 发展壮大民营经济的紧迫性 / 054

第三节 发展壮大民营经济的四个重要命题 / 060

第三章 发展壮大民营经济需要坚持党的领导 / 065

第一节 党对民营企业发展的领导 / 066

第二节 党对农村集体经济组织发展的领导 / 075

第四章 在坚持"两个毫不动摇"中发展壮大民营经济 / 096

第一节 坚持"两个毫不动摇"的发展历程 / 096

第二节 不同所有制经济相得益彰是建成社会主义现代化强国的基本前提 / 108

第三节 平等对待不同所有制经济是坚持"两个毫不动摇"的灵魂所在 / 121

第四节 完善民营企业参与国家重大项目建设长效机制 / 131

第五章　发展壮大民营经济需要苦练民营企业发展内功　/ 138

　　第一节　发展和完善中国特色现代企业制度　/ 138

　　第二节　培育和弘扬企业家精神　/ 149

　　第三节　促进民营企业提质增效、转型升级　/ 158

第六章　构建有利于民营经济发展壮大的外部环境　/ 170

　　第一节　构建平等对待各类市场主体的竞争环境　/ 170

　　第二节　民营经济发展壮大的要素保障机制　/ 183

　　第三节　以高水平对外开放为发展壮大民营企业提供支持保障　/ 193

参考文献　/ 203

第一章

习近平总书记关于民营经济发展壮大的相关论述

"坚持'两个毫不动摇',发展壮大民营经济"是习近平经济思想的重要组成部分。习近平经济思想是一个有机的整体,习近平总书记关于发展壮大民营经济的有关论述,是在"坚持以人民为中心的根本立场""坚持全面深化改革"等前提下,结合"科教兴国战略、人才强国战略、创新驱动发展战略"等提出的。要深刻把握习近平关于民营经济重要论述的核心要义、时代特征与实践指向,就必须在横向上坚持系统观念,明确发展壮大民营经济在整个习近平新时代中国特色社会主义思想中所处的位置,厘清其与国家各项发展战略间的联系。为此需要在纵向上系统回顾习近平总书记关于民营经济发展壮大重要思想的演变历程。因为习近平总书记对民营经济认识的形成并非一蹴而就,而是经历了一个实践创新和理论创新有机结合、从特殊走向一般的发展过程:从最初在河北正定任职时期,由实践中产生的直观的、针对性强的战术性认识,到之后在福建、浙江主政时期,将理论与实践相结合产生得更为宽泛、更为科学的认识,再到党的十八大以来,结合国内国际发展经验、发展形势所形成的科学、全面、有机的战略性认识。可见,回顾习近平总书记关于民营经济重要论述的发展脉络,既有助于在纵向上把握我国民营经济在不同历史阶段的发展特征,摸清其内在的发展规律,还有助于在横向上厘清发展民营经济同国家发展战略、经济社会运行发展间的关联,全面而深刻地把握习近平总书记关于民营经济论述的丰富内涵与重要意义。

第一节　习近平总书记关于民营经济发展壮大的早期探索

一、"晋江经验"：发展民营经济的初探索

这一部分将详细阐述"晋江经验"提出的现实背景、实践经验和理论认识，并简要追溯习近平总书记在河北工作时期提出的有关论述与政策。这样做的目的既是为了详细说明"晋江经验"本身的来龙去脉，充分阐明"晋江经验"同民营经济发展壮大间的紧密联系，深刻揭示"晋江经验"对今天的参考价值和启迪意义；又是想以此探索习近平总书记早期思考民营经济问题时所秉持的世界观和采用的方法论，向读者展现习近平总书记作为马克思主义者思考问题、看待问题、解决问题所具备的系统性、预见性和创造性。

（一）"人才九条"与发展民营经济的原初探索

早在正定工作期间，习近平总书记就已经开始对发展民营经济的必要性和具体手段做了初步的探索和思考。1982年的正定县是当时有名的贫困县。当时正定县人才紧缺，全县总人口45万人，大专以上文化程度的仅有379名，自学成才或中专毕业后取得技术员以上职称的仅有256名，其中助理工程师以上的仅138人。[①]由此，习近平总书记认为，没有人才，县不能富，民不能强。并且，光有人才还不够，还得搭建起相应的舞台，地区经济发展的大戏才能唱起来。通过积极学习沿海地区发展的经验，习近平总书记发现，原有的僵化计划经济模式无法让各路才俊大展宏图，唯有着力破解市场要素聚集与原有计划经济体制之间的矛盾，用超前的思维、务实的政策大力发展商品经济，发掘和引进人才才有实际意义。习近平总书记指出："商品生产并不是资本主义社会特有的现象，社会主义社会不但需要商品经济继续存在，而且还要千方百计促进它的发展，这是社会主义经济规律决定的。"[②]

在形成科学而系统的人才观念的基础上，结合对发展社会主义商品经济的正确认识，1983年3月，习近平总书记正式提出了"人才九条"这一重要的人才政策。"人才九条"的全称是《树立新时期的用人观点，广招贤才的九条措施》，它的实施效

---

① 习近平. 知之深 爱之切[M]. 河北：河北出版传媒集团、河北人民出版社，2015：39.
② 习近平. 知之深 爱之切[M]. 河北：河北出版传媒集团、河北人民出版社，2015：96.

果是非常引人瞩目的。1984年,正定县10项经济指标均创历史最高水平,工农业总产值达到3.8亿多元①,比1980年翻了一番。1985年5月,习近平总书记离开正定,正定县工农业生产总值当年达4.38亿元②,切实走上了发展的"翻番路"。正定县因此不仅摘掉了"高产穷县"的帽子,还成了河北省首批小康县和经济强县。

"人才九条"中有这样一条内容:"一、热烈欢迎我县所需的外地各种科技人员来正定帮助发展县、社、队企业。对搞成的每个项目,只要产品有销路,其利润由双方商定比例分成,或给一次性总付酬。贡献突出者,县委、县政府将予以记功、记大功、晋级、晋职。在农村的家属户口优先转吃商品粮,并给家属、子女安排适当工作。"其实这就是在鼓励正定县发展民营经济。"人才九条"的提出意味着这样一个重要事实:一方面,习近平总书记认为经济发展离不开充分发挥人才作用,离不开对人民智慧的信赖,离不开对人民力量的依靠。而要充分发挥人才和人民的智慧与力量就必须搭建好相应的舞台,通过设立相应的组织体系让人们团结起来,并赋予人们相当的权利,充分展现自己的力量。这种形式正是商品经济,以及后来的民营经济。另一方面,通过对人才作用的思考与归纳,习近平总书记对社会主义商品经济的认识也得到了加深。首先,关于"社会主义能不能、要不要搞商品经济?"这一问题,习近平总书记认为从实践层面来看,既然经济发展离不开各类人才大显身手,发展商品经济就是理所应当的。其次,关于如何发展商品经济,习近平总书记从人才工作的实践经验中进行了总结,不仅提出正确处理发展商品经济的六个关系,即正确认识当前和长远的关系、正确认识优势和劣势的关系、正确认识积极性和科学性的关系、正确认识内部条件和外部条件的关系、正确认识内涵与外延的关系、正确认识生产与服务的关系③;还认识到发展商品经济应顺应时代潮流,且需要借鉴沿海地区的先进经验,用超前的思维、务实的政策来大力推进。在这一过程中,政府在社会主义商品经济的建立过程中扮演着重要角色,这为他后来在东南沿海形成的对社会主义市场经济的系统认识打下了基础。从习近平总书记后来的论述来看,他十分关注提升民营企业家的综合素质、激发企业家精神、发挥企业家才能等方面的内容,并着重强调人才特别是企业家对于民营经济发展壮大有着重要意义,这些论述的源头都可以追溯到"人才九条"的提出。

总的来说,"人才九条"是习近平总书记早期基于其工作的现实经历,从实践中

---

① 习近平.知之深 爱之切[M].河北:河北出版传媒集团、河北人民出版社,2015:255.
② 河北省统计局.河北经济统计年鉴[M].北京:中国统计出版社,1986:256.
③ 习近平.知之深 爱之切[M].河北:河北出版传媒集团、河北人民出版社,2015:111-121.

归纳总结出的人才工作经验,它既是习近平总书记人才观念的一个全面反映,也是习近平总书记对发展民营经济认识的一个初始探索。回顾"人才九条"的提出背景和具体内容,不难发现习近平总书记对民营经济的认识与论述是同他的人才观念紧密联系的。正是这些早年的实践经历,塑造了习近平经济思想的基本立场和原则。

(二)习近平总书记在福建工作期间对社会主义市场经济的认识

到福建任职以后,习近平总书记对民营经济的认识有了进一步深化。习近平总书记对民营经济认识的深化基于这样两个重要背景:其一,工作实践背景。面对从内陆到沿海,从一县之长到一省之长的转变,习近平总书记开始进一步思考民营经济对于不同地区经济的发展究竟有何意义。对于正定这类商品经济不太发达的内陆县市而言,发展民营经济主要是为改变经济模式、摆脱贫困寻找一个重要突破口。而对于思想本就开放、商业文化本就深厚的沿海地区而言,发展民营经济则有着更为重要而深远的意义。其二,理论研究背景。习近平总书记在福建工作期间对社会主义市场经济进行了理论层面的系统性研究,形成了一系列重要的理论研究成果。在正定提出"人才九条"时,习近平总书记虽然已对社会主义商品经济和民营经济有了独到而深刻的见解,但这些见解主要是对实践经验的总结归纳,较为零碎,难成体系;而在福建工作期间,习近平总书记发表了多篇论著,对社会主义国家市场经济体制建设及其改革、农村市场化等问题进行了翔实充分的理论研究。建设社会主义市场经济离不开对多元市场主体的培育,这凸显了发展民营经济的重要性。正是基于对社会主义市场经济科学而系统的认识,习近平总书记对民营经济的认识也从以实践经验总结为主,发展到了理论与实践相结合的阶段。因此,在正式讨论"晋江经验"有关内容之前,有必要先回顾整理习近平总书记在福建期间形成的有关社会主义市场经济的思想理论。

习近平总书记在福建工作期间对构建社会主义市场经济体制的论述集中体现在《论〈政治经济学批判〉序言的时代意义》《正确处理社会主义市场经济的两个辩证关系》《社会主义市场经济和马克思主义经济学的发展与完善》《对发展社会主义市场经济的再认识》以及《略论〈关于费尔巴哈的提纲〉的时代意义》等文章中。总体而言,习近平总书记在世纪之交对社会主义市场经济的理论认识可以概括为三个方面:社会主义制度能够且应当与市场经济进行有机结合,使社会主义与市场经济有机结合的关键在于充分发挥经济与政治两方面的优势,如何建立和发展社会主义市场经济。

1. 社会主义制度能够且应当与市场经济进行有机结合

(1)两者结合的必然性

首先,习近平总书记基于马克思主义的生产力发展规律、生产力同生产关系的矛盾运动规律,论证了社会主义与市场经济相容的必然性。具体而言,习近平总书记首先指出,生产力与生产关系的矛盾运动是推动社会发展的根本动因,社会主义社会作为一个长期的历史发展过程,其生产关系不可能一经建立就能完全适应生产力发展的需要,其必须随着生产力的发展不断进行改革和创新。[①] 其次,习近平总书记进一步指出,马克思和恩格斯没有设计过经济落后的社会主义国家在经济发展上能够越过商品经济的"卡夫丁峡谷",但国际共产主义运动的实践充分证明商品经济是发展落后的社会主义国家不可逾越的发展阶段。[②] 由此,社会主义国家要想进一步发展生产力,就必须改革完善生产关系,建立适合其国情的市场经济体制。因此,社会主义需要与市场经济相结合,否则社会主义国家将永远无法在生产力层面为向自由王国的飞跃奠定物质基础。

(2)两者结合的可行性

习近平总书记仔细研究了市场经济的基本运行规律,认为价值规律、竞争规律、供求规律、积累规律、社会资本再生产的社会总产品实现规律等都适用于发展社会主义市场经济的实践,这在理论层面上进一步扫清了"社会主义利用市场经济会倒退回资本主义"这一顾虑。自改革开放以来,始终有不少人固执地认为市场经济具有阶级性,世界上只存在资本主义市场经济,因此认为市场经济必然与社会主义公有制水火不容。习近平总书记通过对"生产关系"内容的深入探讨,对以上观点进行了批判性分析。他指出,马克思在研究生产关系时主要是从所有制形式的角度进行研究的,而我们党在社会主义革命和建设实践中对社会主义生产关系内涵的认识有了全面而深刻的突破——社会主义生产关系既包括社会主义公有制的基本制度,又包括经济管理体制和经济运行机制等方面的内容,在所有制不变革的情况下,经济管理体制和运行机制同样对生产力的发展具有制约作用。[③] 显然,市场经济体制是生产关系中涉及经济管理体制与经济运行机制的部分,利用好市场经济运行规律,能够更好地解放和发展社会生产力。既然社会主义要跨越商品经济就必须与市场经济相结合,那两者之间必然是一种目的与手段的关系,因而邓小

---

① 习近平.论《〈政治经济学批判〉序言》的时代意义[J].福建论坛(经济社会版),1997(1):1—7.
② 习近平.正确处理社会主义市场经济的两个辩证关系[J].红旗文稿.1998(11):1—5.
③ 习近平.论《〈政治经济学批判〉序言》的时代意义[J].福建论坛(经济社会版),1997(1):1—7.

平提出的"社会主义也可以搞市场经济""这是社会主义利用这种方法来发展生产力。把这当作方法,不会影响整个社会主义,不会重新回到资本主义"等论断都是符合马克思主义政治经济学理论的。①

(3) 两者相互结合所面临的矛盾与挑战②

世间万物都是矛盾的对立统一体,既然社会主义与市场经济之间有相容统一的一面,自然也会有矛盾的一面,甚至矛盾的一面会更多一些。习近平总书记指出,这种矛盾主要体现在两个方面。

①资本主义社会制度是与市场经济相伴而生的,这种相伴而生的密切关系必然要与社会主义基本制度产生一定矛盾。市场经济作为一种成熟的商品经济,劳动力市场自然是其重要组成部分,而劳动力成为商品必然会导致资本主义占有方式的产生,所以市场经济在作为一种经济运行机制的同时,又会不自觉地产生资本主义社会制度,并作为一种管理体制和经济运行机制为资本主义社会制度服务。正是因为市场经济与资本主义制度结合得如此巧妙和浑然一体,由此同与资本主义社会制度相对立的社会主义公有制会产生一系列不和谐的矛盾,使得一些人由此认定市场经济就是资本主义经济。

②市场经济自身运行中的弱点也会同社会主义制度有不和谐的地方。市场经济存在着自发性、盲目性、投机性、短期性、滞后性、不完全性和容易导致垄断行为等弱点,这些弱点不仅会对资本主义社会的发展产生不利影响,而且会对社会主义的发展产生消极影响,并将引发一些新的矛盾。

基于这两个方面的矛盾,我们不难看出,只有将社会主义基本制度的优越性与市场经济体制的优点有机地融合在一起,通过发挥市场经济激发经营主体生产积极性、及时协调供求关系等优势让市场经济真正助力社会主义制度下生产力的解放与进步。对此,习近平总书记进一步指出,使社会主义和市场经济有机结合的关键,在于充分发挥经济与政治两方面优势。

2. 使社会主义与市场经济有机结合的关键在于充分发挥经济与政治两方面的优势

经济离不开政治,政治也离不开经济,这是客观事物发展的必然规律。人是社会的人,人的生产活动也只有在社会当中,基于人与人之间的合作才能顺利开展进

---

① 习近平. 正确处理社会主义市场经济的两个辩证关系[J]. 红旗文稿,1998(11):1—5.
② 习近平. 对发展社会主义市场经济的再认识[J]. 东南学术,2001(4):26—38.

行。政治是以社会公共权力(当今更多表现为国家权力)为核心展开的各种社会活动和社会关系的总和,一个良好的政治体制不仅有助于高效协调经济活动中结成的各种生产关系,还能为经济发展指明方向;反之,一个良好的经济运行体制也将有助于政治体制改革,优化政治资源的分配格局。习近平总书记指出,经济政治化和政治经济化,应是经济和政治辩证统一关系和谐发展的集中体现。以社会主义市场经济体制为例,在这迄今为止实现政治和经济有机结合最为理想的体制下,一方面是社会主义的制度优势为市场经济健康发展开辟了广阔空间,使社会主义的经济基础更加雄厚、经济内涵更为丰富,形成了显著的政治经济化特征;另一方面,市场经济的发展也推进了政治体制的改革,并在优化经济资源配置的同时,优化了政治资源的配置,使社会主义民主政治建设不断加强,经济政治化的特征和运动趋势也更加显著。[①] 因此,社会主义市场经济健康发展的核心在于,需通过充分发挥政治和经济两个方面的最大优势,帮助对方抑制和消除所存在的不和谐因素,而处理好政府与市场间关系正是其中最为重要的一环。

3. 如何建立和发展社会主义市场经济

(1)要在社会主义市场经济的发展中正确处理好按照客观规律办事与充分发挥主观能动性的关系

马克思主义认为,一般情况下,新的生产关系在社会生产力未发展到一定水平时不会出现。习近平总书记对这一理论进行了发展,他指出中国社会主义革命和建设的实践证明,新的生产关系在社会生产力未发展到一定水平时也是可以出现的。[②] 但新的生产关系同相对落后的生产力之间必然存在诸多摩擦与矛盾,如果社会在认识客观规律的同时,不结合实践发展并充分发挥主观因素的作用,就会让这种新的生产关系夭折在萌芽之中,阻碍生产力的更好发展。在社会主义制度下,适应新的生产关系的发展要求,促进生产力发展,需要发展社会主义市场经济。在具体运作层面:一方面,经济运行和资源配置要尊重和遵循市场经济一般规律,如价值规律、竞争规律、供求规律等;另一方面,要在尊重和遵循市场经济一般规律的基础上,充分发挥人们的主观能动性,深入认识、探索社会主义与市场经济结合的基本规律和基本途径,加快建立与西方资本主义市场经济有着本质区别的社会主义市场经济体制,极大地推动社会主义生产力的发展,促进社会主义现代化建设宏伟

---

① 习近平.对发展社会主义市场经济的再认识[J].东南学术,2001(4):26—38.
② 习近平.论《〈政治经济学批判〉序言》的时代意义[J].福建论坛(经济社会版),1997(1):1—7.

目标的早日实现。①

(2) 建立和发展社会主义市场经济需要理论与实践相结合

一方面要求以马克思主义经济学为基础的社会主义市场经济理论必须尽快建立和完善；另一方面立足发展的实践，发展社会主义市场经济理论，并使之更好地指导社会主义市场经济实践运行。

只要市场经济作为一种经济运行机制或经济管理体制在发挥作用，市场经济的一般原理及其内在发展规律便都是适用的。因此，习近平总书记指出，马克思在《资本论》中所揭示的科学原理并未过时，越是发展社会主义市场经济，越是要求我们必须深刻地去学习和掌握《资本论》所阐述的这些科学的共性原理，并善于运用这些原理去指导社会主义市场经济的伟大实践。但每一种经济理论都有其历史局限，我们需要在以马克思主义经济学作为基础和主体的基础上，对西方经济学中的优秀成果进行兼收并蓄。②同时实践是检验真理的唯一标准，建立科学理论的目的是去正确指导建立和发展社会主义市场经济的社会实践。习近平总书记强调，在实践过程中，要记得经常回头看，及时总结经验教训，切不可按图索骥，直接用抽象的理论去改造现实，而是要立足于实践，发展并形成新的理论。

(3) 建立和发展社会主义市场经济要坚持群众路线，以人民利益为发展中心，紧密依靠群众

发展社会主义市场经济，不仅要杜绝对理论的生搬硬套，而且要始终坚持走群众路线。社会主义改革和建设是广大人民群众的事业，人民群众是社会主义改革和建设的实践主体。因此，一方面要把广大人民群众永远置于社会实践的主体地位，引导和动员他们积极参与社会主义改革和建设，防止将发展社会主义转变为由少数精英主导的贵族式社会活动；另一方面要在社会主义改革和建设的社会实践中充分反映和体现广大人民群众的利益和要求，使他们的利益得到关照，愿望和呼声得到充分表达，让人民真正成为社会主义改革和建设的受益者③，从而为社会主义市场化的改革奠定最根本的群众基础。

(三) 晋江经验的提出背景

1. 对闽东经济发展的思考

---

① 习近平.略论《关于费尔巴哈的提纲》的时代意义[J].中共福建省委党校学报,2001(9):3—10.
② 习近平.社会主义市场经济和马克思主义经济学的发展与完善[J].经济学动态,1998(7):3—6.
③ 习近平.略论《关于费尔巴哈的提纲》的时代意义[J].中共福建省委党校学报,2001(9):3—10.

20世纪90年代初,闽东九县市是福建比较贫困的地区之一。习近平总书记在宁德工作期间一直在思考如何使闽东地区摆脱贫困,并发表了一系列讲话和文章。习近平总书记在宁德工作的近两年间,带头"四下基层",对当地的历史文化和资源优势进行了仔细的调查和认真的思考。他认为,必须把经济建设作为唯一的工作中心,要大胆改革和开放,搞好外引内联,敢于用别人的资金和技术来开发本地的资源。为此,习近平总书记提倡"滴水穿石"的精神和"弱鸟先飞"的意识,强调要发扬人民群众不畏艰难的首创精神,鼓励人们要有志气,要"自己动手丰衣足食",而不要成天想着向上伸手,怨天尤人。此外,诸如坚持改革开放、根据当地优势大力发展商品经济、积极发挥人的主观能动性、要求领导干部力戒形式主义,敢闯敢争,一心为民等,都是习近平总书记对发展闽东经济系统性思考的结果。他对闽东经济发展的思考既是后来的"晋江经验"的重要孕育温床,也是他深化对民营经济认识的一个重要契机。

习近平总书记对发展闽东经济的思考,集中体现在要正确处理闽东经济发展的六个关系中。

(1)长期目标和近期规划的关系

习近平总书记指出,经济相对不发达的地区在处理这两者的关系时,更容易出现急于求成的倾向。如果只把眼睛盯在一些近期不具备条件的事情上而不顾及时机、步骤,那就会造成满盘皆输、徒劳无功的结果。[①] 正如马克思所指出的那样,"人们自己创造自己的历史,但是他们并不是随心所欲地创造,并不是在他们自己选定的条件下创造,而是在直接碰到的、既定的、从过去继承下来的条件下创造。"[②]"所以人类始终只提出自己能够解决的任务,因为只要仔细考察就可以发展任务本身,只有在解决它的物质条件已经存在或者至少是在生成过程中的时候,才会产生。"[③] 换言之,根据历史唯物主义的观点,生产关系的调整、经济体制的改革以及上层建筑的完善都要基于一定的生产力发展水平。而推动生产力进步是一个连续的、长期的过程,所以任何拔苗助长、罔顾事实、好高骛远的思想都会对经济工作的开展造成危害。经济工作的着眼点只能放在切实可行的基础上,远期目标只能脚踏实地地逐步实现,既要避免把短期难以实施的远期目标超前化,又要防止把近期规划

[①] 习近平.摆脱贫困[M].福建:福建人民出版社,1992:68—69.
[②] 马克思,恩格斯.马克思恩格斯全集:第11卷[M].北京:人民出版社,1995:131—132.
[③] 马克思,恩格斯.马克思恩格斯全集:第31卷[M].北京:人民出版社,1998:413.

简单化。①

(2)经济发展速度与经济效益的关系

速度和效益是一对矛盾,把握它们之间的统一点,是比较困难的。习近平总书记认为,应当在追求更高效益的基础上来促进发展速度与经济效益的统一,欲速则不达。因为不恰当的发展速度会对资源造成过度利用,使整个经济生活没有回旋余地,从而阻碍并破坏生产力的发展。② 事实上,当下对资本主义和市场经济的批判,很大一部分集中在发展速度上。例如,当代的许多马克思主义学者认为,资本主义生产方式已经对人们的日常生活造成了严重的异化作用,其中两点就体现为"社会加速"和"对生态不可逆转的破坏",即资本为了获得利润,一方面不断迫使人们的生活节奏加快,让人感觉不到生活的意义,使人的发展愈发片面化,沦为赚钱的工具;另一方面则不断对自然资源进行竭泽而渔地利用,对生态环境进行疯狂开发,不给大自然任何喘息和修复的时间,从而给地球带来不可逆转的破坏。由此可见,习近平总书记在当时提出要重视发展速度与效益相统一是十分具有战略眼光和全局考量的。

(3)资源开发和产业结构调整的关系

习近平总书记认为,不论是发达国家还是发展中国家的区域经济发展,如果没有正确的产业政策,经济增长就不可能取得应有的速度和效益。③ 因此,闽东要想摆脱贫困,必须先确定产业发展的结构、顺序和时机等,制定适合本地区的产业政策,使当地丰富的资源得到高效而合理的开发利用。同时,产业政策的制定也不是天马行空的,要根据本地资源的现状进行合理的设计。例如,农业是闽东的优势,那其日后的发展就不应该抛弃这项优势,而是要以跳出传统自然经济的模式,迈入综合性商品经济大农业的新台阶的方式,进一步发挥当地的这项资源优势。如此一来,本地资源禀赋为产业政策的制定提供现实基础,产业政策的制定则为资源开发利用提供科学指引,处理好资源开发和产业结构调整的关系就能将经济发展的主观因素和客观因素完美结合,最大程度地解放和发展当地生产力。此外,习近平总书记还指出,经济发展的规律表明,工业的发展虽然应该立足于本地资源的加工利用,但工业的大发展必然会超出区域平衡原料的界限,需要利用相当数量的外来

---

① 习近平. 摆脱贫困[M]. 福建:福建人民出版社,1992:69.
② 习近平. 摆脱贫困[M]. 福建:福建人民出版社,1992:69.
③ 习近平. 摆脱贫困[M]. 福建:福建人民出版社,1992:70.

原料。① 由此可见,制定合理的产业政策对于闽东地区经济发展有着重要意义。

(4)生产力区域布局中的山区和沿海的关系

闽东经济发展是沿海与山区两重经济形态发展的复合,这并不只是一个地理问题。习近平总书记指出,正确认识这一点的意义在于:第一,有利于寻找沿海与山区复合发展的路径。人们不能自由选择自己的生产力,任何历史的生产力都是下一代人的生产生活的起点。所以沿海、山区各自有适合自身经济发展的道路,不应该盲目地去模仿借鉴,甚至复制别人的发展模式,否则就会导致外来的模式与本地资源条件不相匹配,落得邯郸学步、高不成低不就的"四不像"结果。第二,沿海和山区客观上存在差异,有差异就有互补协作的可能,因此,在政策制定上不能搞"一刀切",在措施的推行中,要注重沿海与山区的差异和协作②,令它们各尽所能、互帮互助、相辅相成。这事实上正是今天"区域协调发展""因地制宜发展新质生产力"等重大发展战略的一个重要思想源头。

(5)改革开放与扶贫的关系

习近平总书记认为,开放和扶贫对闽东来说,其目标是是促进本地区商品经济的发展。关于闽东应当如何开放,习近平总书记指出,有四点需要明确:第一,远离老城区较为孤立的开发区,应当走内涵式开发区的路子。第二,要改善闽东发展的软环境。减免税不是外商最重要的参考系,外商不仅看省钱,更关心多赚钱和好赚钱,因而闽东的软环境建设大有可为,比如简化手续,降低费用,坚持一个窗口对外,防止政出多门、拖拉扯皮等。第三,要把对外经贸工作和对台经贸工作结合起来,大力发展对外贸易,拓宽对台贸易。第四,要把资源开发和对外开放结合起来,用具有闽东特色的资源来增强对外的吸引力。③ 关于扶贫,习近平总书记认为,扶贫要和区域经济发展结合起来,推动企业改革。企业改革要在完善承包制的基础上引进竞争机制,优化劳动组合,力求"一步到位",大胆推行租赁、拍卖等改革,有条件的企业还可以试行股份制。总之,国家和企业的产权关系只能化繁为简,建立非父爱式的单纯的赋税关系,为企业全面走向市场创造条件。④ 而这正是后来习近平总书记强调的"民营经济发展要苦练内功"最早的思想雏形。

---

① 习近平.摆脱贫困[M].福建:福建人民出版社,1992:71.
② 习近平.摆脱贫困[M].福建:福建人民出版社,1992:72.
③ 习近平.摆脱贫困[M].福建:福建人民出版社,1992:73.
④ 习近平.摆脱贫困[M].福建:福建人民出版社,1992:74.

(6) 科技教育与经济发展的关系

习近平总书记指出,经济的不发达决不能成为不办科技教育的理由,相反,正因为经济不发达,则更有兴办科技教育的动力和压力。科技教育和经济发展是相互促进的,不能等经济发展了再来办教育。但是贫困地区的资源有限,在兴办科技教育时要注意三点:第一,要用长远的战略眼光来看待科技教育,要把科技教育作为闽东经济社会发展的头等大事来抓;第二,在经济实力不足的情况下,要讲究办科技教育的效益;第三,要努力把科技教育的热能转化为经济发展的动能,既强调科技教育的普及,又讲究教育的"实效"。对此,习近平总书记进一步指出,要实行"普及教育"与"成人教育"并存的方针,提倡科技人员进入商品生产的主战场,把科技重点放在实用科技上,与城乡产业结构的调整相结合,大力促进科技人员投身于"星火计划"。① 习近平总书记在福建又一次强调了人才对于地区经济发展的重要性,并且这一次他将科研人才与商品经济的发展相结合,探讨了科技教育的效益问题,详细回答了资源匮乏地区要不要办教育、要办什么样的教育、怎么样办好教育三个问题。这实质上已经为后来提出的"科教兴国战略""人才强国战略"打下基础。

2. 改革开放以来晋江地区的经济发展历程

顾名思义,"晋江经验"是对晋江地区经济发展经验的总结,因而在正式讨论其具体内容之前,还有必要对晋江地区的经济发展历程进行回顾梳理,以期对"晋江经验"有更深刻的理解。

不同于处于内地的正定县,改革开放给处于海防前线的晋江注入了生机活力,使其走上了经济发展的快车道。首先,晋江是著名的侨乡,出洋谋生的人有汇款养家的传统,正是由于长期的侨汇,才在晋江农村形成闲散资金、闲散劳动力和空闲民房的"三闲"局面,而这"三闲"成了晋江经济起步的重要物质基础。② 其次,当地党组织和政府大力支持商品经济的发展。改革开放初,虽然家庭联产承包责任制确实极大调动了农民的生产积极性,但晋江地区大部分是低产的丘陵红壤地和滨海沙质地、盐碱地,农业发展模式单一、发展上限很低,因而农业增产反而导致了"高产穷队"的现象,大量剩余劳动力囤聚农村找不到出路。对此,晋江县政府意识到,唯有打破单一的农业生产模式,走乡村工业化道路,晋江才有富强的可能,而大力发展乡镇企业在当时是推进乡村工业化最有效的手段。于是,早在 1980 年,当

---

① 习近平. 摆脱贫困[M]. 福建:福建人民出版社,1992:74—75.
② 龚维斌. 从"晋江模式"看地方文化在经济发展中的作用[J]. 南京师大学报(社会科学版),2000(11).

时的晋江县委就率先出台了《关于加快发展多种经营和社队企业的若干问题的规定》,明确提出"五个允许":允许群众集资办企业、允许雇工、允许股金分红、允许随行就市、允许供销人员按供销额提取业务费,拉开了晋江农村工业化的序幕,率先以多种形式、多种成分创办并划分乡镇企业,工业固定资产投资大幅提升。1983年,中共福建省委第一书记项南在晋江召开现场会,明确提出,集资办社队企业姓"社"不姓"资",称赞社队企业是福建农村一枝花,要求这枝花开遍全省。[①] 1984年9月,晋江县委、县政府制定《关于大力发展乡镇企业若干问题规定》,要求各部门、各单位大力扶持乡镇企业,大胆放手发展群众合资或独自办企业,并且根据资源短缺实际情况,允许超出"三就地"(就地取材、就地加工、就地销售)的规定,走"市场-技术-原材料"的新路子。再次,晋江地区的文化传统是非常适合商品经济发展的。春秋战国时期,晋江是古越族人繁衍生息的地方;到了南宋时期,北方战乱,晋江成为南渡汉人的一个重要落脚点;而到了清末和近现代,晋江的海外移民越来越多,成了重要的侨乡,因此晋江地区自古就有着多元开放的文化,这使得它在利用海外资源方面具有较强优势,能以更便宜的价格引进海外先进资本与人才,实现资本的快速积累。

基于以上三点,晋江在20世纪80年代取得了突飞猛进的发展。1984年,晋江县乡镇企业[②]从2 271个增加到3 968个,企业总收入从24 592万元增加到55 489万元,分别增长74.72%和125.62%。作为发展乡镇企业的龙头,陈埭镇的发展成绩尤为显著,1984年其乡镇企业数达到702家,工农业总产值11 027万元,人均纯收入806元,成为福建第一个亿元镇。进入90年代,"实施区域品牌造势战略,占领市场主导权"成为响亮口号,部分企业进入自创品牌阶段,一批龙头企业出现,集群内部创新机制及合理的竞争体制逐步形成,民营经济成为推动晋江经济发展的主要力量。[③] 1992年,晋江撤县设市,年均近30%的生产总值增速仍在继续。1994年,晋江开始领跑福建省县域经济,成为全省学习的样板。同年12月,中国农村发展道路(晋江)研讨会召开,中央财经小组、中央政策研究室、国务院研究室、国务院发展研究中心、中共中央党校、中国社会科学院以及九个省的"三农"问题专家参

---

① 陈伟荣,陈文敬."晋江经验"锻造"晋江奇迹"[J].群言,2018(11).
② 一般认为民营经济只包括非公有制经济,但准确地说民营经济应该包括集体所有制经济和非公有制经济,乡镇企业属于集体经济的内容,因而是民营经济的重要组成部分。
③ 福建省人民政府."晋江经验"指引新路[EB/OL]. http://www.fujian.gov.cn/zwgk/ztzl/dsxxjyhd/dsxxjy/202107/t20210714_5647478.htm.

会。专家认为,"晋江模式"与苏南模式、温州模式、珠江模式不一样,"晋江模式"以市场调节、股份合作制、外向型经济为主,同时兼顾多种经济成分共同发展。此后,晋江相继提出"质量立市""品牌强市"等发展战略,促使民营经济进一步发展壮大,初步形成优势产业集群,令"晋江模式"在实践中不断得到巩固深化。

(四)"晋江经验"的主要内容与重要价值

1. 从"晋江模式"到"晋江经验"

2002年6月,习近平总书记到泉州对晋江发展进行专题调研。他在调研中指出,泉州所有县都在借鉴晋江模式,而在借鉴过程中又各有各的发展特色,并非照搬晋江原有的模式,可见以后其他地区再来借鉴这种思路,也不会照搬其模式,所以我们还是叫"晋江经验"比较好。习近平总书记进一步指出,模式总带有一种固定的架构,我总感觉我们晋江发展的实践还在继续,创造经验还在不断成熟,还在不断地完善和发展,可能我们叫"晋江经验",更符合晋江这些年来走过的道路与付出的汗水,也更符合我们对它将来做得更好、走得更快的一种期待。①

2002年8月和10月,习近平总书记在《人民日报》《福建日报》分别发表了《研究借鉴晋江经验,加快县域经济发展——关于晋江经济持续快速发展的调查与思考》和《研究借鉴晋江经验,加快构建三条战略通道——关于晋江经济持续快速发展的调查与思考》两篇文章。这是习近平总书记首次较为系统地阐述"晋江经验",也是首次较为系统深入地阐述与民营经济相关的理论观点。

在这两篇文章中,习近平总书记都先对晋江的经济发展成就进行了总结回顾。习近平总书记指出,晋江市是全国最早探索市场经济发展道路的地方之一,晋江市是福建改革和发展的缩影,深入研究和借鉴晋江经验,对大力发展县域经济和在新世纪推动全省县域经济发展,加快构建"三条战略通道",具有重要的理论和实践意义。自1978年以来,晋江经济持续高速增长,22年中经济总量翻了七番之多,平均三年翻一番,一跃跨入全国十强县(市)行列,而且位次在不断前移;晋江工业化发展十分顺利,产业结构不断优化,经济素质显著提高,且晋江充分利用侨乡和沿海对外开放的优势,不断加大对外招商引资力度,促进外向型经济的健康发展,这使得晋江已成为全国重要的制造业基地之一,许多产品在全国占有较大市场份额,并出口到世界各地;晋江人民群众生活水平显著提高,社会生产和生活环境不断改

---

① 本书编写组.闽山闽水物华新 习近平福建足迹(上)[M].福州:福建人民出版社,北京:人民出版社,2022:285.

善,2001年,全市农民人均纯收入达到6 140元,比1978年的107元增加了56.4倍,全市累计有12个镇和317个村基本实现宽裕型小康目标分别占镇、村总数的80%和82.6%。①

在《研究借鉴晋江经验,加快构建三条战略通道——关于晋江经济持续快速发展的调查与思考》一文中,习近平总书记还进一步总结了"晋江模式"的发展历程,并对这一模式给予了高度评价。习近平总书记指出,"晋江模式"的发展主要经历了四个阶段:(1)第一阶段:侨乡"三闲"起步,乡镇企业开路;(2)第二阶段:引进利用外资,成片开发迈大步;(3)第三阶段:构建市场基础,经济发展加速;(4)第四阶段:提高、创新、突破,拓展发展道路。

习近平总书记指出,"晋江模式"是晋江人民以邓小平理论为指导,坚持党的解放思想、实事求是的思想路线;是锐意改革、开拓进取的产物。习近平总书记对"晋江模式"取得的实践成就给予了高度的评价:"晋江模式"立足于侨乡"闲房、闲资、闲散劳动力"多的具体实际,科学地选择股份合作制的形式发展企业和外向型经济,既顺应了市场经济发展的要求,又未与经济体制转轨前期以计划经济为主导的社会历史环境产生明显冲突,保持了经济的持续、快速、健康发展,显示出了很强的适应能力;"晋江模式"紧紧扭住发展生产力这个核心,以加快发展第二产业来带动第一产业和第三产业的发展,促进了产业结构优化,增加了财政收入和农民收入,加快了农村剩余劳动力的转移,缩小了城乡发展差距,使经济发展充满了活力;"晋江模式"坚持按照市场规律办事,把扩大市场需求放在第一位,依靠科技力量提高产业水平和规模,用优质产品和名牌产品开拓、占领市场,显著增强了主导产业和产品的市场竞争力;"晋江模式"千方百计地凝聚海内外晋江人的智慧和力量共同在激烈的市场竞争中奋力拼搏,拼出了发展新天地,为改革开放和现代化建设源源不断地输入新动力。

"晋江模式"能取得如此成就绝非偶然,深入挖掘并学习其成功的经验能给其他地区的发展以重要启迪。对此,习近平总书记总结道:"晋江模式"一方面从生产关系入手,努力破除与生产力发展不相适应的体制性障碍,另一方面从提高生产力自身的发展水平入手,积极引进现代生产技术、设备和管理方式,运用先进技术改造传统产业,不断提高企业经营者和生产者的素质,极大地解放和发展了社会生产力,较好地代表了先进生产力的发展要求。此外,"晋江模式"还将晋江人自古以来

---

① 习近平.研究借鉴晋江经验,加快县域经济发展[N].人民日报,2002-08-20(11).

形成的商品意识、竞争意识、开放意识、创业意识等深厚历史文化积淀、凝练、升华为具有鲜明时代特色的地域文化——"诚信、谦恭、团结、拼搏"的晋江精神,符合先进文化的发展方向。更为重要的是,"晋江模式"通过大力发展经济,使人民群众的收入不断增加,生活水平不断提高,大多数群众过上了小康生活,并为社会提供了大量就业机会,促进了社会安定和稳定,较好地代表了最广大群众的根本利益。[1]

2."晋江经验"

习近平总书记基于"晋江模式"发展取得的瞩目成就,再结合此前对社会主义市场经济的理论研究和闽东经济发展的理论思考,正式提出了"晋江经验"。它通常被概括为"六个始终坚持"和"正确处理好五大关系",即始终坚持以发展社会生产力为改革和发展的根本方向,始终坚持以市场为导向发展经济,始终坚持在顽强拼搏中取胜,始终坚持以诚信促进市场经济的健康发展,始终坚持立足本地优势和选择符合自身条件的最佳方式加快经济发展,始终坚持加强政府对市场经济的引导和服务;处理好有形通道和无形通道的关系,处理好发展中小企业和大企业之间的关系,处理好发展高新技术产业和传统产业的关系,处理好工业化和城市化的关系,处理好发展市场经济与建设新型服务型政府之间的关系。

(1)"六个始终坚持"

始终坚持以发展社会生产力为改革和发展的根本方向,学习借鉴"晋江经验"最根本是要始终坚持以发展社会生产力为改革和发展的根本方向,充分发挥自身优势,从继续突破影响市场经济发展的体制性障碍和不断提高生产力要素水平两个方面,促进社会生产力的全面发展。

始终坚持以市场为导向发展经济。早在改革开放初期,晋江的干部群众就突破"三就地"的政策限制,积极走"市场-原材料-技术"和"原材料-市场-技术"的经营路子,把几万名农民引入市场,形成遍布全国的销售和市场信息网络,抢先开辟了国内市场。学习借鉴"晋江经验",就要像晋江市那样始终坚持以市场为导向,深入把握市场经济的运行规律,大力加强市场体系和机制建设,规范市场秩序,不断提高拓展国内外市场的能力和水平,以市场经济的健康发展带动国民经济在新世纪中实现跨越式发展。

始终坚持在顽强拼搏中取胜。晋江人民在历史上就敢拼、爱拼、善拼,敢为天下先。在改革开放的大潮中,晋江的广大干部群众和企业家们,一直是在市场竞争

---

[1] 习近平.研究借鉴晋江经验,加快构建三条战略通道[N].福建日报,2002-10-04(3).

最为激烈、附加值又很小的传统产业领域中摸爬滚打、逆势而上,在逆境中求生存、求发展。各地在学习借鉴晋江经验时,必须认真学习借鉴晋江人民的这种"敢拼、爱拼、善拼"的精神与经验,做到振奋精神勇于拼搏,百折不挠顽强拼搏,发挥优势善于拼搏,坚持在拼搏中取胜、在拼搏中发展。

始终坚持以诚信促进市场经济的健康发展。市场经济既是法治经济,又是信用经济,不讲信用,市场经济就不可能健康发展。各地要很好地学习晋江以诚信为本、事事处处讲诚信的经验,共同倡导信用文化,塑造信用社会,以诚信来促进良好市场秩序的形成,促进经济的加快发展。

始终坚持立足本地优势选择最佳方式加快经济发展。党的十四大后,当晋江探索走出"以市场经济为主、外向型经济为主、股份合作制为主,多种经济成分共同发展"的发展道路已成为许多地方的共同做法的时候,晋江人民已将目光转向了"提高"和"创新"上,积极探索走"三个提高"(提高经济质量、提高全民素质、提高城市品位)、"四大创新"(制度创新、技术创新、管理创新、市场创新)的发展路子。晋江市坚持立足本地优势,不断选择符合自身条件的最佳方式加快经济发展的经验,充分体现了党解放思想、实事求是、与时俱进的思想路线。各地在学习借鉴"晋江经验"时,要注意学习借鉴那些精髓性的东西,而不是去照搬照套晋江的发展模式。

始终坚持加强政府对市场经济发展的引导和服务。在发展社会主义市场经济的实践中,晋江市的市、镇两级政府十分重视并较好地发挥了政府的引导和服务作用。各地学习借鉴"晋江经验",就要像晋江市、镇两级政府那样,变以管理为主为以服务和引导为主,做到既不"越位",又不"缺位""错位"或"不到位",通过及时引导、优质服务和有效管理,来履行好各级党委、政府领导经济工作的历史责任,促进经济的加快发展。

(2)"正确处理好五大关系"

要注意把握和处理好建设有形通道与无形通道的关系,既重视以基础设施为重点的有形通道建设,又要重视产业合作、资金吸纳和扩展、人才流动和聚集、信息流动和沟通、技术引进和扩散、思想文化传播等无形通道的建设,努力从两个方面加快建设好"三条战略通道",为全省各地加快建设"三条战略通道"探索和创造新的经验。①

---

① 构建"三条战略通道"是福建省第七次党代会作出的在新世纪初加快福建发展的重大战略决策。三条通道包括市场化改革的通道、产业链延伸的通道、新观念传播的通道,是促进区域协作,加快区域发展的重要通道。

要处理好发展中小企业和大企业之间的关系。中小企业和大企业都是市场经济发展不可缺少的市场主体。中小企业机制灵活、市场适应能力强，发展大企业不能没有中小企业做配套。但是，面对日趋激烈的国际、国内市场竞争，特别面对国际跨国公司的冲击，中小企业的抗风浪能力明显不足，需要大企业发挥其支柱性作用做大做强企业，最根本的是要在企业体制、机制、技术和管理创新上下功夫。要引导条件比较成熟的家族式企业进行规范化的股份制改造，实现由家族企业向现代企业的转变。要引导中小企业在自愿的基础上，通过品牌或产业链等方式促进企业集团化经营，不断提高产业集中度和专业化分工水平，促进规模经济的发展。要加快企业技术创新步伐，积极引进和使用先进技术和设备，大力提高企业研究、开发新产品的能力和水平，不断用高技术含量的新产品开拓和占领市场。要积极引导企业进行管理创新，不断提高经营效益和企业竞争力，这是一项紧迫而又艰巨的任务，需要不断探索和创造新的经验。

处理好发展高新技术产业和传统产业的关系。高新技术产业代表着产业升级的方向，其产值占工业总产值的比重是工业现代化的一个重要标志。而传统产业则是高新技术产业发展的基础和支撑。产业发展僵化会使经济发展陷入停滞的泥沼难以自拔，可不顾实际地盲目引进先进产业则会对原有的产业结构造成毁灭性的冲击，破坏原有的经济结构和生产力发展水平。处理好发展高新技术产业和传统产业的关系，加快发展高新技术产业、促进产业结构优化升级是避免落入"中等收入陷阱"的关键所在。因此，具有发展优势的传统产业不仅不能丢，而且要大力扶持，特别是要积极用高新技术对传统产业进行改造和提高，以不断提升传统产业的产业水平。

要正确处理工业化与城市化的关系。工业化和城市化都是现代化建设的必由之路，彼此之间是一种互相依存、互相促进的辩证统一关系：工业的集聚必然产生城市，工业化的大规模集中生产拉动了城市化向前发展，是城市化的"发动机"；城市的根本特点是集中，城市化所产生的集聚效应和规模效益能够反过来推动工业化的发展，是工业化发展的"推进器"；工业化和城市化只有互相适应、协调发展，才能加快推进经济和社会的现代化建设。故需努力在推动工业化与城市化互促共进、协调发展方面探索、创造新的经验。

处理好发展市场经济与建设新型服务型政府之间的关系。发展市场经济，要求各级政府要减少审批，将属于市场的职能交给市场去做，腾出精力多做一些为市场经济服务的工作。但建设服务型政府绝不是要政府远离经济，只做一些公益性的服务工作。党的"一个中心、两个基本点"的基本路线,决定了领导经济是各级党委、政府的基本职责。同时,加强对经济发展的宏观调控也是市场经济赋予各级政府的一项重要任务,特别是在经济体制转轨时期,既需要政府从宏观层次上加强管理,更需要政府及时对市场主体进行引导和服务。

3."晋江经验"在习近平总书记关于民营经济论述中的定位与意义

"晋江经验"是中国特色社会主义道路的创造性探索,是马克思主义政治经济学在当代中国的诠释和检验。时至今日,研究"晋江经验"对于发展马克思主义政治经济学、促进县域经济高质量发展、推动中国式现代化等都有着重要意义。根据本书的研究主题,我们在此只讨论"晋江经验"在促进民营经济发展壮大方面的重要贡献。

通过理论与实践相结合,"晋江经验"很好地解决了我国民营经济在发展过程中所面临的两个最紧要的问题,即"要不要发展民营经济?"以及"如何发展民营经济?"

(1)要不要发展民营经济

"晋江经验"从两个方面对这一问题给出了肯定回答。

第一,发展民营经济是解放与发展社会生产力的需要。发展社会主义市场经济是我国在社会主义初级阶段解放生产力的重要途径,是顺应社会生产力发展需要的。民营经济作为市场经济运行最有活力的主体,它的发展壮大对于响应并发掘市场需求,建立并强化竞争机制,发展并完善市场制度有着无可替代的重要作用。因此,发展民营经济是满足解放与发展生产力所需要的,是顺应时代发展基本潮流的。习近平总书记曾指出,改革开放初期,为突破计划经济僵化体制的束缚,只要是有利于解放和发展社会生产力的,晋江的广大干部群众都会在实践中大胆去闯、去试。而这一实践的结果就是晋江的干部群众选择了以股份合作制的形式联户去集资兴办乡镇企业,极大地调动了经营者和劳动者的积极性,促进了商品经济的快速发展。[1] 所以,发展民营经济是为解放与发展社会生产力所需要的。

第二,发展民营经济是促进区域经济发展的关键一环。这一点需要从两个方面来理解,即发展民营经济对促进区域内健康发展和促进区域间协调发展均有着重要作用。就区域内发展而言,地区经济发展的根本在于四个字"因地制宜"。正如前文所说,习近平总书记曾指出一个地区要想摆脱贫困,就必须根据当地的资源

---

[1] 习近平.研究借鉴晋江经验,加快构建三条战略通道[N].福建日报,2002—10—04(3).

优势制定合适的产业政策,使当地的各种要素资源都能流动起来,到合适的位置充分发挥其内在潜能,例如,闽东地区就需要通过制定产业政策来推动当地小农业的市场化、现代化发展。发展商品经济是促进区域内要素资源流动的关键所在,因为市场的供求机制能让资源流动到最需要它的地方,从而提高地区经济发展的效率。而民营经济会主动地根据市场需求,也就是所谓的"商机"从本地开发或者从外地引进相应资源从事生产活动。可以说,地区产业政策以及市场供求机制的落实执行都离不开民营经济的顺利发展,所以发展民营经济是促进区域内经济健康发展的重要环节。就区域间发展而言,由于工业生产的资源需求总是会超出某地的资源禀赋,区域内的健康发展离不开来自其他地区的资源支持,因而需要大力发展商品经济,使促进区域间的协调发展和促进区域内的健康发展相辅相成。发展商品经济自然离不开发展民营经济,故而发展民营经济也是促进区域间协调发展的关键所在。

(2)如何发展民营经济

关于这个问题,"晋江经验"从发展路径、企业家与政府各自应该做什么三个方面给出了回答。

首先,习近平总书记认为,发展民营经济要坚持走"三个提高"和"四大创新"的发展路径,即提高经济质量、提高全民素质、提高城市品位以及制度创新、技术创新、管理创新、市场创新。为此,可以从四个方面努力。第一,引导条件成熟的家族企业向现代企业转变。习近平总书记指出家族企业制度在经营理念、资本运营、市场开拓、产品与技术创新等方面具有一定的局限性,因此需要引导家族企业体制向现代企业制度转型。并且在推动转型时要避免政府通过行政手段强行推进,而是要遵循市场经济规律,促使企业进行规范化的股份制改造。第二,要促进中小型企业向集团化规模化发展。这里主要是针对中小型民营企业,它们不同于那些发展条件较好的家族企业,因此发展方向是不同的。中小型企业向集团化、规模化发展,有利于形成合力,共同开拓市场,通过产业链协作实现范围经济等优势。第三,要加快企业技术创新步伐。习近平总书记指出,民营企业的发展关键在于推进技术创新,主要是引进、消化与吸收创新,特别是要注重研发创新、高技术含量的产品创新。"晋江经验"既指出了创新来源的多样性,又强调了技术要有用、技术要与市场相结合、要经受市场检验等特点。第四,要引导企业进行管理创新,走内涵式发展道路来做大做强民营经济,着力于提高企业的经营效益和竞争力。

其次,所谓"事在人为",再好的发展路线也需要民营企业家去贯彻落实才有意义。因此,关于民营企业家该怎么做,"晋江经验"也给出了三方面的意见。第一,要弘扬企业家精神。民营企业要在激烈的市场竞争中占据优势,民营企业家必须"始终坚持在顽强拼搏中取胜"。[①] 习近平总书记在总结"晋江经验"时,多次提及晋江人民的拼搏精神和首创精神,且毫不吝惜溢美之词。在他看来,纵使发展民营经济和商品经济在理论和实践层面都是可行的,可如果晋江人民缺少相应的拼搏精神和创新意识,则晋江发展的速度势必会大大减缓,取得的成就也会大打折扣。所以,在尊重客观规律的同时,也不要小觑甚至忽略人的主观能动性。具体而言,习近平总书记所指的企业家精神包括三重含义:一是要敢于冒险,二是敢为人先,三是具有险中求胜、爱拼才会赢的精神本质。晋江民营企业家群体正是凭借着"敢拼、爱拼、善拼,敢为天下先"的企业家精神,使得一大批企业像雨后春笋般成长壮大起来,形成了一批适应市场经济与国际竞争以及具有鲜明时代特征、民族特色、世界水准的中国企业家队伍。第二,要讲诚信。诚信是促进市场经济健康发展的关键,民营经济的发展离不开营造良好的信用环境,即遵循市场契约精神原则,响应市场经济、法治经济的内在要求。"晋江经验"昭示了市场经济是信用经济,没有诚信,市场经济就不可能健康发展。民营企业作为市场参与的主体,更要注重企业的诚信建设,做到以诚信经营为本。改革开放初期,晋江"假药案"使得晋江背上"造假"的负面形象,这是一个违背诚信的严重问题,使得晋江产品的销售在全国遭遇严重挫折。以此作为反面教材,晋江的广大干部群众和民营企业认识到了诚信的重要性,由此晋江市政府开始大力倡导"质量立市",把诚信作为"晋江精神"的重要内涵,不断建构"党政主导、社会主体、政企互动、政社联动"的诚信体系,树立起"诚信晋江"的良好形象。第三,要探寻符合自身优势的"最佳发展方式"。企业家要挖掘与利用好各地资源、环境、人力、科技、信息等方面的比较优势,生产具有特色的商品,打造本地品牌,增强企业的不可替代性,从而提高在市场竞争中胜出的概率。

最后,民营企业的发展壮大也离不开政府的保护与支持。"晋江经验"基于当年的时代和区域背景,提出政府应当尽到三个方面的职责。第一,要建设服务型政府。社会主义体制下政府要积极作为,主动参与到宏观调控和对民营企业的发展规范中去,而不是充当所谓的市场"守夜人"。要坚持有为政府与有效市场相结合,加强政府对民营企业的宏观引导和服务,处理好发展市场经济与建设新型服务型

---

① 习近平.研究借鉴晋江经验,加快构建三条战略通道[N].福建日报,2002—10—04(3).

政府之间的关系。第二,要构建战略通道。习近平总书记阐述了构建对外开放、对内联结、山海协作这三条战略通道的意义。① 晋江的民营企业,既要着眼于外部市场,又要着力于内向联结,着眼于中国大市场来寻求发展机会。可修建战略通道这种公共设施单靠企业是没法实现的,必须政府出面牵头组织。因此,政府组织战略通道的构建,既能促进区域之间融合发展、互补性发展,又能反过来引导民营经济朝着开放的方向进行发展。第三,加快培养新一代民营企业家。在社会主义市场经济下,新一代民营企业需要具备市场决策、战略制定、政策响应、改革创新、传承文化等多方面的能力。培养新一代民营企业家的企业家精神,尤其是要重视与推进民营企业的科技创新精神这个方面,政府可通过牵线搭桥,建立起联通民营企业发展的信息资源链条,降低市场搜寻的交易成本,以促进民营企业创新发展。

总之,"晋江经验"是理论与实践相结合的伟大产物。通过对"晋江经验"的总结,习近平总书记对民营经济的认识迈入了一个新的台阶。如果说在正定时期,他还只是从经验总结的角度,把发展民营经济,或者说商品经济看作推动一个地方经济发展的实践突破口,看作一个供各类人才一展宏图的舞台,那"晋江经验"的提出,则表明习近平总书记已经将民营经济的发展同区域经济发展、社会主义市场经济体制建设等省市级层面、国家级层面的发展战略结合了起来。发展民营经济不再是一种功能性的、暂时的、纯粹经验性的经济手段,而是同区域经济发展、国家经济体制改革、社会生产力发展紧密联系的一个不可或缺的环节。这一认识将在此后的时间里不断得到深化发展。

二、"八八战略":发展壮大民营经济的重要实践

浙江是民营经济发展的沃土。2002年到2006年,习近平总书记在主政浙江期间提出了"八八战略",首要的一点就是要"进一步发挥浙江的体制机制优势,大力推动以公有制为主体的多种所有制经济共同发展,不断完善社会主义市场经济体制"②,因而,"八八战略"可以看作"晋江经验"在实践层面的一个深化落实。"八八战略"是2003年浙江省委围绕加快全面建设小康社会、提出基本实现社会主义现代化目标,紧密联系浙江的优势和特点,作出的"发挥八个方面的优势""推进八个

---

① 习近平.研究借鉴晋江经验,加快构建三条战略通道[N].福建日报,2002-10-04(3).
② 习近平.干在实处走在前列——推进浙江新发展的思考与实践[M].北京:中共中央党校出版社,2006:71.

方面的举措"的决策部署的简称。具体来说,该战略包括以下八个部分:(1)进一步发挥浙江的体制机制优势,大力推动以公有制为主体的多种所有制经济共同发展,不断完善社会主义市场经济体制。(2)进一步发挥浙江的区位优势,主动接轨上海、积极参与长江三角洲地区交流与合作,不断提高对内对外开放水平。(3)进一步发挥浙江的块状特色产业优势,加快先进制造业基地建设,走新型工业化道路。(4)进一步发挥浙江的城乡协调发展优势,统筹城乡经济社会发展,加快推进城乡一体化。(5)进一步发挥浙江的生态优势,创建生态省,打造"绿色浙江"。(6)进一步发挥浙江的山海资源优势,大力发展海洋经济,推动欠发达地区跨越式发展,努力使海洋经济和欠发达地区的发展成为我省经济新的增长点。(7)进一步发挥浙江的环境优势,积极推进基础设施建设,切实加强法治建设、信用建设和机关效能建设。(8)进一步发挥浙江的人文优势,积极推进科教兴省、人才强省,加快建设文化大省。

  浙江省的体制机制优势在于:第一,民营先发。在 21 世纪初,个体私营经济是推动浙江省经济发展的重要力量、财政收入的重要来源,以及新增就业的主要渠道。[①] 第二,市场先发。至 2002 年,浙江已形成以消费品市场为中心、专业市场为特色、要素市场相配套的市场体系,一些专业市场还积极创办省外、国外的分市场。第三,国有经济的资产结构和资产质量不断优化,在全省国民经济中的主导作用更加突出。同时,浙江经济发展坚持走体制创新道路、民本经济道路和内源发展道路。[②] 基于这样的省情,在推行"八八战略"的过程中,习近平总书记明确指出:"民营经济已成为浙江经济的重要支柱。"[③]浙江民营经济的支柱作用体现在这样几个方面:第一,浙江的活力源泉就在于改革,就在于率先建立了能够调动千百万人积极性的、激发千百万人创造力的体制机制,这首先又体现在具有先天市场属性的民营经济的发展。第二,民营经济的发展为浙江国有企业乃至整个宏观领域的改革提供了动力源泉。民营经济的发展不仅没有使国有经济发展陷于绝境,反而为国有经济的改革与发展创造了优越的外部条件。第三,发展民营经济是抓住时代机遇的关键。党的十六大提出,21 世纪的头 20 年是我们必须仅仅抓住并且可以大有

---

  ① 2002 年,浙江省非公有制经济增加值 4 065 亿元,占国内生产总值的 53%,其中个体私营经济增加值 3 450 亿元,占总量的 45%。
  ② 沙勋."重要窗口"的历史考察——以浙江"三个地"为视角[EB/OL]. https://www.zjds.org.cn/zhyj/38017.jhtml.
  ③ 习近平. 干在实处走在前列——推进浙江新发展的思考与实践[M]. 北京:中共中央党校出版社,2006:85.

作为的重要战略机遇期。当时正值我国加入世贸组织初期,国际产业加快向我国转移,国内外市场发展机会如雨后春笋般不断显现,且我国宪法也将面临修改,"国家保护个体经济、私营经济等非公有制经济的合法权利和利益""国家按照法律规定保护公民的私有财产权和继承权"等将被正式列入法条。发展民营经济正是浙江省切实把握这些时代机遇的关键所在。第四,发展民营经济有助于浙江省加快工业化、城市化、信息化、市场化和国际化进程,进一步推动经济方式转变,推动所有制结构调整,坚持和完善基本经济制度,加快完善社会主义市场经济体制,全面建成小康社会。通过这四个方面,发展民营经济对促进浙江省经济发展的支柱作用便可见一斑。

关于如何实现浙江省民营经济发展的新飞跃,"八八战略"提出了要"坚持四个创新""抓住四个方面""推进五个转变,实现五个提高"。

"坚持四个创新"是指:(1)坚持观念创新,尊重和发挥群众首创精神。(2)坚持体制机制创新,为解放和发展生产力创造条件,通过大量发展各类专业市场,解决个体企业和私营企业商品流通与资源配置问题。(3)坚持技术创新,把技术改造、产品开发、结构优化和规模扩张有机结合。(4)坚持服务创新,切实加强引导扶持和教育管理。

"抓住四个方面"是指:(1)进一步深化认识,为个体企业和私营企业加快发展积极创造公平竞争的条件,彻底破除一切影响非公有制经济发展的思想观念束缚。(2)切实转变政府职能,进一步优化服务,从各个方面为个体企业和私营企业的发展创造更好的条件。(3)坚持走新型工业化道路,积极鼓励和引导个体企业和私营企业不断提高产业层次和企业素质。(4)加强教育、引导、管理和监督,进一步加强非公有制企业党建工作,强化政治领导和思想教育,着力规范市场秩序,努力建设"信用浙江"。

"推进五个转变,实现五个提高"是指:(1)从主要依靠先发性的机制优势[①],向主要依靠制度创新、科技创新和管理创新转变,提高民营经济的综合实力和国际竞争力。习近平总书记指出,纵观国际上的成功企业,尽管其成长途径千差万别,但都有一个共同特点,那就是持之以恒地推进创新,不断增强核心竞争力。[②] (2)从主

---

① 在过去计划经济模式下,浙江省的民营经济凭借其先发优势抢占了先机,赢得了发展。但在买方市场的新形势下,这种先发优势正在逐渐减弱。
② 习近平. 干在实处走在前列——推进浙江新发展的思考与实践[M]. 北京:中共中央党校出版社,2006:78.

要集中在传统制造业和商贸业,向全面进入高技术高附加值先进制造业、基础产业和新兴服务业转变,提高民营经济的产业层次和发展水平。习近平总书记认为,应当鼓励和支持民营企业进入高新技术产业,大力发展多形式、多层次的民营科技企业,鼓励民营企业进入一些关系国计民生的特殊制造业领域,支持民营企业、民营资本积极参与五大百亿工程,投资经营道路、港口、交通、污水垃圾处理等基础设施和公用事业。[①] (3)从主要依靠国内资源和国内市场,向充分利用国际国内两种资源、两个市场转变,提高民营经济的外向发展水平。(4)从现有的块状经济、小规模经营逐步向更高层次的集群化、规模经营转变,提高民营经济的集约化和规模化水平。(5)从比较粗放的经营方式向更加注重信用、质量、生态和遵纪守法的经营方式转变,提高民营经济的整体素质和可持续发展水平。习近平总书记指出,诚实守信,从古至今都是最基本的道德规范,且在现代市场经济制度中显得更为重要。信用是市场经济的通行证,也是企业发展的基础。并且要重视处理好发展民营经济和资源、环境、生态的关系,牢固树立全面、协调、可持续的科学发展观,决不能以浪费资源、牺牲环境、破坏生态为代价,决不能以眼前的、局部的利益去损害长远的、全局的发展。[②] 除此之外,习近平总书记还专门指出,浙商要坚持科学发展观,保持不断创业的进取心,树立诚信的价值观,秉持造福社会的责任感,争做优秀的中国特色社会主义事业建设者。[③]

综上所述,我们不难发现"八八战略"的两个方面的精髓和实质。一方面,"八八战略"正是"晋江经验"应用于实践的一个绝佳案例。例如,"八八战略"主张的"大力发展民营经济,通过实现民营经济发展的新飞跃来抓住时代的机遇",即是对"晋江经验"中"始终坚持立足本地优势选择最佳方式加快经济发展"的充分贯彻。再如,"八八战略"提倡建成服务型政府,要求推进产业升级,主张企业家讲诚信、秉持企业家精神正是对"晋江经验"中"处理好发展市场经济与建设新型服务型政府之间的关系""处理好发展高新技术产业和传统产业的关系""始终坚持以顽强拼搏取胜,始终坚持以诚信促进市场经济的健康发展"的一脉相承。其中,重视教育和人才培养、强调文化建设的重要性更是继承自"人才九条"的思想精髓。另一方面,

---

① 习近平.干在实处走在前列——推进浙江新发展的思考与实践[M].北京:中共中央党校出版社,2006:80.
② 习近平.干在实处走在前列——推进浙江新发展的思考与实践[M].北京:中共中央党校出版社,2006:81.
③ 习近平.干在实处走在前列——推进浙江新发展的思考与实践[M].北京:中共中央党校出版社,2006:82.

相比"晋江经验","八八战略"更多立足于实践,基于浙江省这个特定地区的特定实情,进一步深入揭示了发展民营经济对于区域经济乃至国家经济发展的重要作用。例如,在浙江这个民营经济非常发达的省份,民营经济对当地的发展具有支柱性作用。虽然说国有经济对于浙江经济的发展具有主导性作用,但在发挥多种所有制并存的经济优势过程中,更多是通过强调民营经济的发展去促进国有经济的改革创新,民营经济处于更为主动的地位。通过推动"八八战略"的贯彻执行,习近平总书记事实上对发展民营经济的作用有了更鲜明的认识。民营经济不仅是实现地区经济增长,完善经济制度的重要力量,甚至在特定条件下,它还会成为支柱性力量,成为社会经济发展的动力源泉,成为把握时代机遇,坐上发展快车的核心所在,成为加快实现社会主义建设目标的一个重要契机。然而,如果将民营经济的这些作用推广到全国其他地区显然是失之偏颇的。因此,习近平总书记的下一步,就是要将发展民营经济置于全国发展的一盘大棋之中,用更为广阔的视野来审视之,并进一步思考它与国有经济发展间的关系,从而形成对民营经济发展壮大的一个辩证的、全方位的、历史动态的系统性认识。

第二节 党的十八大以来习近平总书记关于民营经济发展壮大思想的发展深化

一、总体概述

自党的十八大以来,习近平总书记立足新时代历史背景,从建设社会主义现代化强国的视角,从实现中华民族伟大复兴的视角出发,针对促进民营经济发展壮大这一问题,形成了更为深入、更为全面、更为系统的思想体系,为推动民营经济理论开拓创新、促进民营经济高质量发展提供了根本遵循。

首先,党的十八届三中全会,从国家层面肯定了民营经济的重要地位和促进其发展壮大的战略性意义,明确提出"公有制经济和非公有制经济都是社会主义市场经济的重要组成部分,都是我国经济社会发展的重要基础;公有制经济财产权不可侵犯,非公有制经济财产权同样不可侵犯;国家保护各种所有制经济产权和合法利益,坚持权利平等、机会平等、规则平等,废除对非公有制经济各种形式的不合理规定,消除各种隐性壁垒,激发非公有制经济活力和创造力"①。

其次,2016年3月4日,习近平总书记在全国政协十二届四次会议民建、工商联界委员联组会上发表了题为《毫不动摇坚持我国基本经济制度推动各种所有制经济健康发展》的重要讲话。讲话就"坚持和完善社会主义基本经济制度""贯彻落实促进非公有制经济健康发展的政策措施"以及"推动广大非公有制经济人士做合格的中国特色社会主义事业建设者"三个方面展开②,就"发展民营经济"进行了系统性的论述,是习近平总书记相关论述系统化的一个重要体现。

接着,党的十九大瞄准了非公有制经济发展的痛点、难点和堵点,第一次提出要"全面实施市场准入负面清单制度",并且明确提出要"深化商事制度改革",为激活市场主体活力提供了有力保障。③ 2018年11月,习近平总书记在民营企业座谈会上积极回应社会关切,就"充分肯定我国民营经济的重要地位和作用""正确认识当前民营经济发展遇到的困难和问题"以及"大力支持民营企业发展壮大"三个方面展开论述,强调要集思广益、坚定信心、齐心协力,保持和增强我国民营经济发展良好势头。④ 这其实是习近平总书记有关思想落到实处,对接实践的鲜明体现。

最后,党的二十大报告提出,要坚持和完善社会主义基本经济制度,毫不动摇巩固和发展公有制经济,毫不动摇鼓励、支持、引导非公有制经济发展,充分发挥市场在资源配置中的决定性作用,更好发挥政府作用;优化民营企业发展环境,依法保护民营企业产权和企业家权益,促进民营经济发展壮大,完善中国特色现代企业制度,弘扬企业家精神,加快建设世界一流企业,支持中小微企业发展;全面构建亲清政商关系,促进非公有制经济健康发展和非公有制经济人士健康成长。加强和改进侨务工作,形成共同致力民族复兴的强大力量。⑤ 党的二十届三中全会进一步提出,要制定民营经济促进法,坚持致力于为非公有制经济发展营造良好环境和提供能创造更多机会的方针政策,完善中国特色现代企业制度,弘扬企业家精神,支持和引导各类企业提高资源要素利用效率和经营管理水平、履行社会责任,加快建设更多世界一流企业。⑥ 这些文件完备地揭示了发展壮大民营经济的经济意义和

---

① 习近平.习近平著作选读:第1卷[M].北京:人民出版社,2023:157.
② 习近平.习近平著作选读:第1卷[M].北京:人民出版社,2023:460—470.
③ 习近平.习近平著作选读:第2卷[M].北京:人民出版社,2023:28.
④ 习近平.习近平著作选读:第2卷[M].北京:人民出版社,2023:205—210.
⑤ 习近平.习近平著作选读:第1卷[M].北京:人民出版社,2023:24.
⑥ 中国政府网.中国共产党第二十届中央委员会第三次全体会议公报[EB/OL]. https://www.gov.cn/yaowen/liebiao/202407/content_6963409.htm.

政治意义,并且明确指出了促进民营经济发展壮大一定要走法治化的道路。

至此,习近平总书记关于民营经济的相关论述已能从理论与实践相结合的层面,详尽地回答"要不要发展民营经济?""发展民营经济有何意义?"以及"如何发展民营经济?"等一系列问题,这表明习近平总书记的相关论述已经形成了一个完整而全面的框架体系,既有理论的严谨性,又有实践的可行性。虽然其中的大部分论述已经蕴含在习近平总书记早期的思想中,但我们依然能感受到这一思想体系由零碎走向系统、由完善走向成熟的发展历程,从而领略他秉持马克思主义活的灵魂,坚持实事求是原则、坚持人民立场、坚持理论与实践相结合的思考方式,去认识并解决现实问题的魅力与风采。

概括来说,与"人才九条""晋江经验""八八战略"相比,党的十八大以来习近平总书记关于发展壮大民营经济的思想论述有这样几个鲜明特征:

(1) 全面性

党的十八大以来,习近平总书记是从全国发展的视角出发,将民营经济的发展同现代化强国建设相结合,不仅从经济发展层面,而且综合了社会稳定和政治安全两个层面,全面而客观地揭示了民营经济发展壮大的重要意义,既没有忽视自改革开放以来民营经济对于经济发展所做的贡献,也没有因此而低估其他所有制经济的重要作用。

(2) 科学性

党的十八大以来,习近平总书记始终坚持以理论和实践相结合的方式来认识发展民营经济的重要性,并深入讨论了促进其发展壮大的实践方法。理论层面的探讨,确保了对发展民营经济的认识始终是从战略的高度出发,从当前社会发展的主要矛盾出发,保证了认识的正确性和长远性。实践层面的总结,则确保了认识始终坚持实事求是的原则,不会脱离实际陷入空想,保证了认识与思考的可行性和针对性。

(3) 系统性

"人才九条"和"八八战略"都是实践至上,着重针对现实中的具体问题来讨论该如何发展民营经济;"晋江经验"虽然有一定理论基础,初具体系,但总体上仍是对经验的总结。可见,习近平总书记关于民营经济的早期认识具有显著的实用化、局部化的特征,它们往往都是针对一个现实问题而形成的认识。党的十八大以来,习近平总书记的这些认识逐渐形成了一个统一的、系统化体系。这一体系视角全面、内容丰富,既是对新中国成立以来我国发展民营经济经验和教训的深刻总结,也是对民营经济阶段性特征的新概括。这一体系既建构了内容丰富且足以支撑民营经济发展壮大的理论基础,又形成了科学有效且系统全面的政策指引。党的十八大以来,习近平总书记关于民营经济重要论述的主要内容围绕着回答"新时代为什么要发展民营经济?""新时代民营经济的发展面临怎样的困难与挑战?"和"新时代怎样发展民营经济?"而展开。本节接下来的部分将对这些内容进行详细论述与展开,向读者系统呈现习近平总书记重要论述的具体内容。

二、民营经济的重要地位和作用

(一)民营经济"五六七八九"的特征

习近平总书记首先从经济发展实践的角度来谈民营经济的地位与作用。习近平总书记在多次讲话中都强调要充分肯定我国民营经济的重要地位和作用,因为这是不争的事实。习近平总书记在2016年3月《毫不动摇坚持我国基本经济制度,推动各种所有制经济健康发展》的讲话中就指出,"长期以来,我国非公有制经济快速发展,在稳定增长、促进创新、增加就业、改善民生等方面发挥了重要作用。非公有制经济是稳定经济的重要基础,是国家税收的重要来源,是技术创新的重要主体,是金融发展的重要依托,是经济持续健康发展的重要力量"[①]。

2018年11月,在"民营企业座谈会上的讲话"中,习近平总书记再次提及民营经济为我国发展所做的贡献,同时更进一步明确强调,不仅要"充分肯定我国民营经济的重要地位和作用",还精确地、定量地、系统地列举了这些贡献的具体内容。习近平总书记指出,"民营经济具有'五六七八九'的特征,即贡献了50%以上的税收,60%以上的国内生产总值,70%以上的技术创新成果,80%以上的城镇劳动就业,90%以上的企业数量。在世界五百强企业中,我国民营企业由2010年的一家增加到2018年的28家"[②]。这次讲话提到民营经济具有"五六七八九"的特征,其实就是在强调民营经济为我国经济发展做出了巨大贡献。事实上,民营经济发展至今,对我国经济发展的实际贡献已经超过了"五六七八九"所对应的具体数字:2021年,民营企业的税收贡献占比已高达59.6%;2022年,规模以上私营工业企业吸纳就业占比已提高至48.3%;且2022年,民营企业占所有企业的数量比例已达

---

① 习近平.习近平著作选读:第2卷[M].北京:人民出版社,2023:463.
② 习近平.论坚持全面深化改革[M].北京:中央文献出版社,2018:479—480.

到93.3%。^①此外,民营企业还自2019年起成为我国第一大外贸主体,民营企业进出口规模达21.4万亿元,占进出口总值的50.9%,对我国外贸增长贡献率达80.8%。

由此可见,民营经济占我国税收总量、GDP比重、科技投入和创新成果、城镇劳动就业、企业数量等比重都已超过"半壁江山",民营经济已经成为我国推进供给侧结构性改革、推动高质量发展和建设现代化经济体系的重要主体。因此任何忽视、歪曲、轻看民营经济的实际贡献的认识和言论,都违背了实事求是这一基本原则,对我国经济的高质量发展是极度有害的。对此,习近平总书记再次强调,"我国民营经济已经成为推动我国发展不可或缺的力量,成为创业就业的主要领域、技术创新的重要主体、国家税收的重要来源,为我国社会主义市场经济发展、政府职能转变、农村富余劳动力转移、国际市场开拓等发挥了重要作用。长期以来,广大民营企业家以敢为人先的创新意识、锲而不舍的奋斗精神,组织带领千百万劳动者奋发努力、艰苦创业、不断创新。我国经济发展能够创造中国奇迹,民营经济功不可没"^②,即从经济建设的实践层面,肯定了民营经济的重要地位和作用,为促进民营经济发展壮大注入了一剂有力的强心针。

2020年7月,习近平总书记在"企业家座谈会上的讲话"中说道:"改革开放以来,我国逐步建立和不断完善社会主义市场经济体制,市场体系不断发展,各类市场主体蓬勃成长。这些市场主体是我国经济活动的主要参与者、就业机会的主要提供者、技术进步的主要推动者,在国家发展中发挥着十分重要的作用。新冠肺炎疫情发生以来,在各级党委和政府领导下,各类市场主体积极参与应对疫情的人民战争,团结协作、攻坚克难、奋力自救,同时为疫情防控提供了有力物质支撑。借此机会,我向广大国有企业、民营企业、外资企业、港澳台资企业、个体工商户为疫情防控和经济社会发展作出的贡献,表示衷心的感谢。"^③习近平总书记在肯定及赞扬民营经济在抗击疫情中所发挥的作用的同时,又再一次提及改革开放以来民营经济为我国经济发展作出了巨大贡献,以此再度强调民营经济是实现我国经济高质量发展的重要主体,是建设社会主义现代化强国的重要有生力量,决不能小觑其重

---

① 进一步激发民营经济发展活力——国家发展改革委有关负责人就《中共中央、国务院关于促进民营经济发展壮大的意见》答记者问[EB/OL]. https://news.cnr.cn/native/gd/20230720/t20230720_526336674.shtml.
② 习近平. 论坚持全面深化改革[M]. 北京:中央文献出版社,2018:480.
③ 习近平. 习近平著作选读:第2卷[M]. 北京:人民出版社,2023:319.

要地位和作用。

（二）民营经济发展壮大的社会作用

民营经济发展壮大能够更好满足人民群众对美好生活向往的需要，能够显著激发人民群众的自强不息的奋斗精神和勇于进取的首创精神，能够有效推动构建新发展格局，具有十分重要的社会作用。

首先，习近平总书记非常重视企业家精神的培育与弘扬。第一，企业家个人素质的高低、精神境界的高低决定着企业发展前景的好坏。家族企业这种经营治理模式一度成为制约我国民营企业发展壮大的巨大阻碍，就在于这一模式很容易让企业所有者执着于维护自己家族的个别利益和企业控制权的传承，进而丧失改革创新的动力与勇气，丢掉承担社会责任的魄力，导致企业的发展因循守旧、故步自封，最终被日新月异的市场淘汰。对此，习近平总书记指出，"企业家要带领企业战胜当前的困难，走向更辉煌的未来，就要在爱国、创新、诚信、社会责任和国际视野等方面不断提升自己，努力成为新时代构建新发展格局、建设现代化经济体系、推动高质量发展的生力军"[①]。第二，企业家精神作为中国共产党人精神谱系之一，它的弘扬对于提高全社会的伦理道德水平，弘扬优秀传统文化，提高国民素质和国家文化软实力有着不可或缺的重要作用。例如，习近平总书记强调，希望民营企业家们诚信守法，社会主义市场经济是信用经济、法治经济，法治意识、契约精神、守约观念是现代经济活动的重要意识规范，也是信用经济、法治经济的重要要求。企业家要做诚信守法的表率，带动全社会道德素质和文明程度提升。[②] 第三，创新精神是企业家精神的灵魂，而在全社会营造鼓励创新的文化氛围对于我国经济社会目前的发展具有战略性意义，因为我国经济正处于向高质量发展轨道迈进的重要阶段，需要因地制宜发展新质生产力，加快建成现代化产业体系，而推动科技创新、构建支持全面创新体制机制则是推进两者的重中之重。

其次，习近平总书记强调民营经济的发展要肩负起更多的社会责任。习近平总书记指出，"企业既有经济责任、法律责任，也有社会责任、道德责任。任何企业存在于社会之中，都是社会的企业。社会是企业家施展才华的舞台。只有真诚回报社会、切实履行社会责任的企业家，才能真正得到社会认可，才是符合时代要求的企业家。这些年来，越来越多企业家投身各类公益事业。在防控新冠肺炎疫情

---

① 习近平.习近平著作选读：第2卷[M].北京：人民出版社，2023：321.
② 习近平.习近平著作选读：第2卷[M].北京：人民出版社，2023：322.

斗争中，广大企业家积极捐款捐物，提供志愿服务，作出了重要贡献，值得充分肯定。当前，就业压力加大，部分劳动者面临失业风险。关爱员工是企业家履行社会责任的一个重要方面，要努力稳定就业岗位，关心员工健康，同员工携手渡过难关"[1]。

最后，习近平总书记认为，民营经济要增强爱国情怀、拓宽国际视野，在构建新发展格局中发挥更大作用。他强调，"企业营销无国界，企业家有祖国。优秀企业家必须对国家、对民族怀有崇高使命感和强烈责任感，把企业发展同国家繁荣、民族兴盛、人民幸福紧密结合在一起，主动为国担当、为国分忧，正所谓'利于国者爱之，害于国者恶之'。企业家爱国有多种实现形式，但首先是办好一流企业，带领企业奋力拼搏、力争一流，实现质量更好、效益更高、竞争力更强、影响力更大的发展。"[2]同时，习近平总书记还指出，我国要逐步形成以国内大循环为主体、国内国际双循环相互促进的新发展格局，可中国开放的大门不会关闭，只会越开越大。以国内大循环为主体，绝不是关起门来封闭运行，而是通过发挥内需潜力，使国内市场和国际市场更好联通，更好利用国际国内两个市场、两种资源，实现更加强劲可持续的发展；因而民营企业家要立足中国，放眼世界，提高把握国际市场动向和需求特点的能力，提高把握国际规则能力，提高国际市场开拓能力，提高防范国际市场风险能力，带动企业在更高水平的对外开放中实现更好发展，促进国内国际双循环。[3]

（三）民营经济是我国经济制度的内在要素

改革开放以来的很长时间里，民营经济一直被当作我国经济制度的外在补充。例如，1981年6月，党的十一届六中全会通过的《中国共产党中央委员会关于建国以来党的若干历史问题的决议》提出，"国营经济和集体经济是我国基本的经济形式，一定范围的劳动者个体经济是公有制经济的必要补充。必须实行适合于各种经济成分的具体管理制度和分配制度"[4]。即使到了1988年，还是认为"私营经济是社会主义公有制经济的补充"。

事实上，民营经济从我国经济制度的"外部补充"发展为"内在要素"经历了一个相当漫长的过程。直到1992年，邓小平发表的"南方谈话"才从根本上解决了

---

[1] 习近平.习近平著作选读:第2卷[M].北京:人民出版社,2023:323.
[2] 习近平.习近平著作选读:第2卷[M].北京:人民出版社,2023:321—322.
[3] 习近平.习近平著作选读:第2卷[M].北京:人民出版社,2023:323.
[4] 中共中央文献研究室.三中全会以来重要文献选编:下册[M].北京:中央文献出版社,2011:169.

"姓社、姓资"的问题,再次解放了思想,为民营经济纳入社会主义经济体系之内,与公有经济平等竞争、共同发展奠定了必要的理论基础。同年,党的十四大确立了"建立社会主义市场经济体制"的改革目标,并提出"以公有制包括全民所有制和集体所有制经济为主体,个体经济、私营经济、外资经济为补充,多种经济成分长期共同发展,不同经济成分还可以自愿实行多种形式的联合经营"[1]。这标志着公有制和私有制在社会主义经济制度内"二元并存"的确立,民营经济被正式纳入我国经济制度的体系之内,且初步明确了与公有经济"共同发展"的格局。党的十六大报告提出,"第一,必须毫不动摇地巩固和发展公有制经济","第二,必须毫不动摇地鼓励、支持和引导非公有制经济发展",并强调公有制经济和非公有制经济"统一于社会主义现代化建设的进程中",目的是让"各种所有制经济完全可以在市场竞争中发挥各自优势,相互促进,共同发展"。[2] "两个毫不动摇"的提出对于我国民营经济的发展具有里程碑式的意义,它的提出赋予了民营经济同国有经济在市场上平起平坐的身份,肯定了其对于社会主义现代化建设的重要意义,使其在经济、政治、社会层面上都获得了认同,从根本上消除了公有和私有"二元对立"的问题。此后,"两个毫不动摇"不断被党的重要文件所强调,且具体内涵得到了发展与深化。例如,党的十六届三中全会通过的《中共中央关于完善社会主义市场经济体制若干问题的决定》提出:"放宽市场准入,允许非公有资本进入法律法规未禁入的基础设施、公用事业及其他行业和领域。非公有制企业在投融资、税收、土地使用和对外贸易等方面,与其他企业享受同等待遇。"至此,民营经济被正式纳入我国的社会主义经济发展中,成为建设社会主义现代化强国的重要一分子。

由此可见,民营经济的发展过程是一个不断争取合法身份和正当地位的政治过程。事实上,民营经济的发展本身就具有重要的政治意义,习近平总书记就特别强调,"促进非公有制经济健康发展和非公有制经济人士健康成长是重大经济问题,也是重大政治问题。要坚持团结、服务、引导、教育的方针,一手抓鼓励支持,一手抓教育引导"[3]。

在习近平总书记看来,民营经济发展壮大的政治意义可被集中概括为以下四个方面:

---

[1] 中共中央文献研究室.十四大以来重要文献选编:上册[M].北京:中央文献出版社,2011:17,452.
[2] 中共中央文献研究室.十六大以来重要文献选编:上册[M].北京:中央文献出版社,2011:12,19.
[3] 中共中央文献研究室.习近平关于社会主义政治建设论述摘编[M].北京:中央文献出版社,2017:136.

1. 促进民营经济高质量发展是加强党的领导的重要一环

早在2010年中央党校春季学期开学典礼上的讲话中,习近平总书记就指出,党的基层基础工作是党的建设的重点,与新形势新任务的要求相比,党的基层基础工作仍存在一些不适应的问题,加大在产业链和非公有制经济组织、新社会组织中建立党组织的力度则是解决这些问题的一个重要手段,但非公有制经济组织和新社会组织党的建设仍然是一个薄弱环节。① 党的二十大报告则指出,严密的组织体系是党的优势所在、力量所在,要加强混合所有制企业、非公有制企业党建工作,理顺行业协会、学会、商会党建工作管理体制。② 坚持党的领导,加强民营经济党组织建设是令民营经济始终走正确发展道路,促进其高质量发展的根本保证。反之,民营经济的高质量发展能有效助力党的基层组织建设,从而增强党组织政治功能和组织功能。

2. 民营经济的健康发展能有效促进政府职能的转变

民营企业的健康发展离不开政府提供的外部支持,而一个大搞权钱交易、吃拿卡要的政府必然会反过来阻碍民营经济的健康发展。对此,习近平总书记指出,"稳定预期,弘扬企业家精神,安全是基本保障。我们加大反腐败斗争力度,是落实党要管党、全面从严治党的要求,是为了惩治党内腐败分子,构建良好政治生态,坚决反对和纠正以权谋私、钱权交易、贪污贿赂、吃拿卡要、欺压百姓等违纪违法行为。这有利于为民营经济发展创造健康环境"③。进一步地,习近平总书记认为民营经济和政府之间要全面构建亲清政商关系,政府既要关心民营企业的发展,切实帮助其解决实际困难,又要守住底线、把好分寸,切不可滥用权利、以权谋私。可见,要实现民营经济的健康发展就得反过来,先实现政府的职能转变和反腐倡廉。

3. 民营经济的发展壮大有助于我国的外交事业和统战工作的开展

早在2015年5月,在"中央统战工作会议上的讲话"中,习近平总书记就指出,促进非公有制经济健康发展和非公有制经济人士健康成长是重大经济问题,也是重大政治问题,要坚持团结、服务、引导、教育的方针,一手抓鼓励支持,一手抓教育引导。④ 党的十九大报告指出,要加强党外知识分子工作,做好新的社会阶层人士

---

① 中共中央党校官网. 习近平在中央党校重要讲话集锦[EB/OL]. https://www.ccps.gov.cn/xxsxk/xldxgz/201812/t20181231_127689.shtml.
② 习近平. 习近平著作选读:第1卷[M]. 北京:人民出版社,2023:55.
③ 习近平. 习近平著作选读:第2卷[M]. 北京:人民出版社,2023:209.
④ 中共中央文献研究室. 习近平关于社会主义政治建设论述摘编[M]. 北京:中央文献出版社,2017:136.

工作,发挥他们在中国特色社会主义事业中的重要作用,促进非公有制经济健康发展和非公有制经济人士健康成长,广泛团结海外侨胞和归侨侨眷,共同致力于中华民族伟大复兴。党的二十大报告又再次重申了这一点,强调人心是最大的政治,统一战线是凝聚人心、汇聚力量的强大法宝,要全面构建亲清政商关系,促进非公有制经济健康发展和非公有制经济人士健康成长,加强和改进侨务工作,形成共同致力民族复兴的强大力量。① 民营经济发展壮大对开展统战工作的助力与支持作用由此可见一斑。此外,在 2014 年 11 月《加快推进丝绸之路经济带和 21 世纪海上丝绸之路建设》的讲话中,习近平总书记提到,"一带一路"建设是一项长期工程,要做好统筹协调工作,正确处理政府和市场的关系,发挥市场机制作用,鼓励国有企业、民营企业等各类企业参与,同时发挥好政府作用。② 再结合前文提到的民营经济在对外贸易中的重要作用,我们便不难理解民营经济发展壮大对我国外交事业开展的助力与支持。

4. 民营经济发展壮大是形成社会凝聚力、提振信心、团结各方力量的一个重要环节

2015 年,习近平总书记在谈到扶贫工作的开展时,指出扶贫开发是全党全社会的共同责任,需要动员和凝聚全社会力量广泛参与;需要鼓励、支持、帮助各类非公有制企业、社会组织、个人自愿采取包干方式参与扶贫,广泛调动社会各界参与扶贫开发积极性。③ 这里就体现了民营经济的发展有助于产生社会凝聚力。在《毫不动摇坚持我国基本经济制度,推动各种所有制经济健康发展》这一重要讲话中,他强调,民营企业家的一言一行对社会有很强的示范效应,因而要注重对年轻一代非公有制经济人士的教育培养,引导他们继承发扬老一代企业家的创业精神和"听党话、跟党走"的光荣传统,从而对社会和民众产生良好的带头示范作用。在祝贺中华全国工商业联合会成立 70 周年的致信中,习近平总书记明确提出,希望广大民营经济人士切实贯彻新发展理念,大力弘扬企业家精神,争做爱国敬业、守法经营、创业创新、回报社会的典范,为全面建设社会主义现代化国家、全面推进中华民族伟大复兴贡献力量。可见,民营经济的发展壮大对于团结各方,形成社会凝聚力确有重要意义。

综上所述,不论是增强党组织政治功能和组织功能、促进政府职能的转变,抑

---

① 习近平.习近平著作选读:第 2 卷[M].北京:人民出版社,2023:33.
② 习近平.习近平谈"一带一路"[M].北京:中央文献出版社,2018:45.
③ 中共中央党史和文献研究院.习近平扶贫论述摘编[M].北京:中央文献出版社,2018:100.

制腐败、支持外交事业和统战工作的开展,还是形成社会凝聚力、提振信心,民营经济的发展壮大都体现着鲜明的政治意义,且都围绕着"团结"二字展开。将这样一股重要的政治力量排除在我国的经济制度之外,对于维护社会稳定、政治安全,以及早日实现祖国统一大业都是极为不利的。因此,习近平总书记强调,"民营经济是我国经济制度的内在要素,民营企业和民营企业家是我们自己人"[1],要把促进非公有制经济健康发展和非公有制经济人士健康成长看作重要的政治问题,并且做好对有贡献的非公有制经济人士的政治安排这项重要工作。[2] "自己人"论是对民营经济政治属性最明确的认定,充分表明民营经济的中国特色社会主义性质,具有前瞻性、深刻性和科学性的特点。"我们自己人"的"我们",包含了两层含义:一是指领导实现中华民族伟大复兴的中国共产党人,二是指为实现美好生活而不断奋进的人民群众。因而"自己人"论并不是一种"安抚"性说法,而是指引非公有制经济持续健康高质量发展的方向标、助推器[3],它进一步深化了"两个毫不动摇"赋予民营经济的合法地位和正当身份,既能进一步落实社会对其合法权利的保护,又能强化民营经济家奋斗拼搏的意愿和对未来发展的信心。由此可见,"民营经济是我国经济制度的内在要素"这一论断,既是对民营经济发展壮大的政治意义的肯定,也是促进其实现进一步发展的一颗定心丸、强心针。

三、民营经济发展面临的困难与问题

本部分将讨论习近平总书记关于民营经济重要论述的另一个重要组成部分,即"新时代民营经济发展壮大所面临的困难与挑战"。讨论民营经济发展面临的困境与讨论要发展什么样的民营经济本质上是一体两面的。一方面,民营经济向前发展的过程中必然会面临重重障碍,这些障碍有很多就表现为当下其所面临的发展困境。另一方面,困境中也隐藏着机遇,为了突破发展面临的困境,民营经济自然要尝试各种出路、主动求变,直至找到理想的新发展模式,实现脱胎换骨。

(一)外在的"三座大山"

民营经济当前的发展首先面临着来自外界环境的强烈制约,习近平总书记将

---

[1] 习近平. 论坚持全面深化改革[M]. 北京:中央文献出版社,2018:481.
[2] 习近平. 习近平著作选读:第1卷[M]. 北京:人民出版社,2023:469.
[3] 张菀洺,刘迎秋. 开拓政治经济学中国话语新境界——中国民营经济理论的创新发展[J]. 中国社会科学,2021(6).

这些外部约束形象地概括为"三座大山"。在《毫不动摇坚持我国基本经济制度，推动各种所有制经济健康发展》这一讲话中，习近平总书记列举了民营经济发展所面临的一些典型问题，如市场准入限制仍然较多；政策执行中"玻璃门""弹簧门""旋转门"现象大量存在；一些政府部门为民营企业办事效率仍然不高；民营企业特别是中小企业、小微企业融资渠道狭窄，民营企业资金链紧张等，并进一步指出，"对目前遇到的困难，有的民营企业家形容为遇到了'三座大山'：市场的冰山、融资的高山、转型的火山"[①]。

具体来说，市场的冰山指的是民营企业在市场竞争中面临的挑战和压力，包括激烈的市场竞争、客户需求的变化、市场准入限制等。这些因素导致企业难以进入市场并占据足够份额，使得市场仿佛就像一座凿不开的冰山，将企业冷冰冰地拒之门外；融资的高山是指民营经济在融资过程中面临着的过高门槛和过窄渠道，它们显著提高了企业的融资成本，限制了企业资金周转的速度，严重制约了企业的扩张和发展；而转型的火山是指企业在转型升级以适应新市场环境这一过程中所面临的不确定性和风险。创新和转型是资源投入巨大而收益周期较长的投资行为，较大的风险很容易让企业用于转型的大量前期投入沦为沉没成本，使其发展受到重创，甚至破产倒闭。因此，对企业而言，创新和转型过程中不确定事件的发生，就如同火山爆发，一旦发生就很容易给企业的发展造成毁灭性打击。

2018年，在"民营企业座谈会上的讲话"中，习近平总书记强调要正确认识当前民营经济发展遇到的困难和问题，并深入阐释了"三座大山"形成的原因。他说，"这些困难和问题成因是多方面的，是外部因素和内部因素、客观原因和主观原因等多重矛盾问题碰头的结果。一是国际经济环境变化的结果。一段时间以来，全球经济复苏进程中风险积聚，保护主义、单边主义明显抬头，给我国经济和市场预期带来诸多不利影响。二是我国经济由高速增长阶段转向高质量发展阶段的结果。当前，我们正处在转变发展方式、优化经济结构、转换增长动力的攻关期，经济扩张速度会放缓，但消费结构全面升级，需求结构快速调整，对供给质量和水平提出了更高要求，必然给企业带来转型升级压力。在结构调整过程中，行业集中度一般会上升，优势企业胜出，这是市场优胜劣汰的正常竞争结果。市场有波动、经济有起伏、结构在调整、制度在变革，在这样一个复杂背景下，部分民营企业遇到困难和问题是难免的，是客观环境变化带来的长期调整压力。对高质量发展的要求，民

[①] 习近平.习近平著作选读：第1卷[M].北京：人民出版社，2023：464.

营企业和国有企业一样都需要逐步适应。三是政策落实不到位的结果。近年来,我们出台的支持民营经济发展的政策措施很多,但不少落实不好、效果不彰。有些部门和地方对党和国家鼓励、支持、引导民营企业发展的大政方针认识不到位,工作中存在不应该有的政策偏差,在平等保护产权、平等参与市场竞争、平等使用生产要素等方面还有很大差距。有些政策制定过程中前期调研不够,没有充分听取企业意见,对政策实际影响考虑不周,没有给企业留出必要的适应调整期。有些政策相互不协调,政策效应同向叠加,或者是工作方式简单,导致一些初衷是好的政策产生了相反的作用。比如,在防范化解金融风险过程中,有的金融机构对民营企业惜贷、不敢贷,甚至直接抽贷、断贷,造成企业流动性困难甚至停业;在'营改增'过程中,没有充分考虑规范征管给一些要求抵扣的小微企业带来的税负增加;在完善社保缴费征收过程中,没有充分考虑征管机制变化过程中企业的适应程度和带来的预期紧缩效应。对这些问题,要根据实际情况加以解决,为民营企业发展营造良好环境"①。

习近平总书记对"三座大山"形成原因的把握是全面而深刻的,他明确指出,"三座大山"的形成是我国经济发展正处于转型的关键阶段、国际环境的风云变幻、政策执行不到位三重因素叠加的结果。正因为"三座大山"的形成是非常复杂的,所以对其的处理断不能一蹴而就,而是要对症下药,步步为营,稳扎稳打地循序推进。例如,对于国际环境的变化,需要企业更多地去适应;面对我国经济发展转型的问题,企业应该在顺应趋势的基础上主动出击、把握机遇、寻求突破;而至于政策执行不到位,就需要政府积极有为,及时改正工作中出现的各种问题,万不能以拖延和等待来回应问题。

(二)内在的"发展短板"

除了外在面临的巨大压力,习近平总书记强调,来自民营经济内部的发展制约、发展短板问题也同样需要足够的重视。2018年,在"民营企业座谈会上的讲话"中,他就指出,"我国民营经济遇到的困难也有企业自身的原因。在经济高速增长时期,一部分民营企业经营比较粗放,热衷于铺摊子、上规模,负债过高,在环保、社保、质量、安全、信用等方面存在不规范、不稳健甚至不合规合法的问题,在加强监管执法的背景下必然会面临很大压力。应该承认,当前一些民营经济遇到的困难是现实的,甚至相当严峻,必须高度重视。同时,也要认识到,这些困难是发展中的

---

① 习近平.论坚持全面深化改革[M].北京:中央文献出版社,2018:482—483.

困难、前进中的问题、成长中的烦恼,一定能在发展中得到解决"①。在之后的讲话中,习近平总书记还多次强调民营企业要建立起具有中国特色的企业制度。例如,党的二十大报告就指出,要促进民营经济发展壮大,完善中国特色现代企业制度,弘扬企业家精神,加快建设世界一流企业。②

总结习近平总书记的多场讲话,不难发现,我国民营经济内在的发展存在这样几块致命短板:(1)经营不讲诚信、不守规则、不合法规;企业所有者(经营者)唯利是图,丧失企业家精神。(2)很多企业路径依赖问题严重,缺乏创新,尚未从经济高速增长时期的粗放式经营模式转型为适合经济高质量发展阶段的新模式。(3)许多企业尚未建立并完善中国特色现代企业制度。(4)不少企业尚不具备国际视野,国际竞争力较弱。唯物辩证法告诉我们,事物发展的终极原因是在其内部,补齐内在发展短板是使民营经济摆脱发展困境的核心环节。

综上所述,我们不难看出习近平总书记对新时代民营经济发展壮大提出的基本要求:(1)民营企业家秉持企业家精神,讲正气、走正道;企业建立了具有中国特色的现代企业制度,具有较强的经营能力和管理水平。(2)民营企业坚持诚信经营、守法经营,积极承担社会责任。(3)民营企业具备宽阔的国际视野和较强国际竞争力。这些也正是民营经济发展壮大,走高质量发展道路所要实现的终极目标。

四、大力支持民营经济发展壮大的关键点

关于如何支持民营经济发展壮大,我们从习近平总书记的相关论述中总结出了以下五个关键点:

(一)建立完善中国特色现代企业制度

习近平总书记多次强调建立中国特色现代企业制度具有非常重要的现实意义。他在2018年11月1日的民营企业家座谈会上指出,民营企业要练好企业内功,特别是要提高经营能力、管理水平,完善法人治理结构,鼓励有条件的民营企业建立现代企业制度。③ 党的二十大报告进一步指出,构建高水平社会主义市场经济体制要完善中国特色现代企业制度,弘扬企业家精神,加快建设世界一流企业。④

---

① 习近平.论坚持全面深化改革[M].北京:中央文献出版社,2018:483—484.
② 习近平.习近平著作选读:第1卷[M].北京:人民出版社,2023:24.
③ 习近平.论坚持全面深化改革[M].北京:中央文献出版社,2018:490.
④ 习近平.习近平著作选读:第1卷[M].北京:人民出版社,2023:24.

企业制度是指企业作为一个经济组织，为了实现其既定目标，在财产关系、组织结构、运行机制和管理规范等方面做出的一系列制度安排，本质上是企业内部分工协作关系制度化的结果。因此，民营经济要克服路径依赖问题，真正走上高质量发展道路，就必须先建立起具有中国特色的现代企业制度，处理好企业内部的各种生产关系。关于如何完善中国特色现代企业制度，习近平总书记则在中央全面深化改革委员会第五次会议的讲话中进行了专门论述。他指出，完善中国特色现代企业制度，必须着眼于发挥中国特色社会主义制度优势，加强党的领导，完善公司治理，推动企业建立健全产权清晰、权责明确、政企分开、管理科学的现代企业制度，培育更多世界一流企业。[1]

（二）弘扬企业家精神

通过前面的梳理，我们知道习近平总书记对发展民营经济的看法是和他的人才观念紧密相连的，即民营经济的发展壮大离不开包括企业家在内的各路人才各显神通，而民营企业家身上的企业家精神又有助于培养和教化新一批社会主义建设人才。因而决不能小看人才的作用和人才的主观能动性，"发展经济要发挥非公有制经济人士作用，但不能一个劲地招商引资，见物不见人，要关注他们的思想，关注他们的困难，有针对性地进行帮助引导，同他们交思想上的朋友。要深化中国特色社会主义理想信念教育实践活动，大力弘扬和践行社会主义核心价值观，继续用好光彩事业等载体，引导非公有制经济人士特别是年轻一代致富思源、富而思进，做到爱国、敬业、创新、守法、诚信、贡献"[2]。

（三）为民营经济营造更好发展环境

民营经济的发展壮大离不开来自社会各界的外部支持，营造良好的发展环境既能坚定企业家的信念，提振经济发展的预期，又能约束规范民营经济的各项经营活动，塑造井然的市场秩序。因此，营造更好的发展环境，就是要在为民营经济创造更多发展机遇的同时，约束规范其各种行为。强化法治保障是营造良好发展环境的核心所在。习近平总书记多次强调，社会主义市场经济是法治经济，法治是最好的营商环境。党的二十届三中全会更是明确指出，要制定民营经济促进法，坚持

---

[1] 完善中国特色现代企业制度 建设具有全球竞争力的科技创新开放环境[J]. 思想政治工作研究，2024(7)：4.

[2] 中共中央文献研究室. 习近平关于社会主义政治建设论述摘编[M]. 北京：中央文献出版社，2017：136—137.

致力于为非公有制经济发展营造良好环境。① 可见,唯有法治才能从根本上为民营经济的高质量发展提供稳定的基础、持久的动力、公平正义的环境。此外,习近平总书记还明确指出,为民营经济营造更好发展环境可以从以下六个方面加以落实:第一,进一步减轻企业税费负担;第二,解决民营企业融资难融资贵问题;第三,营造公平竞争环境;第四,完善政策执行方式;第五,构建亲清新型政商关系;第六,保护企业家人身和财产安全。②

(四)为民营经济提供更多发展机会

提供崭新的、优质的发展机会是促使企业转变发展模式的一个重要契机,因为崭新的机会意味着企业原有的发展模式和产品无法满足新出现的需求,企业只有通过创新与转变才能抓住这一机会,而优质的机会则能有效提高企业对未来的预期,使其相信创新与转变总是能带来回报的。因此,坚持机会公平的原则,为民营企业提供更多的发展机遇是引导、促进企业转变发展模式关键所在。习近平总书记在"纪念毛泽东同志诞辰130周年座谈会上的讲话"中就曾指出,要坚决破除一切制约中国式现代化顺利推进的体制机制障碍,要深化经济体制改革,激发各类经营主体活力,强化企业科技创新主体地位,优化配置创新资源,全方位为中国式现代化源源不断注入新的动力。民营经济在激发市场活力,提振全社会创新积极性,促进技术研发成果市场化等方面有着不可比拟的优势。③ 为此,党的二十届三中全会决定指出,要推进基础设施竞争性领域向经营主体公平开放,完善民营企业参与国家重大项目建设长效机制,支持有能力的民营企业牵头承担国家重大技术攻关任务。④ 所谓"有能力的民营企业",必然是指坚持创新驱动发展,具有较高技术攻关能力、组织动员能力和科研成果转化能力,且勇于承担一定社会责任的,走高质量发展道路的民营企业。支持民营企业参与国家重大科技战略任务,就是以提供发展机会的方式,引导民营企业主动向高质量发展模式转型。完善民营企业参与国家重大项目建设长效机制便是在将这种引导方式制度化、常态化。

(五)鼓励并支持民营企业"走出去"

习近平总书记多次强调,希望民营企业拓展国际视野,增强创新能力和核心竞

---

① 中国政府网.中国共产党第二十届中央委员会第三次全体会议公报[EB/OL].https://www.gov.cn/yaowen/liebiao/202407/content_6963409.htm.
② 习近平.习近平著作选读:第1卷[M].北京:人民出版社,2023:205-210.
③ 习近平.在纪念毛泽东同志诞辰130周年座谈会上的讲话[J].党建.2024(1).
④ 中国政府网.中国共产党第二十届中央委员会第三次全体会议公报[EB/OL].https://www.gov.cn/yaowen/liebiao/202407/content_6963409.htm.

争力,争做具有全球竞争力的世界一流企业。他在2020年的企业家座谈会上指出,企业家要立足中国、放眼世界,提高把握国际市场动向和需求特点的能力,提高把握国际规则能力,提高国际市场开拓能力,提高防范国际市场风险能力,带动企业在更高水平的对外开放中实现更好发展,促进国内国际双循环。[①] 当今世界正经历百年未有之大变局,新一轮科技革命和产业变革蓬勃兴起,我国正在努力构建以国内大循环为主体、国内国际双循环相互促进的新发展格局。国际局势的风云变幻昭示着挑战与机遇的并存,对此,民营企业应当结合自身实际,迎难而上,继续坚持"走出去"的国际发展战略,努力提高国际竞争力,向海外市场的新天地以及全球产业链的"龙头"端主动进军;政府也应当完善高质量共建"一带一路"机制,大力推进制度型开放,为民营企业"走出去"创建基础平台,提供制度支持,避免使其陷入在外单打独斗的境地。

第三节　习近平总书记关于民营经济重要论述的时代价值和重要意义

一、开拓了 21 世纪当代中国马克思主义政治经济学新境界

传统政治经济学认为,社会主义经济中不应存在任何私有成分,社会主义不能发展市场经济。习近平总书记指出:"马克思、恩格斯没有设想社会主义条件下可以搞市场经济。"[②]即使是列宁,也只是把利用商品货币关系、搞商品经济、发展国家资本主义当作"退一步而进两步"的权宜之计。在许多马克思主义经典理论家看来,非公有制经济只能是供社会主义早期发展的、用之即弃的工具罢了——非公有制经济永远无法真正融入社会主义国家的发展建设中,更不可能成为社会主义国家经济制度的内在组成。[③] 然而随着我国建设社会主义市场经济实践探索的不断深入,需要突破传统理论,对我国经济发展实际面临的重大课题作出更具时代特色

[①] 习近平. 习近平著作选读:第2卷[M]. 北京:人民出版社,2023:209—210.
[②] 习近平. 习近平著作选读:第2卷[M]. 北京:人民出版社,2023:576.
[③] 2018年前后,我国曾兴起"民营经济离场论"。这一理论的提出者和支持者们认为,民营经济作为一种私有成分,在社会主义国家里只能作为一种"有毒的权宜手段"而存在,只是为了向现实暂时妥协的一种让步。既然我国经济发展已经取得了巨大成就,人民生活水平已经有了质的提升,那民营经济这种私有成分就要及时剔除,就像切掉肿瘤一样,生怕其发展为癌症,动摇我社会主义发展的根基。

的、科学的回答。习近平总书记立足民营经济发展实践,把实践经验上升为系统化的经济学说,高瞻远瞩、实事求是地回答了一系列关乎民营经济发展壮大的重大问题,并提出了许多极具价值的重要论断,从而开拓了21世纪当代中国马克思主义政治经济学新境界。

(一)习近平总书记深刻回答了"为什么要促进民营经济发展壮大"

党的十八大以来,习近平总书记明确提出民营经济是"我国经济制度的内在要素""促进共同富裕的重要力量"。习近平总书记对民营经济的重要地位和作用的充分肯定,以及对发展壮大民营经济的必要性和紧迫性的分析,不仅深化了马克思主义所有制理论,对我国所有制结构改革具有革命性意义,而且对新时代促进民营经济发展壮大是实现中国式现代化的应有之义这一重大时代课题进行了深刻阐释。

(二)习近平总书记深刻回答了"谁来促进民营经济发展壮大"

习近平总书记旗帜鲜明地提出,"我们始终把民营企业和民营企业家当作自己人"。这一论断前所未有地提高了民营企业家的政治地位,正确认识到发展壮大民营经济的政治意义,并从理论上廓清了将民营企业家归类为"剥削者"这一错误认知,明确指出民营企业家不是异己力量,是人民群众的一分子,是促进民族复兴的主体力量,是"自己人"。这一科学论断在实践中坚持了实事求是、与时俱进的马克思主义理论品格。

(三)习近平总书记深刻回答了"怎样促进民营经济发展壮大"

在发展理念上,习近平总书记提出民营企业"要践行新发展理念""苦练发展内功""为构建新发展格局、推动高质量发展作出更大贡献"。在环境支持上,他就"优化民营企业发展环境""构建亲清政商关系""降低融资难度"等做出了一系列重大部署、提出了一系列重要举措为促进民营经济发展壮大提供了健全的制度支撑。在法治保障上,习近平总书记强调要"依法规范和引导资本健康发展""依法保护民营企业产权和企业家权益""依法保护企业家人身和财产安全"为推进民营经济法治建设提供了根本遵循和行动指南。

(四)习近平总书记深刻回答了"为了谁而促进民营经济发展壮大"

从"私营经济"到"民营经济"的一字之差化解了笼罩在理论与现实之中的意识形态问题:在中国特色社会主义现实语境下,民营经济本质上是既取之于民又用之于民的人民经济。习近平总书记关于民营经济高质量发展论述蕴含了深刻的人民观,是他坚定的人民立场的鲜明反映,昭示了中国共产党一心为中国人民谋幸福、为中华民族谋复兴的行动宗旨,遵循了从始至终以人民为中心的价值向度。

二、为新时代促进民营经济发展壮大提供了科学指南

(一)习近平总书记关于民营经济的重要论述有利于在实践中更好理解和把握民营经济发展方向,更好处理民营经济和国有经济间偶有的矛盾与对立

习近平总书记在民营经济总量和 GDP 贡献量已经超过国有经济,取得"五六七八九"的发展成就,以及我国进入新时代和第一个百年奋斗目标即将完成的时代背景下,明确回应了"将来的发展是否要国进民退""民营经济是否应该'离场'"等问题。对于那些认为民营经济已经完成历史使命应当退出我国历史舞台的观点,他斩钉截铁地指出,这些观点是"完全错误的",是与改革开放以来党和国家的大政方针相悖的。他强调,党中央始终坚持"两个毫不动摇""公有制经济和非公有制经济都是社会主义市场经济的重要组成部分,都是我国经济社会发展的重要基础",并且党和国家"保证各种所有制经济依法平等使用生产要素、公开公平公正参与市场竞争、同等受到法律保护"。[①] 事实上,这些论断的明确提出,标志着我国对民营经济的保护原则和保护政策,已经从单一的产权保护阶段发展到包含营商环境保护、产权保护、企业家发展权益保护和创业活动保护在内的新阶段。这表明,一方面,在现阶段民营经济比重的增加不仅不需要加以限制,反而需要加大力度进行保护;另一方面,国有经济和民营经济的发展都不可厚此薄彼,要促使它们平等竞争、共同发展、相辅相成、相得益彰。

(二)习近平总书记关于民营经济的重要论述有利于更好提振和增强民营企业发展信心

习近平总书记关于民营经济重要论述不仅在宏观层面为民营经济提供了制度支撑,给企业家吃下定心丸,而且在微观层面为民营企业提供了科学指导,为企业遇到的复杂问题逐一把脉,并开出标本兼治的调理药方。例如,针对体制不完善导致的管理和服务不对称和政策执行不到位问题,习近平总书记强调"市场决定论",要求政府放松不合理管控,放宽市场准入,让市场主体有更多发展空间。针对政商关系畸形问题,他深入分析了问题产生的原因并就如何处理好两者关系进行科学论述,表明了党中央保护并支持民营经济发展壮大的决心,从而尽可能消除企业家

---

① 本书编写组.十八大以来重要文献选编:上册[M].北京:中央文献出版社,2014:515.

心中的忧虑。为巩固民营企业家的发展预期和对政府的信心，习近平总书记还以身作则多次带领民营企业家参与国事活动，像马云、南存辉等都曾随行出访，树立了新时代政商交往的典范。针对企业家社会认可度不高、归属感不强的问题，习近平总书记强调在加强对企业家思想政治教育、引导他们树立政治意识的同时，在坚持统一的考核标准、综合评价的前提下，对那些特别优秀的企业家可以适当作出政治安排，绝不能因民营企业家的身份而将他们排除在候选人之外。如此丰富周到、功能完备的政策体系，足以显示习近平总书记对民营经济发展壮大的认可与支持，正面回应并击碎了那些针对民营经济的种种荒谬言论，消除了企业家恐慌，提振了企业发展信心，书写了破解民营经济难题的"新时代答卷"。

三、为促进世界经济发展繁荣贡献中国智慧

习近平总书记指出，从国际看，世界百年未有之大变局进入加速演变期，国际环境日趋错综复杂。虽然随着新一轮科技革命和产业变革深入发展，国际力量对比深刻调整，人类命运共同体理念深入人心，当今时代的主题依然是和平与发展，但国际形势的不稳定性、不确定性明显增加，新冠肺炎疫情大流行影响广泛深远，导致经济全球化遭遇逆流，民粹主义、排外主义抬头，单边主义、保护主义、霸权主义等极端思潮也卷土重来，对世界和平与发展构成严重威胁，促使国际经济、科技、文化、安全、政治等格局都在发生深刻复杂变化。面对复杂国际局势，我们要增强机遇意识，勇于开顶风船，善于化危为机，牢牢把握战略主动。并且在加快自身发展的同时，主动为促进世界和平，推动世界经济发展繁荣贡献中国智慧与中国力量。

面对逆全球化浪潮，我国给出的答案是坚持开放，坚持打开国门同世界保持联系，坚持建设更高水平开放型经济新体制，实施更大范围、更宽领域、更深层次的对外开放，并且通过鼓励民营企业开拓海外市场，让中国人民也主动参与到国际经济秩序的重构与发展中。中国民营企业是外贸最大的主体，不仅是中国保持出口高增速的最大主力，也是世界经济复苏的强劲动力。民营企业占全国进出口总额由2012年的31.6%上升至2022年的50.9%。[①] 截至2023年前10个月，民营企业进

---

① 中国政府网.国务院新闻办就2022年国民经济运行情况举行发布会[EB/OL].(2023-01-17).https://data.stats.gov.cn/search.htm?s=GDP.

出口18.24万亿元,增长6.2%,占我国外贸总值的53.1%,比去年同期提升3.1个百分点。① 习近平总书记十分重视并支持民营经济走向更宽广的世界舞台,他指出"企业家要立足中国,放眼世界""要坚持'引进来'和'走出去'相结合",在科学指引下民营企业多元化开拓国际市场的步伐进一步加快,作为落实"一带一路"倡议的重要市场主体与中坚力量,主动与"一带一路"国家展开深度协作,促进要素自由流动、市场深度融合、强化沿线国家间发展共识,让利益惠及各国人民,为推动人类命运共同体建设付诸实践力量。民营企业在海外发展壮大,其实也是中国人民智慧与力量在世界舞台上大放光彩。如何进一步推动世界和平,实现世界经济复苏繁荣,习近平总书记通过鼓励民营企业"走出去"已经给出了答案,那就是相信人民的智慧与勤劳,相信人民群众的创造力,相信世界人民对和平与发展的渴望。不管是什么样的国家,只要它相信它的人民,紧紧依靠其人民,始终坚持为其人民谋福利,那便是对实现世界和平,实现全世界人民的团结发展提供最好的保障与助力。

---

① 中国海关总署. 今年前10个月我国进出口实现正增长[EB/OL]. (2023—11—07). http://www.customs.gov.cn//customs/xwfb34/302425/5474063/index.html.

第二章

习近平总书记关于民营经济发展壮大的相关论述的深入探赜

上一章以习近平总书记履职实践为主线，系统梳理了习近平总书记不同时期关于民营经济发展壮大相关论述的发展过程，并揭示了这些论述形成与发展的时代背景和现实依据。这对于我们全面、准确认识习近平总书记关于发展壮大民营经济的相关思想具有重要的参考价值。然而，仅有实践梳理远远不够，如果缺少理论高度和全局视角，就不利于全面深刻地把握习近平总书记关于民营经济的论述体系。

关于"发展壮大民营经济"这一话题，首要的一个问题是：我们在未来较长一段时间里，还要不要继续发展民营经济？2018年，"民营经济离场论"突然甚嚣尘上。这一观点的提出者和拥护者们普遍认为，自改革开放以来，民营经济已经取得了巨大发展，并为我国经济做出了重大贡献，而这恰好说明民营经济的发展已经到头了。他们提出，民营经济作为一种私有成分，在社会主义国家里只能作为一种"有毒"的权宜手段而存在，只是为了向现实暂时妥协的一种让步；既然我国经济发展已经取得了巨大成就，人民生活水平已经有了质的提升，那民营经济这种私有成分就要及时剔除，以免动摇我国社会主义的制度根基。显然，"民营经济离场论"的提出，是片面认识我国经济发展历史和实践成就的产物，反映出其在理论层面存在的局限。因此，只有在理论层面形成清醒认识，我们才能对民营经济未来的发展形成正确判断，从而坚定发展壮大民营经济的信念与信心。本章将主要从理论层面出发，对习近平总书记关于民营经济发展壮大的相关论述进行解读。在此基础上，本章还将从习近平总书记的相关论述中提炼出发展壮大民营经济的四个重要命题，为下述进一步研究阐释发展壮大民营经济作总体引领。

第一节　发展壮大民营经济的必要性

一、发展壮大民营经济是在社会主义初级阶段解放生产力的必要之举

发展民营经济是在社会主义初级阶段解放生产力的实践需要。恩格斯曾在《共产主义原理》(《共产党宣言》的草案)中回答过这样一个问题。"第十七个问题：能不能一下子就把私有制废除？答：不，不能，正像不能一下子就把现有的生产力扩大到为实行财产公有所必要的程度一样。因此，很可能就要来临的无产阶级革命只能逐步改造现今社会，只有创造了所必需的大量生产资料之后，才能废除私有制。"[①]作为尚处于社会主义初级阶段的大国，党的十三大曾从我国人口结构、工业发展水平、地区发展状况、科学教育文化发展等几个方面概括了我国社会主义初级阶段的基本特征，指出我国的社会主义初级阶段，是逐步摆脱贫穷、摆脱落后的阶段；是由农业人口占多数的手工劳动为基础的农业国，逐步变为非农产业人口占多数的现代化的工业国的阶段；是由自然经济半自然经济占很大比重，变为商品经济高度发达的阶段；是通过改革和探索，建立和发展充满活力的社会主义经济、政治、文化体制的阶段；是全民奋起，艰苦创业，实现中华民族伟大复兴的阶段。社会主义初级阶段是一个相当长的历史发展阶段，在发展进程中必然还要经历若干具体的发展阶段，不同时期会呈现出不同的阶段性特征，并集中反映在社会主要矛盾的变化上。[②]

社会主义初级阶段的根本任务是解放和发展生产力。作为社会进步的根本所在，生产力是一个社会利用并改造自然的能力与力量的总和，是社会生产方式物质属性与功能结构的集中体现。生产力既包含人与自然之间的关系，也蕴含着人与人之间的关系。人类发展过程中的生产活动，不只是技术与具体物质资料相结合的过程，还包括人与人在生产过程中结成的各种生产关系。伴随生产力水平的逐

[①] 马克思,恩格斯.共产党宣言[M].北京:人民出版社,2018:188.
[②] 沿着有中国特色的社会主义道路前进——在中国共产党第十三次全国代表大会上的报告[N].人民日报,1987—11—24.

步提高,劳动者在生产过程中结成的各种关系、形成的各类组织形式对生产的最终结果的影响越来越显著。因此,重视生产活动的社会属性,充分发挥社会在生产过程中所结成的各种经济组织的不同作用,与推动科学技术进步一样,也是解放并发展生产力不可或缺的组成部分。目前,我国正处于马克思所谓的"第二大社会形态"中。这一社会形态的显著特征是,人与人之间的关系是通过人对物的依赖关系得到反映与体现的,因而这一社会形态内的经济活动是以商品交换为核心而展开的。换言之,商品经济、市场经济是社会主义初级阶段发展生产力必须采取的经济形式。

因此,尊重市场经济发展规律、用好市场法则,是当下不断解放并发展生产力奉行的基本原则,而构建和完善社会主义市场经济体制则是不断解放并发展生产力的重要出路。对于民营经济而言,它的发展和存续与市场经济发展环境密切相关,同时也是各类经济组织形式中最符合市场经济内在规律的经济形态。可见,发展壮大民营经济是推动市场经济进一步发展,进而是在社会主义初级阶段更好激发市场活力、解放和发展生产力的必要之举。

二、发展壮大民营经济是完善所有制结构的现实要求

(一)完善所有制结构的重要意义

从表面上来看,市场经济的发展就是要不断丰富交易品的种类,增加市场主体的数量,提高市场交易的频率,从而扩大市场交易的规模和覆盖面,看起来发展重点似乎在商品流通领域。但从更深层次来看,流通是由生产决定的。这里的生产包括两重含义——商品的生产和人的生产,前者创造商品供给,而后者创造商品需求。社会经济的运转是一个不断循环的过程,商品的买卖、人与人之间的交换只是这个循环的中间环节,而对商品的生产和对人的生产则对这个循环的运行起着决定性作用。因此,考察发展壮大民营经济对市场经济发展的作用,根本上还是要立足生产,把生产领域作为发展的重点与关键。

所有制结构是指各种不同生产资料所有制形式在一定社会形态中的地位、作用及其相互关系,通常表现为国民经济中不同经济成分的占比结构。生产资料所有制,即生产资料归谁所有是生产关系最重要、最基础的组成部分,它对于社会生产活动的开展和调节均起着决定性作用。所有制结构对于社会经济生产活动具有重要作用,主要基于如下三方面的原因。

第一，所有制既是社会分工发展的产物，又是推动社会分工发展的关键因素，完善所有制结构是发展生产力的必要之举。人和动物最大的区别在于人会使用工具从事生产，换句话说，人所从事的生产活动实质上就是对生产资料的使用，而人类社会的再生产过程就是社会对生产资料的所有过程。[①] 不难发现，人的生产活动包含两个重要方面：一是技术，人的生产总是要借助工具以提高生产效率；二是社会关系，即在生产过程中不断深化分工协作，从而提高劳动效率。对于商品经济形态下的不同社会形态，只有所有人在法定限度内，通过占有、使用、收益和处分等活动对物进行最充分、最完全的支配，生产才能顺利进行。这正是所有权的核心内容。在市场经济中，社会分工越是发达，生产资料所有权的划分就越是精细。所以，所有制既是社会分工发展的产物，又是推动社会分工发展的关键因素，是生产力进步的体现。

第二，生产资料所有制形成了产品的分配规则，合理的所有制结构能优化社会产品的分配格局，从而尽可能调动起全社会的生产积极性，提高社会生产效率，为进一步提高生产力水平奠定基础。通常而言，生产资料归谁所有被认为是一个极为重要的根本性问题，一个非常重要的原因就在于生产资料的所有者或占有者决定了劳动产品是如何分配的。不同于生产资料的"占有"，生产资料的"所有"包含了从使用生产资料到获取生产资料收益的完整过程，劳动产品被生产出来只是承接使用生产资料和实现生产资料收益的开始，而生产资料的分配则是"收益"环节的一个决定因素，依然是生产资料所有的一个过程。在实现生产资料收益的过程中，一个良性的生产资料所有制结构对劳动者有强大的激励作用，能极大程度地激发他们的生产积极性；反之则会挫伤劳动者的积极性，甚至引起他们的反抗，导致再生产的中断，进而严重阻碍生产力的进步与发展。

第三，对于市场经济的发展而言，产权明晰是市场主体间实行等价交换、开展

---

① "所有"并不等于"占有"，应当说"占有"只是"所有"的一个环节，一个组成，马克思曾在《1844年经济学哲学手稿》中谈过这一点。马克思指出："为了人并且通过人对人的本质和生命、对象性的人和人的产品的感性的占有，不应当被理解为直接的、片面的享受，不应当仅仅被理解为占有、拥有……私有制使我们变得如此愚蠢而片面，以致一个对象，只有当它为我们所拥有的时候，它被我们直接占有，被我们吃喝穿住的时候……简言之，在它们被我们使用的时候，才是我们的。"马克思认为，如果只是单纯占有某物而不去使用之，那这种占有就是虚假的占有，或者说不能称之为所有。"真正的占有"，也即"所有"实质上是一个动态的过程，而非静止的状态，它是指人在占有某物的基础上，使用该物并从中获得收益的这样一个过程。可见，"占有"只是"所有"这一过程中的一个环节，其作用在于为"使用"提供正当性（小偷使用赃物就是在非法占有的基础上进行的，因而不具有正当性）。由此便不难发现，社会"所有"生产资料这一过程，其实就是社会的再生产过程，只是讨论的视角不同罢了。

公平竞争的基本前提。商品交换是等价交换，是两个价值量相等的商品的所有权的交换，一个人获得了某商品，就需要出让等价值量的商品或货币。可如果产权是混乱的，那许多商品就会成为无主之物，人们可以随意取走而不用支付代价，等价交换这一形式自然就破灭了。在等价交换的规则下，为了获取某商品或者一定货币量，人们需要付出的是经济成本。自然地，为获取某商品而展开的竞争也是围绕着经济成本展开的。但在产权混乱，等价交换破灭的情况下，人们为获取某商品而付出的就未必是经济成本，而可能包含了其他诸多非经济因素带来的成本。这种不等价的无序交换规则不仅会使得市场机制失去作用，而且阻碍了生产力的发展进程。

综上所述，所有制对于开展和调节社会生产活动的重要性不言而喻，特别是对市场经济来说，所有权的明晰是市场机制能发挥作用的最基本前提。因此，进一步完善所有制结构是当下发展市场经济，解放社会生产力的核心。其中包含了两个方面：从宏观层面来看，进一步完善所有制结构应是优化不同所有制经济在社会经济中的所占比例。而从微观层面来看，进一步完善所有制结构就是要完善产权制度，在不断扩大产权覆盖面[1]，优化产权的行使细则的基础上，加强产权执法司法保护。

（二）发展壮大民营经济对完善所有制结构的重要意义

发展壮大民营经济是不断进一步完善所有制结构，实现社会主义市场经济发展的现实要求，且具有重要意义。

第一，从宏观层面来看，民营经济作为非公有制经济和集体经济的主要形式，它的发展壮大对于优化社会分工格局，进而激发市场活力具有重要意义。一方面，民营经济的发展壮大有助于更好激发人才的主观能动性。通过市场激励，既能更好激发生产要素的效能，又能让社会各界人才的创造力得到充分发挥。这对当下构建支持全面创新体制机制具有重要意义。另一方面，民营经济作为按要素分配为主的市场主体，它的发展壮大提高了要素收入在国民总收入中的占比，增强了要素所有者参与生产的动力，对于社会主义市场经济的发展完善也具有重要意义。

第二，从微观层面来看，民营经济的发展壮大为产权制度的发展完善积累了大量经验，对于所有制结构在实践层面的落地具有重要价值。产权制度是所有制结构在微观层面的落实。所有制只是在理论层面上规定了财产的名义所有者，而在

---

[1] 即为无主的财产确定主人。

实践中,这个名义所有者却可能笼统涵盖了财产的法理所有者、实际使用者、最终受益者三类具体的人,而他们在具体的经济活动中所发挥的作用完全不同。对于生产资料以及由生产资料生产出的产品,这三类人各自享有怎么样的权利?如何针对这三类人设计相应的关于生产资料与产品的权利结构,使他们能在生产过程中各司其职、积极作为?显然,回答这些问题都需要回到所有制结构在微观与实践层面的落实,并通过现实实践和对大量生产经营活动的经验归纳和教训总结来加以回答。民营经济是市场中最活跃的主体,是生产经营活动最广大的参与者,拥有着最为广泛而深厚的实践经验,再加之产权明晰是民营经济的发展根基所在。因而,民营经济的发展壮大有助于积累我国在完善产权制度方面的经验,并在产权界定、权责划分、产权流转和权益保护等方面,推动所有制结构在实践层面的落实与完善。

三、发展壮大民营经济有助于推动社会主义市场经济更好发展

通过对党和国家的重要文献的回顾,我们不难发现,民营经济的发展历程与我国社会主义市场经济体制的发展历程紧密相关。这里我们将从理论层面切入,对两者间的理论联系作进一步的解释。

(一)民营经济发展壮大是社会主义市场经济体制发展完善的必然结果

社会主义市场经济体制的建立是超越传统政治经济学和西方经济学的伟大创新与成就。当今,物质资料的生产在经济生活中的地位仍然重要,只有充分发挥市场在资源配置中的决定性作用,更好丰富人民日益增长的美好生活需要,才能更好解放并发展生产力。但如果按照西方经济学的逻辑,特别是按照西方近代以来的路子去发展市场经济,那就只会得到一个以资本和利润为中心的,侵蚀人民自由而全面发展这一根本权利的资本主义市场经济。在以私有制为核心特征的资本主义市场经济体制下,资本都是野蛮生长不受管束的,从竞争中胜出的垄断资本甚至能操控政府的行为,不断加剧社会财富和价值分配的不平等。显然,我国要发展市场经济就必须走社会主义道路,坚持人民至上而非资本至上。只有坚持以公有制为主体的社会主义市场经济体制,国家和政府才能更好地引导和优化市场中各类资本和企业的运作。需要指出的是,虽然社会主义市场经济坚持以公有制为主体,但这并不代表它会排斥私有成分,排斥民营经济的发展。相反,正如习近平总书记所说的,民营经济是我国经济制度的内在要素。这主要基于两方面的原因:

第一,社会主义市场经济作为市场经济的一种形式,必须建立并形成广泛、普遍的商品交换。市场经济下的公有制经济具有体量庞大、数量较少以及分布不够广泛和深入的特点,彼此间开展的交易活动不论是在频率上还是在涉及的商品种类上都是十分有限的。而且受到企业体量和许多社会因素的限制,公有制经济的经营策略通常具有长期稳定性,要在短期内做出灵活调整是较为困难的,需要付出大量的人力物力。这两点导致的结果是,如果市场经济中只有公有制经济存在,就必然缺少活力,是难以实现持续性发展的。

第二,社会主义的本质是以人民为中心,以增进全体人民的福祉为核心目标。在目前的生产力发展水平和发展条件下,公有制经济在复杂多变的市场需求面前是缺少灵活性的,难以满足市场需求,也很难满足人民日益增长的美好生活需要。如果市场中只存在公有制经济和国有经济是不利于解决当前我国发展面临的主要矛盾,与增进人民福祉是相违背的。民营经济作为由各类人才响应市场需求自发形成的生产经营组织,具有体量小、数量大、分布广的特点,生产经营的灵活性较强,因而更能针对市场行情的变动做出最及时地调整。

由此观之,新发展阶段下,发展壮大民营经济能有效释放社会各路人才的创造力和积极性,有效促进市场交易的发展与扩大,有效满足人民日益增长的美好生活需要,既顺应了市场经济发展的内在规律,又符合社会主义人民至上的内在精神,是当前发展完善社会主义市场经济的必然要求。

(二)民营经济发展壮大是推动社会主义市场经济发展的重要力量

民营经济的发展壮大对于进一步发展并完善市场的竞争机制具有不可替代的作用。市场经济是以产权明晰为基础,以价格为信号,以竞争机制为特征,以分散化决策为核心的经济组织形式。通常认为,市场经济能有效激发各市场主体的主观能动性,使分散化决策产生对社会发展有利的结果,而市场经济要做到这一点,公平良性的竞争是必不可少的。公有制经济因为肩负不少社会责任,且能调动许多经济领域之外的社会资源,因而在市场竞争中要么处于弱势一方,要么处于强势一方,并且会牵扯进许多非经济因素,很难维护市场竞争在经济层面的公平性。民营经济作为市场需求的发掘者和响应者,它们之间的竞争一般都是纯粹的经济层面的竞争。民营经济的发展壮大总是伴随着残酷而激烈的竞争,市场的竞争机制也因这些惨烈竞争所积累的经验不断走向完善。此外,民营经济的发展壮大还能对公有制经济形成强大的市场压力,倒逼公有制经济实行市场化改革,提高效率,更好适应市场竞争而避免被淘汰。正因为民营经济发展壮大对于完善所有制结构和市场竞争机制都有着不可或缺的重要作用,民营经济自然是推动社会主义市场经济发展的重要力量。

综上所述,民营经济发展壮大能有效助力社会主义市场经济体制的发展完善,而社会主义市场经济体制的发展完善又会给民营经济创造更好的营商环境和发展空间,两者的发展相辅相成。

第二节 发展壮大民营经济的紧迫性

本书第一章在总结习近平总书记相关论述的基础上,对我国民营经济当前发展所面临的困境进行了系统性的阐述。本节将就这一话题进行深入讨论,旨在发现在这些困境背后的时代背景和内在原因。

一、时代背景

习近平总书记曾指出,民营经济当前所面临的发展困境是由外部因素和内部因素、客观原因和主观原因等多重矛盾问题碰头而导致的结果。[①] 总的来说,是国际经济环境变化,以及我国经济由高速增长阶段转向高质量发展阶段共同构成了导致民营经济发展困境的时代背景。

(一)国际竞争的新形势

改革开放以来,我国积极融入经济全球化进程,以外贸连接国内国际两个市场,出口占全球比重从1980年的0.9%提高到2020年的14.7%,连续12年位居全球第1位。在我国不断扩大开放的过程中,民营企业依靠劳动力红利与日益便捷的交通运输网络,迅速在成本端形成比较优势。2021年,民营企业累计进出口总额达到2.86万亿美元,占我国2021年进出口总额的48.6%。2022年1~4月,民营企业进出口额增长15.4%,比重达到58.5%。可以说,民营经济在我国扩大开放中发挥了不可替代的作用。[②]

然而,近五年来,随着全球经济复苏进程受阻,贸易保护主义、单边主义明显抬

[①] 习近平.习近平著作选读:第1卷[M].北京:人民出版社,2023:464-465.
[②] 任晓猛,钱滔,潘士远,蒋海威.新时代推进民营经济高质量发展:问题、思路与举措[J].管理世界,2022(8).

头,叠加已肆虐全球三年之久的新冠肺炎疫情,逆全球化趋势渐成。包括民营经济在内,我国经济社会发展所面临的外部环境发生了深刻的系统性变化,已经形成了以尖端技术竞争为核心,以产业链、供应链、资金链高频冲击为表现,以地理空间局部地缘冲突和网络空间意识形态攻击为手段的国际竞争新形势。同时,随着东南亚等地区制造业的加快崛起,我国劳动力红利消失殆尽,全球供应链受疫情影响阴晴不定,大宗商品价格受到冲击,我国民营企业参与国际竞争的传统优势空间正在被加速压缩,对全球产业链制造加工环节的重度依赖正从比较优势向"喜忧参半"转变。在新的国际竞争形势下,我国民营企业的传统比较优势已经不能完全转变为竞争优势,对新发展阶段民营经济的高质量发展支撑作用也在逐渐转弱,民营经济面临比较优势重构的严峻挑战。

国际竞争形势变化的一个显著特征就是全球产业链的重构。目前,全球产业链的重构受到三个方面的影响:一是国际经贸规则变化改变区域化布局。随着《区域全面经济伙伴关系协定》(RCEP)等大型区域自贸协定不断签署和实施,不同区域内经济贸易的产业链、供应链网络相较之前变得更加紧密。二是产业链、供应链的本土化趋势日益明显。随着国际经济政治形势的变化,发达经济体希望重新振兴本国制造业,通过各种举措推动制造业企业回流。三是美方持续升级中美贸易摩擦,破坏全球产业链格局;全球产业链、供应链加速重构,外加东南亚等地区制造业的崛起,在多重因素影响下,我国民营企业如何将原有的传统比较优势转化为竞争优势,成为其能否及如何实现高质量发展的重要课题。

此外,政治因素也成为影响国际竞争格局的重要因素,特别是以美国为首的许多西方国家都将反华视为"政治正确",将反华当作拉取选票的噱头。例如,2024年以来西方一些媒体政客频繁炒作"产能过剩论",美国政府还将对原产自中国的电动汽车关税提高至100%,对太阳能电池的关税提高至50%,对锂电池的关税提高至25%。"产能过剩论"通过将技术、安全等话题与大国博弈背景相关联,形成西方大国对中国发展模式的最新质疑话术,这正是欧美极端反华情绪在经贸领域的典型表现。

(二)我国经济正处于发展路径转型的关键阶段

1. 社会主要矛盾的新变化

党的十九大指出:"我国社会主要矛盾已经转化为人民日益增长的美好生活需要和不平衡不充分的发展之间的矛盾。"过去,在高速增长阶段,面对我国老百姓从解决温饱到日益丰富的物质文化需求,民营经济抓住机遇进入我国经济社会发展的不同领域、行业与区域。这对于改革开放初期处于"短缺经济"的我国来说,是历史选择的必然。如今,社会主要矛盾发生变化,我国经济社会发展的主要问题由落后的社会生产转变为发展的不平衡不充分。"过剩经济"已经在部分产业、区域出现,主要问题从"做大蛋糕"的单一维度扩展为"做大与分好蛋糕并重"的二元维度。破解我国经济社会发展新阶段的社会主要矛盾,归根结底是要靠量质齐升的高质量发展。这意味着民营经济过去"以量为先"的粗放发展方式已经不能适应新发展阶段经济社会发展的需要。

2. 经济转型阶段所面临的巨大压力

当前,我国经济正面临需求收缩、供给冲击、预期转弱三重压力,这也给民营经济的发展壮大带来更多挑战。

从经济发展阶段看,我国经济正在从高速增长阶段转向高质量发展阶段,这一过程需要解决一系列结构性矛盾,例如,经济增长速度放缓、产业结构升级、消费需求升级等。经济结构的调整和转型使得民营企业可能面临更多的系统性风险和挑战,甚至影响社会资本对民营企业发展的信心,限制其进一步的扩张和发展。

从具体问题来看,民营企业在经济发展过程中也承受着前所未有的压力。(1)在筹资问题上,民营企业在抵押物充裕程度、信用评级方面存在天然劣势,在向银行或其他金融机构申请贷款时常常遭遇困难;(2)在人才问题上,民营企业在管理优化与风险控制、品牌建设与市场拓展上尚不成熟,人才招收难、用工贵、留不住等问题均较为突出,制约了民营企业的高水平发展;(3)在绿色转型问题上,环境污染、气候变化等方面的生态保护压力与日俱增,民营企业受技术、资金、理念等因素的限制,存在绿色低碳转型不敢转、不会转的问题,这影响了民营企业的发展前景。

3. 营商环境和政策支持发展的相对滞后

经济发展转型的巨大压力导致民营经济对国内的营商环境和政府的政策支持,提出了更高的要求。而这两者的相对滞后使民营企业在这一经济转换阶段受到更多来自政策、制度、资源等方面的约束和影响,致使其内在发展动力不足。主要表现在以下两个方面:一是企业对政策稳定性诉求较高。在全国工商联2022年度万家民营企业评营商环境的调查中,针对浙江省4 992家受访民营企业的问卷调查结果显示,"加大产业政策支持力度"(57.41%)和"降低市场准入门槛"(30.47%)等因素是企业反映比较集中的问题。二是市场公平竞争仍需加强。地方保护主义现象仍然在一定范围内存在,针对本地是否存在妨碍企业依法平等准入和退出市场的行为或现象,有27.40%的受访企业指出在资质认定、业务许可等方面存在一定的不公平问题,当地政府对外地企业资质要求、技术要求、检验标准或评审标准的设定明显高于本地经营者。有23.68%的受访企业指出当地政府对企业登记注册要求也比较严格,要求企业必须在本地登记注册。[1]

国内外政治与经济环境的变化,也对民营企业家的信心产生了较大影响。根据中国人民银行调查统计司对包括民营企业在内的5 000户企业家的调查[2],企业家宏观经济热度指数、经营景气指数、盈利指数较之前数据出现浮动,国内订单指数、出口订单指数、销货款回笼指数也出现下滑。2022年第四季度,企业家宏观经济热度指数下降幅度达到23.5%。2023年,我国制造业采购经理指数有8个月均低于荣枯线。民营经济正在努力负重前行。

二、内在原因[3]

(一)规范和引导资本健康发展的紧迫性

民营企业是民营经济最主要的组成部分。它的运行与发展必然会受到资本内在属性的影响,从而不自觉地就会展现出资本逐利的一面。马克思的《资本论》明确揭示了私人资本的内在属性和发展规律,即资本的增殖性、运动性和剥削性。为了实现剩余价值最大化,资本会不择手段地加快自身的周转速度,并采取包括但不限于降低工资、延长工作日、增加劳动强度、削减假期、裁减人员等手段来加强对劳动者的剥削程度,以提高剩余价值率。资本越是增殖与膨胀,它在市场竞争中就越能处于有利地位,使其越能有更大的可能战胜竞争对手,越能以巨大的优势去吞并其他弱小资本,从而以资本集中的方式进一步提高自己增殖与膨胀的速度层级。最终,这个不断增殖的资本会膨胀为垄断资本。垄断资本在获得超额利润的同时,也会逐渐掌握社会权力,让全社会的各种资源都为其增殖而服务,使全社会都处于资本逻辑的剥削之下。

民营企业是以追逐利润为核心目标的市场主体,它的运行规律在根本上是受

---

[1] 资料来源:全国工商联2022年度万家民营企业评营商环境调查问卷——浙江部分数据。
[2] 转引自:肖文,谢文杰.当前民营经济发展的新特征与新挑战[J].人民论坛,2023(7):24—29.
[3] 虽然"民营企业"只是民营意义上的一种企业形态,但它占据了民营经济组成的绝大部分。本小节所讨论的民营经济仅指那些以营利为目的,且具备基本企业治理结构的民营企业。像民间非营利组织和个体工商户等其他民营经济组成部分不在本小节的讨论范围内,因为一方面,它们只占民营经济组成的一小部分;另一方面,这些微小的经济体的行为与发展受人的主观因素影响较大,存在较大不确定性,难以总结出有价值的规律供参考。故本目用"民营企业"来替换"民营经济"一词,以保障行文的流畅度。

资本内在属性支配的。如此一来，民营企业总是有充分的动机去不择手段地尽可能追逐利润。尤其是当民营企业初具规模，拥有一定自主经营能力和市场影响力时，在不受外界监管和约束的情况下，企业的经营必然会遵循资本逐利性，以扩大获利空间。当企业规模达到一定程度，尤其是成为寡头或垄断企业时，它便更有动机去干预市场运作甚至操控市场行情、影响市场规则的制定。由此可见，只有想办法规范和引导资本健康发展，充分发挥资本积极的一面，我们才能从根本上补齐民营经济发展的内在短板。

（二）实现民营企业高质量发展的紧迫性

民营企业作为商品和服务的提供者，首先要确保商品和服务的生产质量。企业只有根据市场行情的变化，通过不断创新生产出为人们所需要的有用商品，才能在市场竞争中谋得生机、打开出路。然而，不论是创新还是调整发展模式，对企业来说都不是容易的事情，尤其是对于刚成立不久、抗风险能力较弱的中小微企业而言，不同阶段的发展转型成为民营企业高质量发展面临的一座"火山"。因此，只有弄清楚企业的不同阶段的发展特征，我们才能对症下药，从外部支持入手帮助企业扫除这些短期性的阻碍。

根据企业的经营理念和采取的经营战略的不同，民营企业的生长和发展历程通常可分为四个阶段：（1）"捕捉需求，发掘市场"的创业期；（2）"卧薪尝胆，顺应市场"的发展期；（3）"改革创新，脱颖而出"的转型期；（4）"立足市场，回馈市场"的成熟期。

具体来看，一家民营企业的诞生一般是为了响应市场上一种还未曾被发掘的需求。富有企业家精神的创业者们时刻注意着市场，仔细地捕捉着消费者的潜在需求。发现商机后，创业者会凭借其敢于冒险、锐意进取的精神，开始率先收集资源，创办企业、抢占市场。进入发展期后，企业最重要的就是想办法吸引顾客，提高短期盈利能力，扩张规模。企业只有拥有一定的规模，才能在竞争激烈的市场中取得一席之地，进而保证自己拥有较稳定的产品销路。在企业取得了一定规模，拥有了一定短期盈利能力后，其应对市场波动的抗风险能力也会随之提高，这将为企业日后提高创新能力，向长期经营迈进奠定基础。但需要注意的是，处于这一时期的企业是很脆弱的，它的发展轨迹极大程度地依赖当时的市场环境。企业生产的规模、采用的技术类型、开展业务的种类几乎完全由市场需求和同行竞争所决定，差异性很小。因此，如果处于发展期的民营企业无法处理好与其他企业间的竞争合作关系，就可能造成严重的效率损失。例如，处在产业链上游，负责提供原材料的大量中小企业,通常只有通过确立价格优势来占据市场份额。如果这些企业之间陷入恶性竞争,就可能选择通过假冒伪劣等方式降低价格。此时,处于下游掌握上游企业销售渠道的大型企业可以通过制定一个较低的垄断收购价从上游企业那里搜刮利润,并趁乱吞并一些上游的新兴企业,形成自己产业链上下游垄断势力,从而进一步导致市场竞争生态的恶化。

一旦民营企业的发展到了一定规模,它便有能力抗击市场波动,并形成自己的品牌效应。此时,企业的自主经营决策能力将会明显增强,从而通过改变自身经营模式,由规模化的扩张发展转向纵向的垂类深化发展。在这一阶段,民营企业才真正有望从追求短期利润转向长期利润,从过去寻求外界的要素支持向履行社会责任转型,推动民营企业在高质量发展中迈向成熟。但同样需要注意的是,扩张规模虽然对获得短期利润有所帮助,但盲目地扩张不利于企业的长期发展。这是因为,追求盲目扩张、占据垄断优势的企业往往不具备强大的创新意愿,从而回避高投入、高风险的创新研发投入,而是寻求获取稳定的垄断利润。当民营经济走向这一道路时,故步自封的经营模式会导致消费者群体的不断流失,从而导致企业走向破产的边缘。因此,只有民营企业在转型期实现深化发展,才能真正为其确立不可替代的竞争优势。

确立不同发展阶段的最优策略,对于民营企业而言至关重要。对于处于创业期和发展期的民营企业而言,企业的成长更多受到外部力量的左右,此时企业的内在盈利能力尚显不足,企业家的经营理念也难以得到落实。因此,提高短期盈利能力是顺利度过这两个时期的一种重要途径,而扩张经营规模和加快资本周转则是落实这一途径的有效手段。而当企业拥有一定规模和短期盈利能力之后,再盲目追求规模扩张、只关注短期逐利就将扼杀民营企业的发展前途。此时,民营企业只有通过转型走上实现技术和质量都专精的道路,才能在不断提升创新能力的过程中实现长期发展。对于转型成功走向成熟的民营企业而言,要在漫长的竞争生涯中不断保持创新的精神,坚持柔性的经营策略。可见,如果任何一个阶段民营企业的发展走向歧途,就都可能无法实现企业的高质量发展。正如前文所述,目前民营企业原有的以规模扩张为中心的粗放式发展道路已经普遍走到了尽头,此时若不能及时走上以创新驱动为核心的高质量发展道路,民营企业就会遭遇严重的路径依赖问题,陷入发展困境,最终被市场淘汰。因此,当前实现民营企业高质量发展对于促进民营经济发展壮大具有十分强烈的紧迫性。

需要指出的是,要素支持对于处于创业期和发展期的企业至关重要。处于这一阶段的企业自身内在盈利能力较弱,市场存在感较低,很难顺利地获取生产要素,因而来自外部的支持成了帮助企业走出经营困境的关键所在。同样,制度支持对于处于发展期和成熟期的民营企业而言更为重要。其中,公司内部全新的发展理念、全新的经营人才和全新的治理结构才能让公司的发展目标由当下放眼到未来,走上创新驱动而非扩张驱动的发展道路。而包括规则、规制、标准、法律等在内的外在市场环境,也可以为加速企业内部制度的改革提供支持帮助。

第三节　发展壮大民营经济的四个重要命题

面对民营经济发展壮大所面临的困难和挑战,习近平总书记对发展壮大民营经济做了明确的战略部署。只有把握住发展壮大民营经济的核心要领,抓住习近平总书记相关论述中最重要的几个命题,才能清楚认识各类主体对发展壮大民营经济的积极作用,更好地抓住现实问题的核心矛盾,从而提高政策取向的一致性。本节将从习近平总书记的相关论述中,提炼出几条关于发展壮大民营经济最核心、最重要的命题。本书将在后续的章节对这些命题逐一加以详细讨论。

一、坚持党的领导

发展首先要选对道路。若是一开始就走错了路,不管过程中再怎么努力,最终轻则是南辕北辙、费时费力、亡羊补牢,尚有可为,而重则是错失良机、劳民伤财、痛失民心、一蹶不振,后果不堪设想。因此,必须引导民营企业始终沿正确的道路发展前进,而这离不开中国共产党的领导。

从宏观来看,党对经济工作的集中统一领导,是中国特色社会主义制度的一大优势。坚持党对民营经济工作的领导,是中国特色社会主义经济建设实践中形成的一条宝贵经验,是推动我国民营经济行稳致远和高质量发展的根本政治保证。第一,"党政军民学,东西南北中,党是领导一切的"[①]。民营经济的发展壮大自然也莫能例外,应当在党的领导之下,走社会主义的发展道路。第二,坚持贯彻党对民营经济发展的领导,是引导民营经济走好社会主义道路的根本保证。中国共产党

---

① 习近平.习近平谈治国理政:第3卷[M].北京:外文出版社,2020:85.

是中国特色社会主义事业的领导核心,代表中国先进生产力的发展方向,所以党有能力保证民营经济在促进生产力发展和财富积累过程中向更高质量更高水平的生产力发展方向转变。党的领导有助于我国形成集中力量办大事的政治优势,为持续激发民营经济发展活力、提高发展效能提供重要政治保障。因此,只有坚持中国共产党的领导,民营经济的创造力才能充分迸发、竞争力才能得到充分彰显,民营经济的持续发展才是有源之水、有本之木。第三,坚持党对民营经济发展的领导,是确保民营经济是"自己人"的重要政治前提。一方面,党作为中国特色社会主义事业的领导核心,有助于更好凝聚社会各方发展合力。这是凝聚民营经济发展壮大合力的重要保障。另一方面,党的领导始终"以人民为中心",只有坚持党的领导,坚持民营经济发展为了人民的根本导向,才能让民营经济的发展切实增进人民福祉,让民营经济真正成为"自己人"。

从微观来看,坚持党的领导有助于推动民营企业的高质量发展。第一,坚持党的领导有助于民营企业贯彻落实新发展理念。习近平总书记强调,"理念是行动的先导,一定的发展实践都是由一定的发展理念来引领的。发展理念是否对头,从根本上决定着发展成效乃至成败"[①]。党的十八大以来,在党的领导下,民营企业坚持创新驱动发展,不断提升核心竞争力,不断加强企业的社会责任意识和绿色发展能力,"创新、协调、绿色、开放、共享"的新发展理念日益融入民营企业发展的全过程,成为民营企业发展的重要组成部分。第二,坚持党的领导有助于民营企业更好认识经济发展规律,并充分将其用于指导实践。认识和运用经济规律是民营企业实现高质量发展的法宝。党的十八大以来,中国经济发展进入以增长速度换挡、经济结构优化、发展动力转换为主要特征的新常态,向着形态更高级、分工更复杂、结构更合理的方向演进,因而民营企业的发展面临着新环境、新挑战和新机遇。[②] 作为先进生产力及其发展方向的代表,党能更早、更为准确地把握社会需求结构的变化。因此,坚持党的领导,企业就能更快、更精确地掌握市场行情的变化,从而有相对充裕的时间来形成自身的比较优势,在市场竞争中占得先机。第三,坚持党的领导既能鼓励企业承担更多社会责任,又能帮助企业更好获得并利用各种社会资源。党的人民性能有效抑制企业因资本的剥削性而产生的过度扩张欲望和扰乱市场秩序的冲动。在党的领导下,企业能够主动承担起更多社会责任,为增进全体人民福

---

① 习近平. 习近平在党的十八届五中全会第二次全体会议上的讲话(节选)[J].《求是》,2016(1).
② 中央文献研究室. 习近平关于社会主义经济建设论述摘编[M]. 北京:中央文献出版社,2017:74-79.

祉做更大贡献。相应地，这些善举能帮企业积攒大量社会声望，并在关键时刻为企业提供大量社会资源。①

二、坚持"两个毫不动摇"

在确定发展道路之后，就要明确发展的基本原则和基本方略。要发展壮大民营经济，必须始终坚持"两个毫不动摇"——毫不动摇地巩固和发展公有制经济，毫不动摇地鼓励、支持和引导非公有制经济发展。这是我国经济社会发展的重要基础。

习近平总书记在多次讲话和文件中反复强调坚持"两个毫不动摇"的重要性。党的十八大以来，习近平总书记将"两个毫不动摇"融入"四个全面"战略布局。在"毫不动摇坚持我国基本经济制度，推动各种所有制经济健康发展"这一讲话中，习近平总书记回顾了坚持"两个毫不动摇"从提出到成熟深化的历史进程，并强调，"我之所以在这里点一点这些重要政策原则，是要说明，我们党在坚持基本经济制度上的观点是明确的、一贯的，而且是不断深化的，从来没有动摇。中国共产党章程都写明了这一点，这是不会变的，也是不能变的"，因为"任何想把公有制经济否定掉或者想把非公有制经济否定掉的观点，都是不符合最广大人民根本利益的，都是不符合我国改革发展要求的，因此也都是错误的"②。党的十九大将坚持"两个毫不动摇"视作坚持新发展理念的重要组成。党的十九届六中全会将"两个毫不动摇"作为党领导经济建设的重要经验加以总结，进一步巩固了非公有制经济的地位。党的二十大更是提出坚持"两个毫不动摇"是构建高水平社会主义市场经济的一个重要环节。

坚持"两个毫不动摇"的重要意义在于它赋予了民营经济发展的正当性和合理性，使其能在规则公平的情况下，与国有经济共同发展、优势互补。坚持"两个毫不动摇"这一基本方针，既是为了坚定民营企业家的发展信心，又是进一步发展完善社会主义市场经济体制的必由之路。

民营经济在完善所有制结构和健全市场竞争机制方面有着不可或缺的作用，

---

① 2021年，河南遭遇特大洪涝灾害。几乎濒临破产的鸿星尔克公司，不顾经营困难，毅然向灾区捐赠了5 000万元。此事在网络上传播开后，民众开始纷纷抢购鸿星尔克的产品，以表示对其捐赠义举的肯定与支持，从而为鸿星尔克带来了巨额的短期利润，一举帮助其走出了经营困境。
② 习近平.习近平著作选读:第1卷[M].北京:人民出版社,2023:462—463.

因而促进民营经济的发展壮大是实现生产力水平提高的重要一环。需要注意的是,公有制经济的发展对于社会主义市场经济体制的发展和社会生产力水平的提高同样是不可或缺的。事实上,社会主义市场经济体制的一大优势就是能将公有制和非公有制经济有机结合起来,使两者在各尽其职的同时,相辅相成、相得益彰。公有制经济的发展能为集中力量办大事奠定基础,有效维护并增进社会福祉,保证社会发展的稳定性;而非公有制经济的发展则能更好激发个体的创造力,给社会不断注入发展活力,并为社会未来的发展增添了更多可能性。两者都是建成社会主义现代化强国所必需的力量。一旦在发展过程中出现了厚此薄彼的情况,使一方的发展过于独大,多种所有制经济共同发展的均衡态势就要被打破。因此从理论上来说,我们要平等、客观地对待不同所有制经济的发展,毫不犹豫地将不同所有制经济平等公正地发展起来。唯有如此,才可能构建起高水平社会主义市场经济体制。

因此,坚持"两个毫不动摇",有助于我们科学认识民营经济发展壮大的理论和实践进路,更好认清我们要怎样看待民营经济,以及我们需要发展出什么样的民营经济。这将在第四章中予以详细阐述。

三、让民营企业苦练发展内功

在选定了发展前路,明确好发展的基本原则和基本方略后,就应当找到发展前进的动力源泉,并根据当前面临的主要矛盾,开始采取针对性的措施与行动。世间万物最根本的发展动力都蕴含在其内部,民营经济也不例外。民营企业作为民营经济的重要的组成部分,是民营经济发展壮大过程中各类内部矛盾的载体。因此,发展壮大民营经济,需要民营企业苦练发展内功、提升民营企业发展的核心竞争力。

民营企业作为一种经济组织,它的发展潜力体现在这样几个方面:(1)团队分工协作是否能充分发挥每个员工的优势;(2)团队里的成员在经营活动中是否主动积极、尽心尽力;(3)团队的领导者是否具有创新拼搏的精神,是否具备相应的领导能力;(4)团队选择的发展模式是否顺应外界当前的发展趋势。这对于民营企业意味着三个方面的问题:(1)企业是否建立起了符合自身发展阶段所需要的,具有中国特色的企业制度;(2)企业的所有者是否仍秉持企业家精神,而这些企业家精神是否又衍生出了相应的企业文化;(3)企业的发展模式和经营策略是否符合市场行情的走向。

民营企业苦练发展内功,便是要在这三个方面有所作为,取得成效,即建立适合的,具有中国特色的现代企业制度;弘扬企业家精神;敢于改革、主动创新、不断调整发展模式。相关内容,我们将在第五章进行详细讨论。

四、构建有利的外部发展环境

一颗种子能否发芽,最根本的是看其内在是否充实丰满。然而,如果外界没有合适的光照,无法提供充足的水分与合适的温度,那这颗种子是发不了芽的,甚至还可能被恶劣的环境给摧残殆尽。因此,民营经济的发展壮大固然离不开其自身的不懈努力,而外界能否提供必要支持也是至关重要的。

民营经济在不同发展阶段所需要的外界支持是不同的,尤其是对从"扩张阶段"向"深化阶段"转型的民营企业而言,外界环境的支持保障成为企业转型成功与否的关键所在。因此,构建有利的外部发展环境是发展壮大民营经济的重要保障。如果说民营经济作为重要的市场主体,提升它内在的发展实力需要充分利用市场的竞争机制,发挥好市场的作用,那构建良好的外部发展环境就要更多依靠政府的力量。由此,对于社会主义市场经济体制而言,如何充分发挥出市场和政府"两只手"各自的优势,就成了题中应有之义。

对民营经济发展壮大的支持保障,不能简单一概而论,要具体问题具体分析。只有在实践中明确民营企业的哪些诉求是合理的,政府和社会力量应当以何种方式来提供帮助,才能实现民营经济有序、健康、高质量发展。一个有利于民营经济发展壮大的良好外部发展环境,应该是一个完整的制度体系,在微观层面,通过具体制度的确立,帮助民营企业攻克发展所面临的"三座大山",解决其发展所面临的各种具体问题;在中观层面通过完善的体制机制,为民营经济提供坚实的要素支持保障;在宏观层面,要在民营经济高质量发展过程中推动民营企业高水平"走出去",助力更多世界一流民营企业的诞生。关于这三个层面的具体内容,我们将在本书第六章展开论述。

第三章

发展壮大民营经济需要坚持党的领导

中国共产党的领导是中国特色社会主义最本质的特征。"党政军民学、东西南北中,党是领导一切的",民营经济的发展壮大自然不能脱离党的领导。本书第二章已经在历史、实践和理论三个层面详细论证了坚持党的领导是民营经济发展壮大的根本保证,但同时也留下了一些值得进一步展开的问题。例如,坚持党的领导具体能在哪些方面为民营经济的发展提供助力?党是通过什么方式和途径去领导民营经济发展的?有没有很好的现实案例可供参考?这些问题都将在本章展开讨论。这里需要说明的是,民营企业包括两种形式:第一种是除我国港澳台投资和外商投资之外的非公有制企业,比如私营企业、个体企业等;第二种是集体经济合作组织。

本章第一节将重心放在党对第一种形式的民营企业的领导上,详细说明党的领导对民营企业发展的重要作用,以及党是通过什么方式来领导民营企业发展的。民营企业是民营经济最主要也是最重要的组成部分,详细阐明党领导民营企业发展的重要作用和基本途径,是理解党的领导是促进民营经济发展壮大根本保证的关键所在,在理论和实践上均有着重要意义。这一节以一个现实案例作结,以供参考。

本章的第二节将详细讨论党对农村集体经济组织(第二种形式的民营企业)发展壮大的领导。这一节将对农村集体经济组织的运行特征、发展困境进行归纳总结,并在此基础上讨论党对农村集体经济组织的领导作用和领导方式。

第一节　党对民营企业发展的领导

习近平总书记高度重视非公企业党建,对此作出了一系列重要指示批示,"非公有制企业的数量和作用决定了非公有制企业党建工作在整个党建工作中越来越重要,必须以更大的工作力度扎扎实实抓好"[1]"要加强社会组织党的建设,全面增强党对各类各级社会组织的领导"[2]。坚持党对民营企业发展的领导有两方面的意义:一方面,党的领导是让民营企业、民营经济始终沿正确道路前进的根本保障;另一方面,企业党组织的建设发展,以及企业党建活动的开展是加强党的基层组织建设,提高党的基层组织战斗力的重要环节。受本书主题的限制,本节将仅围绕第一个方面展开,详细阐述党对民营企业发展的具体引领作用,以及党是通过哪些具体途径来引领民营企业的发展的。此外,本节还将以红豆集团为例子,梳理其开展企业党建工作的具体措施,总结其企业党建的工作经验,为民营企业党组织建设与党建工作的开展提供一个鲜明范本。

一、党对民营企业发展的引领作用

党引领着民营企业的发展,这一引领作用主要体现在以下三个方面:一是党引导民营企业贯彻新发展理念;二是党对民营企业的发展方向起到全局把握的作用;三是党的领导能让企业更多、更好地肩负起社会责任,从而为企业融入社会生态创造条件。

(一)党引导民营企业贯彻新发展理念

纵观改革开放以来民营企业的发展历程,其每一步发展都依赖于中国共产党发展理念的引领。党的十一届三中全会明确提出把党和国家的工作中心转移到经济建设上来,邓小平同志也强调要"以经济建设为中心,发展才是硬道理,让一部分

---

[1] 转引自:广东省江门市委组织部. 新时代如何加强非公企业党建工作[J]. 中国党政干部论坛,2018(8):25—28.
[2] 习近平. 在全国组织工作会议上的讲话[EB/OL]. (2018—07—03). https://www.12371.cn/2018/09/17/ARTI1537150840597467.shtml.

地区、一部分企业和一部分人先富起来,先富带动后富"①,民营企业因而得以恢复发展。党的十四大确定了建立社会主义市场经济体制的改革目标,江泽民同志强调指出发展是党执政兴国的第一要务,坚持用发展的办法解决前进中的问题,同时注重协调改革发展稳定的关系。② 伴随着社会主义市场经济体制的建立,党对于促进民营经济的发展的态度更为坚定,我国民营企业的发展迎来又一个春天。党的十六大后,胡锦涛同志提出以人为本的全面协调可持续的科学发展观,强调要加快转变经济发展方式。③ 在这一发展理念的引领下,民营企业不仅日益建立起规范的经营方式与组织形式,而且有力推动了我国经济结构优化、消耗降低与效益提高。党的十八大以来,党中央多次重申"两个毫不动摇"原则,为促进民营经济的发展提供了坚实支撑与保障。在党的十八届五中全会上,以习近平同志为核心的党中央立足我国经济发展过程中面临的发展动力不足、城乡、区域发展不协调以及关键核心技术领域屡遭"卡脖子"等现实问题,提出了创新、协调、绿色、开放、共享新发展理念。习近平总书记指出,民营企业要践行新发展理念,转变发展方式、调整产业结构、转换增长动力,坚守主业、做强实业,自觉走高质量发展路子。

在新发展理念的引领下,我国民营企业迈向了高质量发展阶段。具体表现为:

一是坚持创新驱动发展,提升民营企业核心竞争力。创新是民营企业高质量发展的核心动力。近年来,在党的领导下,各级政府大力推动各种优质生产要素与资源向民营企业流动,并为促进民营企业的发展出台了一系列政策,民营企业由此在创新投入方面持续增长,创新质量显著提升,尤其在发明专利数量与质量方面取得重要突破,日益成为推动科技创新的重要力量。

二是坚持协调发展,促进国有企业和民营企业协同发展。自党的十八大以来,党中央、国务院高度重视两者的协同发展,且对于推动国有企业和民营企业的协同发展的顶层设计日益清晰。从宏观层面来看,国有经济和民营经济协同发展的格局基本形成;从中观层面来看,国有企业和民营企业在行业互补分工与产业链、供应链协作方面不断深化;从微观层面来看,国有企业和民营企业在要素交叉融合、利益共同体的打造等方面持续强化。④

三是坚持绿色发展,加快推进民营企业绿色转型。作为全国占 90% 以上的经

---

① 中共中央文献研究室. 十二大以来重要文献选编:中册[M]. 北京:中央文献出版社,2011:64.
② 江泽民. 论社会主义市场经济[M]. 北京:中央文献出版社,2006:172—176.
③ 胡锦涛. 论构建社会主义和谐社会[M]. 北京:中央文献出版社,2013:149,181.
④ 王欣,肖红军. 推动国有企业与民营企业协同发展:进展、问题与对策[J]. 经济体制改革,2022(5):5—13.

营主体,民营企业既是绿色技术创新的重要力量,也是节能减排降碳的重要贡献者,绿色发展是民营企业高质量发展的题中应有之义。在绿色发展的理念引领下,民营企业近年来积极转变自身生产经营方式,加快淘汰落后的技术、工艺和设备,努力推动绿色低碳技术研发应用,提高资源利用效率,日渐向绿色低碳循环发展模式转型。

四是坚持开放发展,促进民营企业提高利用国际国内两个市场、两种资源的能力。开放发展是有利于准确把握国际国内发展大势的先进理念,对于推动我国民营企业的高质量发展具有重要意义。近年来,在这一理念的引领下,我国民营企业在把握国际规则的基础上,积极拓展国际市场,通过"一带一路"等重大国家战略加快自身"走出去"步伐,打造国际化品牌、提高国际化水平,不仅促进了自身的更大发展,而且为海外市场提供了更多选择与发展动力。

五是坚持共享发展,有效发挥民营企业在促进共同富裕中的重要作用。共享发展理念侧重于解决社会公平正义问题,旨在促进经济社会发展的物质文明成果和精神文明成果由全体人民共同享有。在这一理念的引领下,我国民营企业近年来在为社会公共服务提供广泛资金支持、破解结构性就业矛盾、构建和谐劳动关系、缩小收入分配差距等方面发挥了积极作用。

(二)党把握民营企业的发展方向

改革开放以来,党在引领民营企业的发展方向上发挥着不可或缺的重要作用。

一方面,党的领导决定了我国民营企业的发展是服务于社会主义建设的。不同于一般的资本主义私有企业,我国的民营企业是在中国共产党领导下的社会主义市场经济的重要主体,是有机融合企业家个人利益、企业成长与人民需要的经济组织。虽然我国民营企业以生产资料私有制为基础,主要遵循按要素分配的分配方式,经济运行主要依靠市场的调节,但在党的领导下我国民营企业的总体发展方向是服务于社会主义生产目的、服务于全面建成社会主义现代化强国战略目标、服务于中华民族伟大复兴的民族梦想的。

另一方面,党中央的相关重要会议为民营企业的治理体系的完善指明了方向。1993年,党的十四届三中全会首次对建立适应市场经济和社会化大生产要求的、产权清晰、权责明确、政企分开和管理科学的现代企业制度提出了明确要求。① 随后,全国人民代表大会常务委员会颁布并实施了《中华人民共和国公司法》,并于1999

---

① 中共中央关于建立社会主义市场经济体制若干问题的决定[J].党的建设,1994(1):6.

年、2004年、2005年、2013年、2018年多次修正修订,这在引导和规范民营企业的产权关系、组织制度以及经营管理等方面发挥着重要作用。进一步地,由于民营企业在创立之初普遍规模较小,且以家族化管理为主,经营结构、管理方式等相对比较单一,不利于民营企业的进一步发展。基于民营企业发展壮大的需要,党的十八届三中全会明确提出"鼓励有条件的私营企业建立现代企业制度"[①]。

可见,建立现代企业制度是当下民营企业发展壮大的方向,而这一方向的确立离不开党的领导。通过建立起现代企业制度,民营企业加快推进了自身产权结构多元化与治理结构专业化,实现了规范化发展,经营能力、管理水平、市场竞争力以及可持续发展能力也大幅提高。

(三)党引领企业更好融入社会生态与政治生态

作为现代经济的一种组织载体,企业一旦成立,就作为一个独立主体存在。企业不仅基于生产和经营需要将员工组织起来,成为有机整体,而且还作为一个独立主体与其他经济主体以及社会或国家产生关系,甚至还跟全球范围内的其他经济、社会和国家主体产生联系。于是,在发展过程中,企业不仅处于经济关系之中,还处于社会关系、政治关系等其他关系之中。由此可见,民营企业若想获得长期发展的可能,就必须处理好同其他主体的社会关系、政治关系,更好融入外部的社会生态与政治生态,而这一切的前提都是需要企业能填补资本逐利性所造成的发展短板。显然,只有坚持党的领导,依靠党的人民性和纯洁性,企业才能与资本的逐利属性相对抗,在坚守底线盈利的同时,肩负起更多社会责任,从而更好融入外部生态。

党建工作推动企业外部政治生态和社会生态营造,可以从以下三个方面起作用。

一是在政治生态营造上,党建工作可以有效推动企业与国家政治网络进行连接,使企业以及员工能有效融入整个政治生态。党的组织网络可以推动企业内的组织网络与整个政党组织体系对接,并以此为基础与整个国家政治系统有效对接。通过党建工作,企业内部的员工党员能够过上正常的党组织生活,并通过党员、党组织与其他单位的党员和党组织建立具体联系。通过党的组织和鼓励企业成员参加政治活动,企业能够与其他一系列政治和社会组织建立联系,企业也由此能够更好参与政治生活。具体来说,通过党建工作,企业可以融入政治生态,通过党的组

---

① 中共中央文献研究室.十八大以来重要文献选编:上册[M].北京:中央文献出版社,2014:517.

织网络与其他单位以及整个政党组织体系以及政治体系建立联系,并在此过程中接受和认同党的领导;以党组织为核心的整个政治体系也得以认同和支持企业发展。

二是在政策生态营造上,党建工作可以推动企业与国家政策生态对接,使企业发展能够得到政策的有效支持。通过党建工作,企业不仅能参与行业协会等,而且还能通过行业党建推动行业发展,发挥行业协会和行业党组织的作用,积极反映企业诉求,推动和影响相应政策的制定和修改。通过党建工作,党和政府能够采取政策性措施,针对性地支持某些类型的企业发展,2018年以来,各地积极开展党建工作助力民营企业活动,就是这一作用的体现。通过党建工作,企业可以通过党组织渠道,直接向党和政府有关部门反映相关政策性问题,能够对所在地区和整个国家企业发展的政策制定与实施产生影响。总之,通过党建工作,企业与党和政府可以围绕政策制定和实施,在宏观、中观和微观三个层面实现有效互动,由此企业不仅能够融入政策生态,而且还能够参与建构政策生态。

三是在社会生态营造上,党建工作可以使企业与各类社会力量进行对接,为企业融入社会生态创造条件:第一,企业可以直接凭借党的组织网络参与各个层面的社会服务和社会治理。第二,企业可以与各类群团组织建立合作关系,利用其组织网络参与社会服务和社会治理。第三,企业可以通过区域化党建群建,参与社区服务和社区治理。总之,党建工作是企业落实社会责任的组织载体和实现方式,是企业与所处社会环境建立良好关系的关键纽带,是使企业有效融入和参与社会生态建构的重要推动力量。

二、党引领民营企业发展的方式和途径

党引领民营企业的发展需要找到具体抓手,这主要体现在四个方面:一是帮助民营企业解决发展过程中面临的难题,二是为民营企业的发展营造良好的营商环境,三是领导亲清政商关系的构建,四是充分发挥企业党组织和党员的领带作用。

(一)着力解决民营企业发展过程中面临的困难

改革开放以来,党立足于我国基本国情,从允许民营企业存在和发展,到鼓励、引导民营企业发展,再到如今的鼓励、支持和引导其发展。在这一演变过程中,党引领民营企业发展的一个重要途径是着力解决民营企业发展过程中面临的困难,为民营企业的发展扫清障碍。针对民营企业经营过程中面临的转型发展难、融资

难、融资贵等现实问题,党坚持问题导向,为破解这些发展难题发挥了关键的领导作用。自党的十八大以来,在党的领导下,各级政府出台了一系列有利于民营企业发展的重要政策、法规,如扩大民营企业市场准入、促进各类市场主体公平竞争和平等发展的改革举措等。如今,引导与支持民营经济发展壮大的体制机制已经在促进民营企业发展的实践过程中基本形成,而这显然离不开党的领导。

(二)优化民营企业的营商环境

营商环境对于激发市场活力与社会创造力、推动经济高质量发展具有重要意义。于民营企业而言,良好的营商环境是其健康生存发展的土壤,直接关系其市场活力和发展动力。因此,唯有进一步优化营商环境,才能为民营企业发展壮大创造优良的先决条件。而良好营商环境的打造,离不开党的领导。优化民营企业的营商环境是党引领民营企业发展的重要途径。自党的十八大以来,党中央围绕优化民营企业的营商环境作出了一系列重大部署。在此期间,各级政府从民营企业切实需求出发,结合当地经济发展实际,开拓创新,将优化营商环境作为重大工程,建立健全"一盘棋推进机制",充分发挥法治化理念的引领与保障作用,切实维护民营企业合法权益,努力提升市场活力,稳定预期强化营商环境法治保障,取得了明显成效。

(三)领导亲清政商关系的构建

党对民营企业的领导,首先是对民营企业家的教育和引导。这意味着要促进健康和谐的政商关系的形成。习近平总书记曾强调,"非公有制经济要健康发展,前提是非公有制经济人士要健康成长",并要求民营企业家"加强自我学习、自我教育、自我提升""维护好自身社会形象""做爱国敬业、守法经营、创业创新、回报社会的典范"。[1] 改革开放以来,伴随着国企改革的逐步深入以及我国民营企业的逐步发展壮大,我国政商关系也在逐步变化。习近平总书记在 2016 年两会期间强调"新型政商关系,概括起来说就是'亲''清'两个字",首次使用"亲""清"二字系统阐述了新型政商关系。因此,构建新型政商关系也是党引领民营企业发展的重要方式。[2] 由此,在党的领导下,各级政府及相关部门按照构建亲清新型政商关系的要求基本建成有效的政企沟通机制,并在法律允许的范围内,积极为民营企业排忧解

---

[1] 中共中央党史和文献研究院. 十八大以来重要文献选编(下)[M]. 北京:中央文献出版社,2018:249—250.
[2] 兰红光. 毫不动摇坚持我国基本经济制度 推动各种所有制经济健康发展[N]. 人民日报,2016-03-05.

难,有效推动了民营企业的发展壮大。

（四）发挥企业党组织和党员的领带作用

党引领民营企业发展的落脚点在于民营企业党组织的建设以及发挥党员的先锋模范作用。从民营企业党组织的角度来看,其能够结合企业发展实际,积极宣传贯彻党的路线方针政策,助力企业经营管理人员与职工群众及时学习了解党和国家的重要路线方针政策以及重大决策部署,从而使得企业的经营发展与党中央保持一致;从党员的角度来看,在民营企业自身发展过程中,充分发挥党员的先锋模范作用,有助于提高技术创新能力与经营管理水平、有助于提高企业产品质量。突出党建引领发展,能够积极协调各方利益关系,维护职工群众合法权益,构建和谐劳动关系,促进企业与社会的和谐稳定。

三、"企业党建"实践的具体案例——红豆如何践行"企业党建"[①]

民企党建是党的基层组织建设的重要一环,推动民企党建高质量发展在贯彻落实新时代党的建设总要求的同时,也为民营企业自身健康稳定发展提供了坚实保障。红豆集团历经数十年的探索和实践,将"党的建设"与"社会责任"嵌入企业制度,形成了"现代企业制度＋党的建设＋社会责任"的红豆党建道路,为民企党建提供了范本。

（一）红豆集团的发展概况

红豆集团有限公司初创于1957年,是一个集纺织服装、橡胶轮胎、生物医药、房产置业四大产业于一体的大型民营企业集团,居中国民营企业500强前列,当前职工近3万名,党员千余名,集团党委下设3个二级党委、121个党(总)支部。2011年,红豆党建被评为"全国先进基层党组织";2012年,中组部将红豆党建经验向全国发文推广;2016年,红豆集团党委书记周海江被中共中央授予"全国优秀党务工作者"称号;2019年,红豆集团作为唯一民企入选"不忘初心、牢记使命"主题教育党建案例。

纵观红豆集团六十余年的发展历程,三代创业人都是中共党员,持续传承着"坚定信念听党话,毫不动摇跟党走"的红色情怀。出于共产党人的红色情怀与对党的忠诚信任,三代人始终坚持艰苦创业,将"听党话、跟党走、报党恩"作为带领企

---

① 本案例摘自:周海江.中国特色现代企业制度.[M].北京:中共中央党校出版社,2017.

业不断发展的不竭动力。在发展过程中,红豆集团之所以能够一步步做大做强,原因在于其高度重视企业党建工作,始终坚持把党建工作与企业经营紧密融合,着力发挥党组织对于企业发展的核心引领作用。

(二)红豆的"企业党建"经验

党的十八大以来,红豆集团始终坚持强化党建引领,致力于将党的政治优势、组织优势转化为企业的发展优势,并积累了独特的"一核心三优势"的红豆党建经验,创造了党建工作和企业生产经营紧密结合的"一融合双培养三引领"党建工作法。

1. "一核心三优势"的红豆党建经验

面对诸如党委和董事会谁具有决定权、党建工作在民营企业中有无实质性作用等争论,红豆集团以"一核心三优势"的党建经验给出了明确回答。

(1)"一核心"是指党组织是企业的政治核心。红豆集团党委作为企业的政治领导核心,统领企业全局,并通过让董事会、股东会、监事会的主要负责人进入党委的方式,使党委与"三会"融为一体。同时集团下设所有子公司负责人均为中共党员,厂长、股东代表大会95%以上是党员,党委不干涉企业的日常经营活动,主要负责把握企业发展方向、贯彻落实党的路线方针政策。

(2)"三优势"则指企业党组织注重将党的方针政策转化为企业的机遇优势,将党的政治优势转化为企业的和谐优势,以及将党的组织优势转化为企业的人才优势。具体表现为:

①机遇优势,顾名思义,是指企业抓住机遇,实现自身快速发展。回溯红豆集团六十余年的发展历程,不难看出其诸多发展机遇源于党的方针政策与重大战略部署,集团党委高度认同党的方针政策,认为这是全党的智慧结晶,具有极强的全局性、导向性、前瞻性与科学性。通过遵循党的方针政策,企业发展可以更好地把握宏观经济走向,克服"忽略政策研究"的弊病,减少决策成本。在党的十一届三中全会提出将党的工作重心转移到经济建设上来之后,企业牢牢抓住这一利好政策,实现了连年翻番的跨越式发展;1992年邓小平发表"南方讲话"之时,红豆成立了企业集团;2001年国家进一步放开资本市场,红豆集团紧抓机遇,实现了红豆股份在上海证交所的上市;2007年国家部署"走出去"战略,红豆集团积极响应,在柬埔寨西哈努克港建立了经济特区,该经济特区的发展受到两国领导人的高度重视;近年来,在党中央提出"科学发展观""建设生态文明"理念的背景下,红豆集团大力发展红豆杉绿色生态产业。

②人才优势,是指通过党建工作为企业培养、使用与凝聚人才。党组织是一个精英集中的组织,党员具备先进性、纯洁性等显著特点,是企业的先锋队和最可靠的人才。鉴于此,红豆集团党委在企业发展进程中,对于人才培养实行"双培养"机制。一是把党员培养成企业骨干,进而将党员骨干提拔为企业经营管理人才,形成"提拔一名党员、树立一面旗帜、带动一片职工"的生动局面;二是将企业人才培养成党员。红豆集团党委积极组织实施"百才工程",并建立院士工作站、博士后工作站,先后引进硕士、博士、高级工程师等高层次人才。对于各类人才,党组织有意培养他们入党,以扩大党员在企业人才中的比例。

③和谐优势,则是指通过发挥好党的思想政治工作优势,提升企业凝聚力。党的理想信念、思想政治工作方法以及密切联系群众的方法,都能充分发挥教育人、激励人、团结人的作用。党组织开展的系列实践教育活动,都在企业中起到了弘扬正气、凝聚人心的积极作用。

2."一融合双培养三引领"的红豆党建工作法

(1)"一融合"是指党企融合,目的在于紧密结合党建工作与企业经营,破解各管各的"两张皮",以此来保证党的政治优势有效转化为企业发展的机遇优势,在企业实际生产经营过程中贯彻落实党的方针政策,其具体路径包括:一是建立"交叉任职"制度,即党组织领导班子成员在企业行政中都兼任对应职务,从而提高党企融合度;二是健全"双向互动"机制,通过每周党委成员和行政高层联席会,紧密融合党的方针政策与企业经营理念,提升企业的决策力。

(2)"双培养",即指企业党员与人才之间的双向培养机制,以更好地将党的组织优势转化为企业发展的人才优势。

(3)"三引领"则指以党建工作引领先进企业文化、引领构建和谐企业、引领履行社会责任;在引领先进企业文化方面,红豆集团以党的核心价值观为基准,确立了一系列企业文化理念,有机融合党建文化、优秀传统文化以及现代文化。在引领构建和谐企业方面,红豆集团充分发挥党群组织的作用,坚持以人为本,健全关爱帮扶职工制度,收集职工意见建议并及时恢复,不断提高员工生活待遇,增强员工幸福指数;在引领履行社会责任方面,红豆集团将国家利益和社会利益摆在首位,热衷各项公益事业,积极主动承担更多社会责任,多年来为抗灾救灾、扶危帮困、社会公益等捐款捐物 3 亿多元。

第二节　党对农村集体经济组织发展的领导

由于各种复杂的社会历史因素的作用,在日常生活中,"民营经济"总是被当作"非公有制经济"的另一种表述。有不少人错误地认为"民营经济"一词的提出是为掩盖非公有制经济的私有属性、淡化阶级矛盾而服务的。再加上,第一种形式的民营企业作为民营经济中占比最大、贡献最大、影响最大的组成部分,较多地吸引了人们的关注度。这就导致生活中人们总是把"民营经济"简单地当作"私营经济"的同义表达。可实际上,公有制经济和非公有制经济、国有经济和民营经济本身就是对经济主体的两种不同划分——前一种划分强调的是在所有制属性方面的区别,而后一种划分强调的则是经营主体和经营方式的差异。准确来说,除了国有和国有控股企业、外商和港澳台商独资及其控股企业以外的经济形式都属于民营经济的范围。由农村居民自主构建并组织经营的农村集体经济组织,自然归属于民营经济。农村集体经济组织的体量占比和经济影响力虽然远不如第一种形式的民营企业[1],但它同样是民营经济里十分重要且不可或缺的组成部分。

虽然第一种形式的民营企业和农村集体经济组织都是民营经济的重要组成部分,都是"坚持群众路线"这一根本工作方法贯彻落实的产物,但对两者的讨论与研究通常都是分开进行的。因为所有制属性的差异导致两者在经济层面的运行发展规律迥乎不同,在社会和政治层面扮演的角色和发挥的作用也大相径庭。又因为第一种形式的民营企业是民营经济中最主要的组成部分,所以通常情况下,对民营经济的讨论只集中于对第一种形式的民营企业的讨论,而对集体经济的讨论往往被纳入对"三农"问题的讨论研究中。但这不利于全面理解民营经济以及发展壮大民营经济。因此,本书在这一节,重点就农村集体经济组织的发展需要坚持党的领导进行讨论。

一、农村集体经济组织的所有制属性与运行特征

根据《中华人民共和国农村集体经济组织法》,农村集体经济组织,是指以土地

---

[1] 2020—2022年,我国农、林、渔、牧业和餐饮、住宿业的GDP贡献不到10%,而同时期的整个民营经济的GDP贡献占比却已远超50%。可见,民营企业的在经济层面的贡献和影响是远高于农村集体经济的。

集体所有为基础，依法代表成员集体行使所有权，实行家庭承包经营为基础、统分结合双层经营体制的区域性经济组织，包括乡镇级农村集体经济组织、村级农村集体经济组织、组级农村集体经济组织。农村集体经济组织依法代表成员集体行使所有权，需要履行包括发包农村土地；合理开发利用和保护耕地、林地、草地等土地资源并进行监督；分配、使用集体收益；为成员的生产经营提供技术、信息等服务；支持和配合村民委员会在村党组织领导下开展村民自治等涉及村民生产生活多个方面的多项职能。[①]

农村集体经济组织是广大农民群众在党的领导下，自觉自愿结成的经济形式。在农村集体经济组织的建立和运行过程中，党始终秉持"人民至上"的理念，切实尊重群众意愿，坚持自愿原则，并通过宣传引导和榜样示范等方法，充分调动村民发展集体经济组织的积极性，帮助集体经济组织内部建立科学民主的管理制度与管理流程，促进集体收益在村民间的合理分配，从而更好实现人民在农村经济领域的当家作主。可见，农村集体经济组织的结成与发展切实体现了发展依靠人民、发展为了人民、发展成果由人民共享。因而农村集体经济组织也是民营经济的一个重要组成和具体展开形式。

经济组织形式的不同，本质上就是一定生产要素配置和使用的规则和形式的不同。生产要素的聚合、组织、配置的规则，决定着经济组织中的生产资料归谁所有，即决定着经济组织的所有制属性。而生产要素的使用方式，决定着经济组织生产经营活动的组织方式和运行机制。因此，要概括某种经济组织属性与特征，或不同经济组织间的差异，围绕所有制属性和运行特征两方面展开就足够了。

（一）农村集体经济组织的公有制属性

农村集体经济组织是一种典型的公有制经济组织，村集体的土地、资源和基础设施等生产资料都是为集体组织所有。集体经济组织这种公有制成分能有力地组织并团结不同农户家庭，将散落的家庭结为一个利益共同体，有效降低农户间的沟通和交易成本，并在促成集体内各方通力合作的基础上，确保分配公平，是弱势群体坚实的生活保障。这些都是民营企业这类非公有制经济所不具备的制度优势。可事物总是具有两面性，同国有企业等公有制经济组织类似，农村集体经济同样会面临与"所有者缺位"相类似的问题。"所有者缺位"问题并非指集体经济缺少所有

---

① 中华人民共和国中央人民政府官网. 中华人民共和国农村集体经济组织法[EB/OL]. https://www.gov.cn/yaowen/liebiao/202406/content_6960131.htm.

者,或所有者身份不清晰。事实上,农村集体经济的所有者就是全体村民,这一点始终是毋庸置疑,也无可争议的。本质上,"所有者缺位"是对因经营权界定不明、含混不清而导致的个体生产积极性下降、生产经营活动无人组织开展、生产资料被大量闲置等大量现象的一个指代。如本书在第二章所讨论的,"所有"不只是"占有",真正的"所有"是要去切实地使用某物,并从中获得收益。单纯只是占有某物,而将其束之高阁,这样做只是在"虚假所有"某物。在生产资料公有制的条件下,个体必须通过一定正当程序才能使用生产资料,且在使用过程中还要受到来自集体的较强监督和约束。这在一定程度上打击了个体的生产积极性,使得在经营权界定不清的情况下,鲜有人会愿意主动开垦种植荒地,主动使用并修缮水利灌溉设施等,由此进一步导致了公有生产资料的闲置,使集体对生产资料的所有变成了"虚假占有"——从表面上看,好像生产资料都成了无主之物,无人打理,所有者缺位。不难发现,只要将农村土地的使用权界定明确,合理安排,就能让这些生产资料得到妥善使用,使"所有者缺位"问题迎刃而解。此外,作为"所有者缺位"问题的一个后续,"大锅饭"问题也是农村集体经济组织在分配环节的一个发展短板。在"所有者缺位"的情况下,每个村民具体劳动了多少,为村集体贡献了多少是难以计量的,这就很容易导致村民获得的收益和他付出的劳动不相匹配,严重挫伤村民的积极性。并且,即使解决了"所有者缺位"问题,如果在分配环节依然遵循"平均主义"的原则,"大锅饭"问题还是会卷土重来。

  为此,党的十八大以来,党中央高度重视农村集体产权的改革与完善。2013年,中央一号文件要求必须健全农村集体经济组织资金资产资源管理制度,依法保障农民的土地承包经营权、宅基地使用权、集体收益分配权,建立归属清晰、权能完整、流转顺畅、保护严格的农村集体产权制度。① 目前,农村集体经济的公有制属性主要通过以土地所有权、承包权、经营权的三权分置理论为基础的制度政策体系来体现。这套制度政策体系能在避免少数人借机侵占广大农民同胞权益,防止外来资本大鳄借机侵占集体资产的前提下,有效加强村集体对土地和"三资"的实际控制和管理能力,并尽可能激发农民个体的劳动积极性,更好保障农民群体的根本利益。基于这套三权分置制度政策体系发展起来的集体经济组织,被称为"新型农村集体经济组织"。2016年,中共中央和国务院联合印发的《关于稳步推进农村集体产权制度改革的意见》正式提出要创新农村集体经济运行机制。2019年3月8日,

---

① 中共中央文献研究室.十八大以来重要文献选编:上册[M].北京:中央文献出版社,2014:18.

习近平总书记在参加十三届全国人大二次会议河南代表团审议时指出,要完善农村集体产权权能,发展壮大新型集体经济,赋予双层经营体制新的内涵。新型农村集体经济组织避免了社会上一些人对集体经济"平均主义"的刻板印象,具有产权更加明晰、权责更加明确、利益更加直接、能够更好实现集体利益和农民个人利益等特点,能在较好地弥补集体经济"所有者缺位"和"大锅饭"两块发展短板的基础上,发挥公有制经济的所有制属性优势。

(二) 农村集体经济组织运行的分散性和混合性

1. 城乡差异

城乡差异是导致民营企业和农村集体经济组织运行机制截然不同的根本原因。

城市是社会分工发展的产物。马克思在《德意志意识形态》中曾提到,"物质劳动和精神劳动的最大的一次分工,就是城市和乡村的分离。城乡之间的对立是随着野蛮向文明的过渡、部落制度向国家的过渡、地方局限性向民族的过渡而开始的,它贯穿着全部文明的历史并一直延续到现在……随着城市的出现也就需要有行政机关、警察、赋税等,一句话,就是需要有公共的政治机构,也就是说需要一般政治。在这里居民第一次划分为两大阶级,这种划分直接以分工和生产工具为基础。"[①]当人类开始步入文明时代,随着社会分工和手工业的发展,人与人之间必然要建立更为广泛而紧密的联系以加强协作。为了提高协作生产的效率,减少交流难度,降低交通成本势在必行。于是,人们连带着相应的生产要素开始向某个地点进行集中,并结成一种全新的共同体。在这个共同体中,人口、生产工具、资本、享乐和需求都是高度集中的。[②] 共同体中的成员们分工明确,每个人都在生产其他成员生产生活所需的产品,显然,共同体中的成员们需要通过产品交换来维持生计,彼此也会因为"交换"而建立起广泛而紧密的联系。随着这个共同体的发展壮大,产品交换变得愈发频繁和一般,人与人之间关系的建立也越来越依赖以产品这个物为中介。于是,这些共同体成员逐渐演化为市民,产品发展为商品,共同体也在其边界上盖起了城墙,将自己和外界区分开来——这便是"城市"诞生的过程。

城市和乡村是隔绝的。马克思指出,"城市本身表明了人口、生产工具、资本、享乐和需求的集中,而在乡村里所看到的却是完全相反的情况:孤立和分散"[③]。乡

---

① 马克思,恩格斯. 马克思恩格斯全集:第3卷[M]. 北京:人民出版社,1960:56—57.
② 马克思,恩格斯. 马克思恩格斯全集:第3卷[M]. 北京:人民出版社,1960:57.
③ 马克思,恩格斯. 马克思恩格斯全集:第3卷[M]. 北京:人民出版社,1960:57.

村的地理面积要比城市广阔万分。古代,资源散落在乡村广袤的大地之上,难以集中,因而生活在乡村的人们只能通过形成零零散散的小聚落以维持自给自足的生活,且聚落之间通常只能建立起狭窄、松散而偶然的联系。步入近代以来,虽然技术的发展极大提高了乡村对资源的开发利用能力和集中能力,促使聚落之间建立更为宽广而牢固的联系,但同城市相比,乡村依旧是孤立和分散的代名词。资源和人口的分散使得今天农村经济的发展,依然带有浓厚的自然经济色彩。城市内部的分工十分发达,因此城市里会成立各种各样的企业,进一步促进分工的发展。乡村则不然,其中农业生产是一个完整的、不易拆解的过程,致使从事农业生产的人需要身兼数职,限制了分工的发展。分工发展程度的不同,导致了城市和农村在生产方式上的根本差异。虽然随着生产力的不断发展,城乡之间的对立和差异会不断减弱直至消失,但就我国目前的国情来看,城乡差异依然是十分显著的,这进而导致了民营企业和农村集体经济组织在运行特征上存在巨大差异。

2. 农村集体经济组织运作的分散性

农村集体经济组织实质上是农户家庭联合组成的一个团体。在承包制的条件下,农村实际的生产主体和生产单位实际上是家庭。以家庭为单位的农业生产很难摆脱自然经济的运行模式,总是会使自身陷入自给自足、孤立封闭的耕作状态,从而导致农村集体经济组织的运作具有显著的分散性,即村集体内部难以形成明确的分工体系,每个家庭各自为战,彼此间难以结成稳固的经济联系,且这些家庭所耕种的土地、经营的产业的规模普遍较小,实力较弱。这主要由两方面的原因所致。

第一,"家庭"这个组织结构极大限制了农户生产能力的提高。在计划生育的作用下,同过去相比,如今家庭的成员数量已经大幅下降,又因为"家庭"这个组织是靠血缘建立成员间联系的,很难吸纳来自外界的劳动力,这就导致一个家庭能耕作的土地数量非常有限,很难积累剩余财富来显著提高生活质量和耕作方式。大片的土地便因此零碎地、少量地分散在不同家庭手中,从而导致了农村资源和生产的分散性。并且,在缺少剩余的情况下,家庭对不确定性的恐慌会显著提高,从而不知不觉地就会转向自给自足这种低风险的保守生产模式。

第二,上千年延续下来的传统家庭观念以及匮乏的信息能力,也是导致农户生产和农村集体经济组织运作分散性的一个关键因素。对于持有家户主义观念的人来说,家庭是他们最为依赖的组织单元,他们会极力将自己的家户与其他家户区别开来。"正因为家户是社会和国家的基本单元,所以它通常以各种显性和隐性的物理、社会和心理边界将各个农户区别开来"①。此外,大多数村民的信息意识普遍不强,多是被动的信息接触者。虽然当今社会信息来源、内容和种类日益多元化,但求稳拒变的小农心理导致部分农民的信息意识不强,不会主动接收信息。特别是一些年纪较大、文化水平和收入水平较低的村民,他们的信息意识更差,认识不到信息对生产、销售、增收的价值,即便被详细告知,他们也难以高效地理解、判断或者评价信息。信息的闭塞使得农户们更加趋于保守,进一步加强巩固了他们的家户主义观念,令他们的生产生活变得更加孤立分散。

农村生产活动的分散性又会导致基础设施提供的分散性。由于农户家庭的生产规模较小,每户家庭大型、新型基础设施的其实需求并不强烈,自然也不愿意出钱出力去大规模地修建和更新基础设施,这就导致农村基础设施的提供也是零零散散、不成气候。

3. 集体经济组织运行的混合性

自然经济这种生产方式不仅强调经济层面的自给自足,还强调生产生活的一体化、综合化发展。对于生活在城市,在企业里工作的人来说,每天的作息都有固定的时间,生产(上班)和生活在时间上是被割裂开的。而对于农业生产者而言,生产和生活是融为一体的,至少在时间维度上是难以完全切割开的。因此,现代企业只是一个单纯的经济主体,它所从事的主要就是单纯的经济活动。对于企业的成员来说,企业总体上只是一个工作的地方,只是用于开展经济活动的一个场所。如果要寻求自身的全面发展,获得更多的社会体验,企业成员总是要到企业之外。可对于村集体而言,情况要复杂很多。首先,村集体就是由不同家庭组成的一个联盟,而家庭本身就不是一个单纯的经济主体。家庭成员的日常生活、社会化发展都是随着日常的生产活动一同进行的,自然村集体也不会是单纯开展经济活动的一个生产主体。其次,农村的土地既是一种生产要素,更是一种乡村文化载体。土地通常承载着一个村庄几十或上百年的文化传统,在土地上开展的经济活动不可避免地会受到当地文化的熏陶,从而演变为一种复杂的社会活动。例如,广西的渔民在打鱼时总会唱山歌。一旦某个外来人来这条河边定居,要经常参与到当地的渔猎活动中,他就不可避免地要跟着唱上几句,从而逐渐融入这种文化氛围。因此,对这个外来人而言,打鱼既是一项谋生的经济活动,也是融入当地,与当地习俗接

---

① 徐勇,叶本乾. 关系叠加视角下的家户制政治形态——以传统汉族地区家户社会为基点[J]. 云南社会科学,2020(4):2—10.

轨的社会活动。可见事实上,村集体就是一个生活共同体。村集体开展的生产不仅是对物质财富和生产关系的再生产,也是对当地习俗文化、公共规则和共同意识的再生产。这使得农村集体经济组织的运行具有自然经济生产方式下的混合性,即经济活动并非显著独立于其他社会活动,生产活动既是物质财富和生产关系的再生产过程,也是上层建筑和其他社会关系的再生产过程。

二、农村集体经济组织发展壮大面临的挑战

显而易见,在市场经济高度发达的今天,农村集体经济组织运行的分散性和混合性,与市场经济内在的发展规律是不相容的。这两种属性必然会使农村集体经济组织在融入社会主义市场经济,发展壮大的过程中面临巨大挑战。概括来说,挑战主要存在于以下四个方面。

(一)土地细碎化

"土地细碎化"是对农地小规模且分散利用这一状态的总体性描述,是对农村集体经济生产方式的一个形象概括,也是农村集体经济组织运作的分散性必然导致的结果——由于农户家庭规模较小,每家承包耕种的土地面积自然十分有限,再加上每家农户的种植计划是独立的,缺少统一的规划安排。这就导致原本纵横贯通的大块土地被人为地切割为零零碎碎的小块,且小块土地都各有用处,互不干涉。土地作为农村集体经济组织最为重要的生产资料,它的零碎化使用会酿成两个直接的严重恶果。

1. 土地细碎化会严重阻碍农业的现代化发展

马克思在论证土地国有化的必要性时,曾指出,"一切现代方法,如灌溉、排水、蒸汽犁、化学处理等,应当在农业中广泛采用。但是,我们所具有的科学知识,我们所拥有的耕作技术手段,如机器等,如果不实行大规模的耕作,就不能有效地加以利用。"[①]可见,早在一百多年前,人们就认识到,土地的大规模使用是实现农业现代化改造的基本前提。土地过于细碎,限制了规模化经营和农业机械的使用。即便有些地块可以采用小型机械,但相较于集中连片的规模化经营,其成本依然十分昂贵。此外,农业生产往往只有达到一定规模,产生规模效应之后,才能带来一定商业价值,小块土地通常只能用于自给自足。既然种植小块土地,尤其是位于边角处

---

① 马克思,恩格斯. 马克思恩格斯选集:第3卷[M]. 北京:人民出版社,2012:176.

的土地经常入不敷出，那又何必去浪费精力去耕作这些土地呢？因此，土地细碎化大大增加了土地抛荒的可能。

2. 土地细碎化限制了土地的规模化流转

理论上，可以通过土地流转将农户分散占有的小块土地连片流转给各类经营主体，实现土地的规模化经营，克服农业生产的分散化问题。但在实践中，尤其是在切实保障农户承包权的前提下，土地流转的交易成本是不容小觑的。当土地的分割和使用已经处于细碎化状态时，种植户若想集中承包农户的土地，就需要和一大群分散的农户分别签订流转合同，并付出金额可观的流转成本。如若再碰上几户人家坐地起价，或者坚决不愿转让土地，土地的规模化流转则会因此化为泡影。

(二) 小农户难以对接大市场

生产力决定生产关系。土地细碎化这一生产模式必然导致农户之间难以形成符合市场经济要求的生产关系，从而使小农户们难以对接大市场。这主要体现在以下两个方面。

1. 小农户难以形成自己的市场势力，严重缺乏议价能力和抗风险能力

一方面，现实中，由于农户小而分散的特点，出于对运输成本、交割难度等因素的考虑，农民不太可能直接将粮食卖给国家粮库，而是卖给经纪人、中间商。对于农户而言，中间商实际上处于买方垄断的地位。粮食中间商们为了谋求利益，通常会相互串通，利用农民缺乏信息的特点，故意压低购粮价格，导致最低收购价格政策无法落到实处。例如，2022年9月，湖北某镇的中稻收购价格因为"粮贩子"们的串谋而持续走低，最低跌到了0.35元/千克，而据当地村民介绍，只要价格低于0.45元/千克，种田就要亏本。① 可见，分散化的生产经营模式严重削弱了农民的议价能力，使农户在市场交易中损失惨重；另一方面，种植经济作物是农民增收致富的一个重要途径，而与粮食作物不同，经济作物对水和肥料等生产资料要求较高，且生长周期一般较长。因此，种植经济作物是一种资本密集、技术密集的农业，前期投入巨大，盈利周期较长，对农户的资金储备、技术水平、管理能力等方面都有着较高的要求。经济作物的经济效益与市场行情高度相关，一旦市场价格下跌，对缺乏议价能力的小农户而言，往往就是毁灭性打击。因此，议价能力的缺乏致使小农户抗风险能力非常羸弱，难以大面积种植经济作物，从而缺少发家致富的手段与

---

① 王惠林，张卫国. 党建引领村集体经济组织赋能农民农村共同富裕的实践路径——基于山东省招远市D村的实证调查[J]. 求实，2023(6)：92—106.

途径。

2. 小农户匮乏的信息能力和落后观念,导致其难以契合市场行情的变动

现代市场社会追求的是利益,利益的实现需要信息支撑。信息的获取和处理能力是市场经济条件下影响农民发展的关键因素之一。只有充分掌握市场供求信息,才能在市场竞争中取胜。但正如前文所提到的,农户们普遍秉持家户主义、守土重安的思想理念,既抗拒同外界发生联系,也不愿让自己随着外界行情的改变而改变。再加上农村传统的信息传播模式尚未被打破,口耳相传依旧是不少村民获得信息的主要途径。[①] 因此,小农户的生产经营往往具有滞后性,难以对市场行情的变化做出灵活反应,使得自身总是被市场拒之门外,无法同市场经济的发展很好相容。

(三)农村公共物品提供不足

农业税时期,农村的农田水利、机械耕道、路灯电杆等公共物品主要由村集体进行统筹提供。因为农民向村集体上缴农业税费,使得村集体有义务也有能力自觉承担起组织人力、物力提供公共物品的责任。正如有的学者所指出的,农业税作为杠杆,使村民与村集体之间建立起了相对平衡的权责关系。[②] 然而随着农业税费改革的推进,村集体丧失了资金来源,进而也失去了相应的组织能力,使得公共产品的提供只能靠农户自发的合作进行。公共物品的提供需要耗费大量资金与人力。对于难以同市场对接,只愿意守着自己一亩三分地的小农户来说,他们既没有足够的钱财和劳动力去提供公共物品,也缺少对新型公共物品的需求,自然就没有足够的动机团结起来去更新落后的基础设施、修复损坏严重的公共物品。如此便导致了农村公共物品供给不足,使农业生产风险显著提高。

此外,在税费改革之后,除了靠村民的自发行动,国家主要以项目制的形式向农村提供公共品,即由政府根据特定的发展规划和意图来集中统一安排农村公共品的提供事宜。然而,政府毕竟同基层有一段距离,难以准确把握村民对公共设施的真实需求。因此,政府设计的地方发展战略规划,以及由此提出的农村公共物品提供项目很可能会造成资源错配,导致能切实满足村民生产生活需要的公共物品更加匮乏。例如,不少地方政府为了政绩会集中有限的资源来全力打造一个村庄

[①] 赵普兵,吴晓燕.基层党组织引领农村集体经济发展:基于增能理论的分析[J].河南师范大学学报(哲学社会科学版),2023,50(5):7-13.

[②] 杨华,王会.重塑农村基层组织的治理责任——理解税费改革后乡村治理困境的一个框架[J].南京农业大学学报(社会科学版),2011,11(2):41-49.

示范点。这就导致其他村庄的资源不合理地向这个示范点进行转移,甚至有的时候示范村还会因为过度投入而产生资源浪费的现象,其他村庄可用的财政资源却因此而绝对减少[①],积累不必要的生产风险。

(四)精神文化生活的贫瘠

目前,农村人口老龄化问题十分严重。例如,山东 D 村 30 岁以下在村的人口几乎为零,40 岁以上留在村中的大多也是中老年群体。[②] 在以中老年人为主体的村庄社会结构中,养老成为村民生活的重心。老人们很难提起兴趣去自发地组织大型文化活动,并主动接触了解外界先进文化。缺少了年轻人的创造活力和外界文化的适当冲击,村集体的精神文化生活会日渐单调重复。一旦中老年人们习惯了这种因循守旧的文化生活,那些家户主义的、故步自封的、封建主义的意识形态就会卷土重来并得到加深巩固,使得村民更加抗拒外来事物与文化。由于农村集体经济组织运行的混合性,村民在文化生活上的保守会导致他们在生产经营活动上的保守,使农业农村的现代化发展面临更大阻碍,从而造成恶性循环。

综上所述,我们概括性地说明了目前农村集体经济组织发展面临的四重挑战。不难发现,这些挑战都是传统农业生产的分散性和混合性必然会导致的结果。应对这四重挑战,最重要的就是要将各自为战、零零散散的农户们团结起来、组织起来,以实现土地的规模化经营和农业的现代化改造。事实上,农村集体经济组织采取公有制形式就是为了将农民组织起来,互帮互助,打破家庭界限,与农业生产的分散性相对抗。利用公有制属性来调节集体经济组织运作的分散性,关键在于实现"统分结合"。社会主义建设时期,在"左倾"错误的影响下,农村集体经济组织的公有制属性被迫以单一死板的形式加以落实,"只统不分",导致"平均主义"大行其道,严重损害了农民的生产积极性。改革开放提出的家庭联产承包制有效地纠正了这一错误,但随着时间的积累,承包制也逐渐使集体经济组织当前的发展出现"分而不统"的局面,即以土地细碎化为基础,农户"小散弱"而无法与市场有效对接为显著特征的发展局面。

如何在坚持承包制的基础上,发挥公有制经济的优势,重新将农户们聚合、团结并组织起来,令他们组成一个联系更为紧密的共同体,是当前发展壮大农村集体经济组织的一大突破口。历史经验告诉我们,以"一大二公"为代表的僵化死板的

---

① 贺雪峰.谁的乡村建设——乡村振兴战略的实施前提[J].探索与争鸣,2017(12):71—76.
② 王惠林,张卫国.党建引领村集体经济组织赋能农民农村共同富裕的实践路径——基于山东省招远市 D 村的实证调查[J].求实,2023(6):92—106.

公有制实现形式并不能真正将农民组织起来,使他们通力合作、互帮互助。而集体经济组织运行的混合性告诉我们,村民的生产和生活是紧密相连的,村民之间很少会根据以等价交换为核心的、单纯的经济关系来结成紧密联系。因此,如果想通过模仿城市里企业的组建过程,借鉴企业的治理模式,试图仅凭借分工协作关系、交换关系、雇佣劳动关系等单纯的经济关系来将农户们紧密联合起来,则往往是会以失败而告终的。那究竟该怎样做,才能在尊重集体经济组织运行的混合性的基础上,充分发挥公有制属性的优势,在合理程度上抑制住集体经济组织发展的分散性,实现其发展壮大?答案其实并不神秘,那就是坚持让中国共产党来领导农村集体经济组织的发展,不断优化完善党对农村集体经济组织的具体领导机制。

三、党对农村集体经济组织的领导作用

强大的领导、组织和动员能力是中国共产党相比世界上其他执政党的一大优势。党比起其他社会主体能更有效地组织动员农民群体,使他们紧紧团结在党的周边,形成一个富有战斗力的团体。主要原因在于:

(一)党领导集体经济组织发展壮大有坚实的法理基础

曾担任中共中央组织部部长的张全景同志指出,党的章程、相关条例和法规,都明确支持党领导的集体经济的发展。[①] 例如,《村民委员会组织法》规定,党支部"要发挥领导核心作用";中共中央于2019年1月新修订的《中国共产党农村基层组织工作条例》也有类似规定:"村党组织书记应当通过法定程序担任村民委员会主任和村级集体经济组织、合作经济组织负责人";中共中央于2019年8月新颁布实施的《中国共产党农村工作条例》又进一步强调:"坚持农村基层党组织领导地位不动摇,乡镇党委和村党组织全面领导乡镇、村的各类组织和各项工作。村党组织书记应当通过法定程序担任村民委员会主任和村级集体经济组织、合作经济组织负责人,推行村两委班子成员交叉任职。"

(二)党性和组织结构是其领导组织动员能力的根本来源

比起名义层面的法理基础,中国共产党的党性和组织结构才是其领导组织动员能力的根本来源。中国共产党是肩负特殊历史使命的政党,始终把以人民为中心奉为自己的价值理念,始终将变革生产关系和上层建筑以解放发展生产力作为

---

① 江宇.烟台纪事 党支部领办合作社之路[M].北京:人民日报出版社.2021:5.

根本目的。中国共产党具有鲜明的人民性，坚持"从群众中来，到群众中去"的根本工作方法，始终与人民群众保持密切的联系。党严密而灵活的基层组织能有效而充分地渗透到村集体的每个角落，且彼此间都保持着紧密的联系，在关键时刻能迅速集结起来，形成战斗力更为强大的组织，有力应对各种突发事故。并且，党的民主集中制原则既保证了基层党组织的信息和意见能快速传达到上级党组织，又能使基层组织能坚决贯彻落实上级组织的部署安排。这些使得党能在第一时间了解农民群体的所思所想，切切实实、感同身受地理解并把握集体经济发展所面临的具体困难与现实挑战，从而能有的放矢地提出正确方案，顺利引领村民走出困境。可见，相比怀揣私利的各种社会团体，以及组织结构较为死板的政府，中国共产党最能切实代表最广大农民同胞的根本利益，因而是领导农村集体经济组织发展壮大的最佳选择。

（三）党领导组织动员农民群体的合理性和正当性

若将历史文化等方面的因素考虑在内，党领导组织动员农民群体的合理性和正当性会进一步加强。如前文所述，仅凭单纯的经济利益、经济关系是不足以真正发动农民群体的。只有那些与农民血肉相连，在精神文化方面有强烈共鸣的个人和组织才能真正号召并发动农民群体，使农民群众紧紧团结在他们周围。一个不可否认的事实是，新中国是在中国共产党的领导下，由工人和农民一砖一瓦建立起来的。近代中国，当农民群体饱受苦难与压迫时，只有中国共产党坚定地站在他们身边，把他们当作亲切的战友和革命主力军，领导他们，让他们有机会去亲手砸碎旧世界，再亲手创造光明的未来。新中国成立以来，中国共产党始终把发展农业作为重要战略，始终把增进农民群体的根本福祉放在重要位置，改革开放更是以农村作为改革序幕。可见，一百年来，中国共产党始终与农民群众血肉相连。农民群众已经把对党的信任刻进了骨子里，甚至"听党话，跟党走"在部分农村地区已经成为当地的文化传统。由此，实在难以想象我国还有哪一个组织能同中国共产党一样，广泛而深刻地赢得农民群众乃至全体人民的信任与仰赖。党领导农村集体经济组织发展壮大无可置喙。

综上所述，我们不难总结出坚持党的领导对农村集体经济组织的发展壮大具有这样一些作用：(1)党的领导是促使集体经济始终为增进农民福祉而发展的根本保证。(2)党为集体经济的发展指明方向、谋划全局、制定战略。(3)党有力号召、发动并组织各个农户，使他们凝聚成一个强大的团体，为促进集体经济发展壮大通力协作。(4)党通过开展意识形态工作和文化宣传工作，能有效塑造积极正确的集体意识,丰富村民的文化生活,提高村民的精神境界和认知水平,为集体经济的发展壮大提供思想精神保障。

四、党领导集体经济发展壮大的具体路径

将零零散散的小农户重新组织起来,填补农村"土地细碎化"、资源"小散弱"的缺陷,进一步推进农业现代化发展,令农户与宏观市场经济更好对接,是目前党领导农村集体经济组织发展壮大所要解决的迫切难题。培育发展运行高效、内生动力充沛且收益内化的产业组织,是处理这些难题的一个重要突破口。当前,集体经济组织发展薄弱的村庄普遍在产业组织环节存在缺陷:一是产业的组织结构和运行方式效率低下,无法有效利用手上资源,且缺乏持续性的收入来源[1];二是产业的增收存在严重的外溢,产业的增收并未带来集体经济的同步发展,尤其是当农村产业主导者是来自外部的经营主体,与村集体的合作是买断性交易或承包租赁时,产业创造的增值收益会常被外部的经营主体独占。因此,发展壮大集体经济组织需要形成组织高效与收益内化的新型产业组织方式。

近年来,在当地党委和政府的积极推动下,一种新型集体经济组织形态——党支部领办合作社——在山东烟台等地得到了迅速发展,成效显著,收获了良好的社会反响。[2] 党组织领办合作社正是一种村集体主导的产业组织方式革新。[3] 党组织领办合作社是由村党组织成员代表村集体发起,村集体经济组织以团体成员身份入社,村民以普通成员身份入社,组织村集体和村民以资金、土地或者其他要素出资入股,并由村集体主导运营的农民专业合作社。[4] 领办合作社是目前党领导集体经济组织发展壮大的一种普遍现实路径。一方面,党组织领办合作社能充分发挥党的组织动员能力,在将分散的农民和资源组织整合起来的同时,激发农民的主观能动性和生产积极性,从而有效提高产业组织的运行效率;另一方面,党和村民是

---

[1] 李慧,胡豹. 共同富裕视阈下推进浙江农村集体经济发展的模式与路径[J]. 浙江农业科学,2022,63(10):2243-2247.

[2] 孟捷."党支部领办合作社"与社会主义初级阶段的政治—经济制度——以"烟台经验"为参照[J]. 政治经济学研究,2022(2):111-124.

[3] 在实践中,因其领办者不同而存在两种类型:一种是由行政党支部领办的农民专业合作社;另一种是村庄建制整合以后的行政新村党委领办的农民专业合作社,被称为党组织领办合作社。由于这两者的区分对于本书所要讨论的问题没有直接性影响,故而本书将它们视为一体,并在后续的行文中统称为"党组织领办合作社"。

[4] 钱淼,郭红东. 党组织领办合作社壮大农村集体经济的制度安排与实践逻辑[J]. 求实,2023(5):84-95.

血肉相连的一家人,让党组织来领办合作社,就是要让村集体牢牢掌握经济工作的主动权,确保村民能充分占有并共享产业发展带来的增值收益,实现收益内化。

(一)党组织领办合作社的制度设计

制度的设计安排需要有针对性。制度所要解决的问题越细致、越明了,所要达成的目标越清晰、越精确,其运行效率和执行效果就会越加显著。因此,若要为解决一个大的难题、实现一个大目标而设计一套制度,就需要先对难题和目标进行分解,将其拆解成相互联系的几个板块,给各板块设立相应的子目标,并根据各个子目标设计具有针对性的制度,再将这些制度连接起来形成一个完整的制度体系。遵循这个思路,我们可以将提高产业组织效率以及实现产业增收内化这两个较为抽象的大目标,分解四个更为具体的小目标:(1)村民要能作为合作社的一分子,切实参与到合作社日常工作中去。(2)对于合作社的重大运营事项,村民要拥有决策权,要让村民自己能通过一定机制和程序来理性地、合理地主导合作社的发展。[①] (3)要保证合作社有稳定的持续资金来源,能在关键时刻调动一定资源以应对突发状况。(4)合作社运营的收益要切实为村民占有而共享。因此,党组织领办合作社的制度体系主要由针对这四个小目标的四个部分组成,即出资规则、社员结构、决策机制、分配规则。

1. 出资规则

合作社的服务对象是当地村民,合作社运行所需的资金理所应当地要由当地居民所提供。通常情况下,村民会通过入股的方式来向合作社提供资金。一般党组织领办的合作社会设置专门的村级集体股份,由农村集体经济组织代表村集体将集体土地、集体资产和转移支付资金等通过单一或组合的方式投入合作社中,作为集体的出资。这种制度设计旨在让党组织领办的合作社承担起运营集体资产的任务,实现集体增收,促成村集体与党组织领办合作社间的实质性利益联结。

现实中,村民以承包土地入股,是参与合作社的基本方式之一。但如何将土地折价入股,各村的具体做法不尽相同,根据学者的梳理,大体有三类做法[②]。

---

① (1)和(2)之间并不存在重复和矛盾的情况,因为现实中"参与日常活动"和"决定重大事项"是截然不同的两回事,"表决权"和"经营权"也是两种完全不同的权利。以上市公司为例,股东们拥有对公司重大事项的表决权,能决定公司的发展方向,却不能实际参与到公司的日常经营活动中去。公司里的经理和员工则反之。对于企业这种经济组织而言,由于内部分工的高度发达,这两种活动和权利都是要分别交由不同的人负责和使用。但对于党组织领办的合作社来说,并不是这样。

② 孟捷."党支部领办合作社"与社会主义初级阶段的政治-经济制度——以"烟台经验"为参照[J]. 政治经济学研究,2022(2):111-124.

第一类是参照土地经营收入作价入股,如栖霞市蛇窝泊镇东院头村,以每亩地年平均毛收入8 000元作价,一元一股,一亩地8 000股。

第二类是参照土地租金作价,并转化为现金入股。在莱州市城港路街道朱家村,村民采取了所谓"土地租金扣除入股"的办法。合作社以年租金600元流转农民土地,合同一签五年,入股后社员每年领取500元,另100元由合作社扣除作为股金,满500元为一股,社员从第一年起就可以享受分红。

第三类做法,不仅考虑到经济原则,而且顾及了公平。比如,招远市蚕庄镇西沟村,开始想以土地等级折算入股,后来放弃了这一方案,转而采取了当地称作"确权确股不确地"的办法,将全村人均持有土地量作为一股,一家有几口人,就有几股。这种办法突出了土地所有权归于集体且不可分割的属性,确保了集体成员之间利益分配的公正。

2. 社员结构

对于企业这种内部分工非常发达的经济组织而言,在设计成员结构时,要保证不同种类成员间的职责少有交叉,不同成员之间的身份鲜有重合,目的是防止个别人掌握太多权利,从而避免企业内部人控制问题的出现。但对集体经济而言不能够这样。首先,合作社并不是企业,村民也不是资本家。作为村集体里最广大的劳动群体,如果村民本身不参与合作社的日常工作,那合作社的运行要靠谁来维持?其次,让村民参与合作社日常工作的开展,能有效提高村民的归属感,让他们觉得运营好合作社是自己的分内之事,并且意识到参与合作社的日常工作是表达和实现自己诉求的一个重要途径,从而有效激发村民的工作积极性。因此,对合作社这种内部分工不太发达的经济组织而言,优先要考虑的不是成员间的监督与制衡问题,而是要想办法激发成员的团结意识,将他们凝聚成一个彼此紧密联系的共同体,提高合作社的整体工作效率和发展活力。

不管是代表自己入社的村民还是代表全体村民入社的集体经济组织,都是合作社的所有者。党组织领办的合作社是村集体主导的经济实体,全体村民不管其自身是否加入合作社中,都是合作社的所有者。因此,合作社中的绝大部分社员应当来源于当地村民,且这些村民还应具有广泛的代表性,能全面代表当地村民的集体诉求与期望。要设立相应的结社标准以确保村民和社员的身份具有重合性,现实中有这样两种标准是被广泛应用的。① 一是,村党支部领办的合作社,入社群众户数应不低于村庄总户数的10%,鼓励有条件的村庄全民入社,实现"村社一体"。二是,行政新村的村民至少应占到社员总数的80%,网格村(自然村)的村集体经济组织可以作为团体成员加入合作社。

3. 决策机制

虽然合作社的内部治理结构不必如企业那般完备,但它也必须建立关于重大事项的、能被严格贯彻实行的决策机制和表决程序。合作社的绝大多数成员由村民构成,且活动资金主要由村民入股提供。这两点已经保证合作社乃至村集体经济发展的主动权被村民牢牢掌握在自己手里。可建立并严格实行关于重大事项的决策机制和表决程序依然是不可或缺的。否则,决定集体经济未来发展的重要会议就会变成萝卜开会,村民和社员们自说自话,莫衷一是。因此,必须建立完善并严格执行关于重大事项的决策机制,充分发挥党的领导作用,通过必要的表决程序和监督环节来引导集体经济走上正确的发展道路。

理论上,党组织领办的合作社必须由农村集体负责人代表村集体发起成立,并通过法定程序使其担任理事长,同时,村两委成员与合作社理事成员双向介入、交叉任职,建立民主议事决策工作机制。在实践中,合作社重大事项的决策也经常直接由村两委成员构成的理事会负责,但也会设置专门的监事会对其决策进行监督。

4. 分配规则

前三种制度安排已经保证了分配是由村集体主导的。在制定分配规则时,一定要让村民切实共享合作社运行所带来的经济成果,在确保公平的基础上,按照激励相容的原则,尽可能提高或保持村民的生产积极性。因此,党组织领办合作社的盈余分配应是以强村富民为导向的。在实际运行中,合作社除了提取必要的公积金和公益金之外,剩余部分将全部分配给村集体和社员。村集体的收益由村两委进一步决定其使用和分配方式。而入社的村民既能分享合作社的可分配盈余,又能参与村集体收益的再分配,可谓是双重受益者。

以烟台地区为例②,大部分地区党支部领办合作社自定比例提取用于自身积累的公积金和用于公共服务的公益金在纯收入中的比例分别为5%,相加为10%,剩

---

① 钱森,郭红东.党组织领办合作社壮大农村集体经济的制度安排与实践逻辑[J].求实,2023(5):84-95.

② 孟捷."党支部领办合作社"与社会主义初级阶段的政治-经济制度——以"烟台经验"为参照[J].政治经济学研究,2022(2):111-124.

余收入由集体和群众按股分红。此外,为了贯彻共同富裕的原则,当地合作社还尽可能地在治理结构中体现自己的社会责任。比如,烟台有的地区为了保障群众利益,在股权设置上明确规定,村集体持股比例不低于10%,单个成员持股比例不超过20%。再比如牟平区的埠西头村,党支部领办合作社为每户贫困户赠送1股,每年从公益金中提取部分资金定向扶贫。同时,设立扶贫工作岗,男工120元/天,女工100元/天的标准发放工资,贫困户每年务工收入人均1万元以上。

(二)党组织领办合作社发展集体经济组织的现实路径

1.带动土地规模经营

作为兼具组织优势和经营优势的农业生产组织者,党组织领办的合作社可以从三个方面采取措施带动土地规模化经营,破解土地细碎化这一发展难题。

第一,合作社要鼓励提倡村民以土地入股的方式加入合作社。如此,合作社便能顺利将大量土地成方连片,整合土地经营权,积极对接国家农田整治项目,改善农业生产条件;并在此基础上,组织开展规模化的耕种经营活动,一举破解土地细碎化问题。

第二,如果农户不愿入股合作社,或者不愿以土地入股,那合作社应当大力发展完善土地流转机制。当农民倾向于非农就业和外迁时,他们既不关心村集体未来的发展规划,也不愿意入股合作社,更不会放弃手中的一亩三分地,而这往往就会导致大量土地遭到闲置抛荒。为此,合作社若能大力发展完善土地流转机制,并召集组建专门针对闲置土地开展种植经营活动的专业人才队伍,就能大大提高农户将闲置土地流转出去的意愿,这既能防止土地撂荒搁置,又能使村集体通过赚取土地租金和流转服务费获得数额可观的丰厚收入。

第三,如果农户既不愿入股合作社,也不愿流转土地,那合作社可以通过为农户提供社会化服务,在不改变土地经营权的前提下,提供从种到收的多环节生产服务甚至全程托管服务,进而令这些小块土地的耕种经营同大片土地的种植规划尽可能相契合,尽量将这些固执的农户也纳入到土地的规模化经营中来。

2.优化农村生产服务,加强基础设施的投资建设

第一,合作社可以主动对接农业技术专家,为农户提供技术指导。农民的农业种植技术主要依靠"土专家"和实践所积累的经验,但传统的基于经验而产生的文化知识并不一定适应于现代化的农业生产,尤其是在优良品种的选择育种、改良栽培等方面。为此,山东招远市D村的党组织领办合作社就选择主动与市里的果茶站和农科院开展技术合作。在葡萄、苹果等经济作物的种植过程中,让这些专业机

构给予全程技术指导。在经过一段时间的技术培训后,该村已经积累了一大批专业种植人才。①

第二,登记劳动力并对其进行相关技能的培训。还是以上述D村为例,其村党支部始终将提升劳动力素质和生产技能放在首要位置。为了扩大农产品的线上销售规模,D村专门开设了针对种植户的电子商务培训。就拿2021年来说,该村共开展了11个专题、30个课时的电子商务培训,参与人数高达上千人。而培训的效果也是十分显著,2021年以来,该村60%以上的果品都采取的是线上销售方式。

第三,党支部领办合作社一经成立,就需要把投资于乡村基础设施提上日程,因为完善基础设施和其他重要公共物品的建设,是各地招商引资、发展经济的基本前提。在举办合作社之前,分散经营的农户没有能力和意愿从事这类投资,只有在合作社成立后,这类投资才有可能。一方面,在现实中,除了村民的投资入股,政府提供的扶助基金和银行贷款也是合作社自有资金的重要来源。因此,拥有较多元的资金渠道和相对充足的资金储备的合作社有能力也有义务承担起基础设施和公共物品的改造建设任务。另一方面,党组织领办的合作社相比其他组织机构会更加亲近农民群体,能更好掌握他们的实际需求情况,从而对症下药地提供迫切需要的公共设施与物品,有效降低农户的生产成本。

3. 塑造品牌效应,扩大销售渠道,使农户更好对接市场

农产品只有形成规模或品牌效应,才能使农户获得议价权和发展空间。因此,为了使农户顺利与外界市场对接,合作社要致力于注册商标,打造统一品牌。合作社需要经常联合种植户开展各类旅游文化活动,积极举办诸如葡萄采购节、苹果丰收日等宣传活动,以扩大品牌的社会认知度和农产品销售渠道。合作社还可以主动同当地政府联系,搭乘当地文化发展建设的顺风车,有效提高村庄以及品牌的知名度。合作社可以鼓励种植户自行寻找客户,但需要求其农产品以统一的品牌进行销售,并严格保证产品质量。保证产品质量是塑造品牌、扩大销售的重中之重,合作社需要制定相关规则,并提供必要服务与支持,来确保农户重视农产品的质量问题。例如,合作社制定好收益分配规则,防止农户因为感到不公而蓄意报复,故意提供并销售质量不合格的产品。再例如,合作社可以建立公共冷藏库,专门为滞销的果品提供低价冷藏服务以确保产品质量。

---

① 王惠林,张卫国.党建引领村集体经济组织赋能农民农村共同富裕的实践路径——基于山东省招远市D村的实证调查[J].求实,2023(6):92－106.

4. 丰富农民精神文化生活

合作社不能只关注开展经济工作,组织开展社会活动,丰富农民群众的精神文化生活也是必不可少的。正如上述,集体经济组织的运行具有混合性。农民的生产积极性和生产效率在很大程度上会受到其日常思维观念和精神状态的影响。忽略对于农民精神文化生活的建设,轻则会使经济工作的开展事倍功半,重则会使人心溃散,导致村集体分崩离析。为此,合作社可以从引导社会组织建设、制定村庄公共规则、塑造村民共同体意识三个方面加以努力。

我们还是以 D 村为例,来说明合作社具体可以采取怎样的措施。在社会组织建设方面,D 村积极开展各项文艺活动,并鼓励村民多多参与体育比赛。D 村组建的健身舞队在本乡镇的健身操比赛中连续三次夺冠,吕剧团都会在乡政府提供的演出场地,于每年正月初三到正月十八进行公开演出。每年元宵节的村民春节联欢会和中秋丰收节等,村中各路文艺队和剧团都抢着来报节目,经常发生节目演不完的情况。在制定村庄公共规则方面,D 村合作社是实践"移风易俗"的主要牵头人。合作社通过引导民间自发成立红白理事会,积极介入仪式举办过程,有效遏制了村民相互攀比、铺张浪费的不良风气。在共同体意识塑造方面,除了开展公共文化活动外,D 村还以发放福利的方式有效提升了村民的归属感和凝聚力。在村集体的收入和合作社的自留资金中,专门有一部分是用于向村民发放福利。村集体一般会每年给每户发放一袋米和一桶油,并且额外给 60 岁以上老人每人每年发放 600 元,70 岁以上老人每人每年发放 800 元。这样做既体现了集体对老年人的关心,也有助于营造全村敬老爱老的良好风气,得到了老年人和年轻人的一致认可。

(三)党组织领办合作社的重要经验

党支部领办合作社作为一种新型农村集体经济形态,一方面促进了农业生产的社会化和农村地区的工业化,另一方面在农村基层创造性地贯彻和落实了社会主义初级阶段的政治-经济制度,使其焕发出巨大的活力和生机。[①] 党组织领办合作社的兴起,蕴含着若干极为重要的经验,为我们进一步认识,坚持党的领导对于发展壮大农村集体经济组织的重要意义,提供了以下三点重要启示。

1. 坚持党的领导是尊重人民首创精神,组织动员人民群众,激发其内驱的根本保证

---

① 孟捷."党支部领办合作社"与社会主义初级阶段的政治-经济制度——以"烟台经验"为参照[J].政治经济学研究,2022(2):111-124.

发展壮大民营经济的核心是在坚持人民主体地位的基础上,激发民众的拼搏精神和首创精神,提高他们的发展积极性,引导他们形成正确的发展理念,走上正确的发展道路。要做到这一点,既不能去强制干涉民众的思想与行为,也不能放任民众盲目发展走上错误的道路,而是要在正确的时机去引导民众,向他们传递正确的观念与想法,并提供其他应有的帮助,也就是去领导他们的发展。显然能做到去"领导"人民发展的,只有中国共产党。以发展壮大农村集体经济组织为例,如果是政府去面对其发展面临的四重困境,那它总是会倾向于在政府内部成立一个办公室,专门用于研究农村问题,制定符合政府预期的政策方案,然后通过行政命令的方式令村集体贯彻执行这些政策方针。而通过前文提到的打造示范村的例子,我们不难想象,政府制定的这些规划方案中为民服务的意识还不够。另一种情况,如果是让一些大企业和大资本去组织合作社的建立,那它们一方面只会让那些精于算计,拥有专业技能的所谓"精英"入社,而将普通村民拒之门外,并美其名曰,"出于理性考虑,要让专业的人做专业的事";另一方面,它们会迫不及待地寻求外部融资,借外债,以尽可能在短期内使自有资本迅速膨胀。这些做法都必然会造成一个共同的后果,那就是迫使村民将集体经济的发展自主权拱手让人,并赋予外人肆意掠夺村集体收益的权利。只有中国共产党,在领办合作社时,会积极引导鼓励村民加入其中,既让村民牢牢掌握村集体发展的主动权,用自己的双手推动集体经济的发展壮大,又让村民实实在在地占有并共享发展带来的收益果实。因此,坚持党的领导是尊重人民首创精神,组织动员人民群众,推动农村集体经济组织和民营经济发展壮大的根本保证。

2. 党组织领办合作社,在一个更高层次上促进了有效市场和有为政府在基层农村的结合

村两委[①]或村党支部,担负着行政村的公共管理职能,是基层政府的代理人。由于合作社经营权归党组织,党组织领办合作社不仅是"政企不分",而且是"党政不分",但正是这样一种将"政治-经济"融于一体的组织,才有利于克服分散的个体农户经营所固有的制度限制,改变农民在市场中的弱势地位,推动规模化生产和技术进步,提高农产品的附加值,让市场更好地为农民服务。[②]

3. 党对意识形态的引领和建设作用是推动民营经济发展壮大的一个重要助力

[①] 村两委是设在乡镇(街道)下一级行政村的组织机构,即村党支部委员会、村民委员会。
[②] 孟捷."党支部领办合作社"与社会主义初级阶段的政治-经济制度——以"烟台经验"为参照[J].政治经济学研究,2022(2):111-124.

对于民营企业这种相对十分纯粹的经济组织而言，企业家精神的弘扬和企业文化的建设都能对其发展产生极为显著的影响。于是，意识形态领域和精神文化方面的建设，对农村集体经济组织这种生产生活高度相容的经济综合体运行发展的影响便不言而喻。可见，加强意识形态工作和精神文化建设，能有效助力民营经济的发展壮大，而能在这一方面大有作为的，首先当论中国共产党。因此，党在领导民营经济发展壮大时，要注重思想层面的工作开展，大力弘扬企业家精神，塑造健康良好的村民共同体意识。

第四章

在坚持"两个毫不动摇"中发展壮大民营经济

"两个毫不动摇"是我国建设社会主义的重要经验,体现了社会主义市场经济的优越性。我国坚持"两个毫不动摇"的演变历程,就是推动多种所有制经济共同发展最真实的写照。不同所有制经济不是彼此对抗,而是相得益彰、互促共进、缺一不可的。发展新时代的中国特色社会主义市场经济,必须坚持"两个毫不动摇",平等对待不同所有制经济。

本书的第一章和第二章已经详细说明了,为什么坚持"两个毫不动摇"是发展壮大民营经济的基本方略。因为它告诉了我们要怎样看待民营经济,是否该支持其发展,以及我们需要发展出什么样的民营经济——是能与国有经济同台竞争,各显风采,互帮互助的民营经济,而不是骑在国有经济头上,或者被当作国有经济附庸的民营经济。本章将就这一基本方略的相关内容作进一步展开。我们首先将通过回顾这一方略的具体内容的演变历程,梳理党和国家对于发展民营经济的认识和态度的演变过程。之后,我们将展开讨论不同所有制经济之间是如何相辅相成,通过什么方式来彼此助力对方发展的。最后,就如何在实践中坚决贯彻"两个毫不动摇",本书从四个方面给出了有关建议。

第一节 坚持"两个毫不动摇"的发展历程

在党的十六大报告提出了坚持"两个毫不动摇"以后,这一命题多次出现在党和国家的各种报告、政策文件中,成为我国发展社会主义市场经济、推进民营经济发展的基本方针。但是,民营经济当前所具有的平等地位不是自改革开放伊始就形成的,民营经济与国有经济先后经历了不平等、名义平等和实质平等阶段,民营经济地位的提升是坚持"两个毫不动摇"的结果。梳理我国围绕"两个毫不动摇"提出的一系列政策主张,能够揭示我国对民营经济和国民经济整体之间关系认识的发展历程,从而更好把握"两个毫不动摇"的历史贡献和当代价值。

一、以公有制为主体、多种所有制经济共同发展

"两个毫不动摇"源于我国社会主义市场经济发展的实践经验,是关于我国在社会主义建设中如何处理各种经济主体之间关系、地位的重要论述。在正式提出"两个毫不动摇"这一方略之前,相关的思想就已经见诸党和国家的重要文件中。

党的十二大报告指出,"正确贯彻计划经济为主、市场调节为辅的原则,是经济体制改革中的一个根本性问题"[①]。在改革开放初期,经过社会主义市场经济体制改革的初步探索,市场的作用已经得到了充分的认识。一方面,市场调节的作用得到了重视,保证国民经济按比例地协调发展离不开市场的辅助作用。另一方面,以探索社会主义经济的市场机制为基础,经营活动的多样化成了一种发展趋势,促进多种经济形式的共同发展成了经济改革的重要议题。"巩固和发展国营经济,是保障劳动群众集体所有制经济沿着社会主义方向前进,并且保障个体经济为社会主义服务的决定性条件"[②]。在国营经济、集体经济之外,个体经济的地位已经得到初步的重视,即个体经济是"公有制经济的必要的、有益的补充"[③]。但是,需要注意,在这一阶段,个体经济的重要性还只是局限在区域经济层面,个体经济的补充作用更多地集中在缓解城乡发展这一矛盾之上,"只有多种经济形式的合理配置和发展,才能繁荣城乡经济,方便人民生活"[④]。个体经济与社会主义市场经济之间的关

---

① 胡耀邦.全面开创社会主义现代化建设的新局面——在中国共产党第十二次全国代表大会上的报告[N].人民日报,1982—09—08.
② 胡耀邦.全面开创社会主义现代化建设的新局面——在中国共产党第十二次全国代表大会上的报告[N].人民日报,1982—09—08.
③ 胡耀邦.全面开创社会主义现代化建设的新局面——在中国共产党第十二次全国代表大会上的报告[N].人民日报,1982—09—08.
④ 胡耀邦.全面开创社会主义现代化建设的新局面——在中国共产党第十二次全国代表大会上的报告[N].人民日报,1982—09—08.

系还存在诸多需要进一步讨论以达成共识的内容。因此,在这一时期,党和国家对公有制和多种所有制之间关系的认识仍旧处在实践经验积累和总结的过程中,并没有形成观点鲜明、关系明确的论述。

在党的十二大报告的基础之上,1984年党的十二届三中全会公报进一步指出,"积极发展多种经济形式,进一步扩大对外的和国内的经济技术交流"①。在这一阶段,不同经济形式的地位是不同的:首先,全民所有制经济是"社会主义经济的主导力量"②,是确保国民经济稳定发展的决定性力量;其次,集体经济是"社会主义经济的重要组成部分"③,承担了一些领域的生产建设活动;最后,个体经济是"社会主义经济必要的有益的补充"④,是从属于社会主义经济的经济成分。总的来说,在这一阶段,其他所有制经济依旧是公有制经济的一种补充,公有制经济是国民经济的主体。但是,党的十二大报告已经明确指明了经济体制改革的"长期的方针",即"坚持多种经济形式和经营方式的共同发展"⑤。由此可见,随着国民经济的进一步发展,全民所有制经济、集体经济和个体经济的关系也在进一步交融,不同经济形式的力量对比也趋于更加平衡。

在明确各种经济形式共同发展的方针之后,党的十三大报告总结了经济体制改革的经验,提出了"以公有制为主体发展多种所有制经济,以至允许私营经济的存在和发展,都是由社会主义初级阶段生产力的实际状况所决定的"⑥这一重要论述。从理论的角度看,这一论述阐明了社会主义不排斥其他所有制经济成分。从实践的角度看,这一论述源于改革开放十年所取得的社会生产力发展经验,即公有制之外的其他所有制也是有利于社会主义经济发展的。从其他所有制经济的规模来看,在当时,"全民所有制以外的其他经济成分,不是发展得太多了,而是还很不够"⑦。由此可知,各种所有制经济共同发展互相促进的作用已经有所显现,但是,非公有制经济在当时还不够发达。因此,党的十三大报告不仅仅强调公有制经济的主导地位,而且提出了利用私营经济促进生产的原则,即"制定有关私营经济的

---

① 中国共产党第十一届中央委员会第三次全体会议公报[N].人民日报,1978-12-24.
② 中国共产党第十一届中央委员会第三次全体会议公报[N].人民日报,1978-12-24.
③ 中国共产党第十一届中央委员会第三次全体会议公报[N].人民日报,1978-12-24.
④ 中国共产党第十一届中央委员会第三次全体会议公报[N].人民日报,1978-12-24.
⑤ 中国共产党第十一届中央委员会第三次全体会议公报[N].人民日报,1978-12-24.
⑥ 沿着有中国特色的社会主义道路前进——在中国共产党第十三次全国代表大会上的报告[N].人民日报,1987-11-24.
⑦ 沿着有中国特色的社会主义道路前进——在中国共产党第十三次全国代表大会上的报告[N].人民日报,1987-11-24.

政策和法律,保护它们的合法利益,加强对它们的引导、监督和管理"①。由此可见,在这一阶段,公有制为主体、多种所有制经济共同发展的方针已经初步确立,并形成了一定的指导原则来确保落实。

在确立了不同所有制经济的地位之后,明确并处理好不同所有制经济成分之间的互动关系,尤其是公有制和其他所有制经济成分之间的关系,就成了新的理论探索和社会实践的任务。党的十四大报告强调,"在所有制结构上,以公有制包括全民所有制和集体所有制经济为主体,个体经济、私营经济、外资经济为补充,多种经济成分长期共同发展,不同经济成分还可以自愿实行多种形式的联合经营"②。在继承改革开放以来社会主义市场经济体制改革成果的基础上,报告提出了不同经济成分的联合经营这一重要政策,在政治制度上给予了不同所有制经济成分之间合理合法合作的立法保障。一方面,公有制的主导作用是以市场的平等竞争为基础的,"国有企业、集体企业和其他企业都进入市场"③,市场中各种经济成分都是平等的,公有制经济需要在市场竞争中发挥自身的主导作用。另一方面,在社会主义中国,"政权在人民手中,又有强大的公有制经济"④,发展国内私营经济、利用"国外的资金、资源、技术、人才以及作为有益补充的私营经济"⑤,"只会有利于社会主义的发展"⑥。由此可见,在这一阶段,伴随我国宏观调控理念、形式和手段的逐步发展与完善,公有制和其他所有制形式共同参与社会主义市场经济发展已经成为共识。

在对公有制和其他所有制经济形式之间地位、互动关系的理论探索成果和实践经验进行总结之后,党的十五大报告正式指出,"公有制为主体、多种所有制经济

---

① 沿着有中国特色的社会主义道路前进——在中国共产党第十三次全国代表大会上的报告[N].人民日报,1987—11—24.
② 江泽民.加快改革开放和现代化建设步伐 夺取有中国特色社会主义事业的更大胜利——在中国共产党第十四次全国代表大会上的报告[N].人民日报,1992—10—21.
③ 江泽民.加快改革开放和现代化建设步伐 夺取有中国特色社会主义事业的更大胜利——在中国共产党第十四次全国代表大会上的报告[N].人民日报,1992—10—21.
④ 江泽民.加快改革开放和现代化建设步伐 夺取有中国特色社会主义事业的更大胜利——在中国共产党第十四次全国代表大会上的报告[N].人民日报,1992—10—21.
⑤ 江泽民.加快改革开放和现代化建设步伐 夺取有中国特色社会主义事业的更大胜利——在中国共产党第十四次全国代表大会上的报告[N].人民日报,1992—10—21.
⑥ 江泽民.加快改革开放和现代化建设步伐 夺取有中国特色社会主义事业的更大胜利——在中国共产党第十四次全国代表大会上的报告[N].人民日报,1992—10—21.

共同发展,是我国社会主义初级阶段的一项基本经济制度"[1]。这一科学论断标志着我国改革开放以来调整和完善所有制结构的理论和实践达到了新的高度,为之后提出"两个毫不动摇"创造了关键性的理论支撑。这一论断的提出是由我国社会主义国家性质、社会主义初级阶段的发展特性和发展社会主义的客观需要决定的。对公有制经济而言,其主体地位体现在"公有资产在社会总资产中占优势,国有经济控制国民经济命脉,对经济发展起主导作用"[2],公有制经济通过数量、质量和产业领域等方面集中体现其主导地位。对集体所有制经济而言,其重要组成部分的地位体现在"广泛吸收社会分散资金,缓解就业压力,增加公共积累和国家税收"[3]。因而,促进集体经济发展的政策的核心原则就是"支持、鼓励和帮助城乡多种形式集体经济的发展"[4]。对非公有制经济而言,其重要组成部分的地位体现在"满足人们多样化的需要,增加就业,促进国民经济的发展"[5]。在这一阶段,相较于公有制经济和集体经济,非公有制经济的作用还较弱、地位还居于次要位置,因而发展非公有制经济的原则是"继续鼓励、引导,使之健康发展"[6]。

二、毫不动摇地巩固和发展公有制经济,毫不动摇地鼓励、支持和引导非公有制经济发展

坚持和落实"两个毫不动摇"既是发展建设社会主义市场经济的重要环节,也是发挥经济体制改革牵引作用的重要着力点。自党的十六大报告提出"两个毫不动摇"以来,"两个毫不动摇"一直都是党在社会主义市场经济发展中的重要实践原则。从党的十六大报告到党的二十大报告,每一次重要会议上对"两个毫不动摇"的政策阐释,不仅体现了党和国家对民营经济的重视,而且反映了非公有制经济中

---

[1] 江泽民.高举邓小平理论伟大旗帜,把建设有中国特色社会主义事业全面推向二十一世纪——在中国共产党第十五次全国代表大会上的报告[N].人民日报,1997-9-22.
[2] 江泽民.高举邓小平理论伟大旗帜,把建设有中国特色社会主义事业全面推向二十一世纪——在中国共产党第十五次全国代表大会上的报告[N].人民日报,1997-9-22.
[3] 江泽民.高举邓小平理论伟大旗帜,把建设有中国特色社会主义事业全面推向二十一世纪——在中国共产党第十五次全国代表大会上的报告[N].人民日报,1997-9-22.
[4] 江泽民.高举邓小平理论伟大旗帜,把建设有中国特色社会主义事业全面推向二十一世纪——在中国共产党第十五次全国代表大会上的报告[N].人民日报,1997-9-22.
[5] 江泽民.高举邓小平理论伟大旗帜,把建设有中国特色社会主义事业全面推向二十一世纪——在中国共产党第十五次全国代表大会上的报告[N].人民日报,1997-9-22.
[6] 江泽民.高举邓小平理论伟大旗帜,把建设有中国特色社会主义事业全面推向二十一世纪——在中国共产党第十五次全国代表大会上的报告[N].人民日报,1997-9-22.

的私营经济地位在逐步提高,以及全社会对私营经济的认识都在逐步提高这一重要事实。非公有制经济是由个体经济、私营经济和外资经济组成的,非公有制经济中的个体经济、私营经济,以及公有制经济中的集体经济共同组成了民营经济。

全社会对民营经济认识的转变,开始于民营经济和公有制经济之间存在不平等关系这一客观现实。1982年12月4日,第五届全国人民代表大会第五次会议通过的《中华人民共和国宪法》规定,"中华人民共和国的社会主义经济制度的基础是生产资料的社会主义公有制,即全民所有制和劳动群众集体所有制"。这实际上将非公有制经济排除在了法律保障的范围之外,形成了公有制经济与民营经济、个体经济等经济形式在法律层面的不平等。进一步地,上层建筑对民营经济的忽视,表现在一系列的争论中:关于雇工的争论,关于姓"公"姓"私"的争论,关于民营企业家"原罪"的争论,等等。这一系列的争论,对民营经济在产品市场认可、政府行政审批、经营成本控制、企业人才引进等方面形成了阻碍,直接影响了民营经济的发展壮大,也通过市场供求关系的变化间接地影响了与民营经济相关的其他所有制经济的发展。在1988年通过的《中华人民共和国宪法修正案》中,则在此基础上增加了"国家允许私营经济在法律规定的范围内存在和发展。私营经济是社会主义公有制经济的补充。国家保护私营经济的合法权利和利益,对私营经济实行引导、监督和管理"[1],从而在法律层面发生了转变,开启了促进非公有制经济发展的改革历程。党的十六大报告首次提出"毫不动摇地巩固和发展公有制经济""毫不动摇地鼓励、支持和引导非公有制经济发展"这一观点,正式开启了对不同所有制经济发展的谋划和安排,尤其是对民营经济发展的规划。在这一阶段,"两个毫不动摇"由三个部分构成:首先,"必须毫不动摇地巩固和发展公有制经济"[2],国有经济是公有制经济的重要组成部分,国有经济是发挥社会主义制度优越性的重要载体,支撑国民经济命脉的关键性经济成分,国有经济地位的削弱不仅仅会导致我国经济实力的下滑,而且会限制国防实力的发展和民族团结,所以需要毫不动摇地巩固和发展它。其次,"必须毫不动摇地鼓励、支持和引导非公有制经济发展"[3],个体经济、私营经济等非公有制经济形式是社会主义市场经济当中具有较高活力的经济成

---

[1] 中华人民共和国宪法修正案(1988年4月12日第七届全国人民代表大会第一次会议通)[N].人民日报,1988—4—13.

[2] 江泽民.全面建设小康社会,开创中国特色社会主义事业新局面——在中国共产党第十六次全国代表大会上的报告[N].人民日报,2002—11—08.

[3] 江泽民.全面建设小康社会,开创中国特色社会主义事业新局面——在中国共产党第十六次全国代表大会上的报告[N].人民日报,2002—11—08.

分,发展非公有制经济"对充分调动社会各方面的积极性、加快生产力发展具有重要作用"[①]。最后,"坚持公有制为主体,促进非公有制经济发展,统一于社会主义现代化建设的进程中,不能把这两者对立起来"[②],虽然公有制经济和非公有制经济在经济机制上具有诸多差异,但两者是可以实现统一的。一方面,社会主义现代化建设需要多种所有制经济的协力配合,而不是偏执于某一种经济形式而忽视其他经济形式;另一方面,公有制经济、非公有制经济的进一步发展,又需要到社会主义现代化建设中去寻找新的发展机遇。

正是由于民营经济和公有制经济之间的对立关系制约了经济的发展,因此党和国家的发展政策首先从制度层面进行发力,使两者从对立转向了法律形式上的平等。不同于党的十六大报告分开论述"两个毫不动摇"的内涵,2007年10月15日,党的十七大报告采取了直接、集中的论述方式,报告指出"坚持和完善公有制为主体、多种所有制经济共同发展的基本经济制度,毫不动摇地巩固和发展公有制经济,毫不动摇地鼓励、支持、引导非公有制经济发展,坚持平等保护物权,形成各种所有制经济平等竞争、相互促进新格局"[③]。对于公有制经济而言,国有企业公司股份制改革、垄断行业改革、国有资本经营预算制度建设、国有资产管理体制、机制完善、集体企业改革等措施,是全面推进公有制经济提质增效的重要手段,是从体制机制层面出发保障公有制的主体地位的重要改革。对于非公有制经济而言,建立和健全现代产权制度、现代市场体系,是促进个体、私营经济和中小企业发展的关键环节,确保了各种非公有制经济成分之间、公有制经济和非公有制经济之间的公平竞争,并在形成各种所有制经济平等竞争、相互促进新格局中扮演了重要角色。

随着经济体制改革的不断深化,改革的核心问题直指"处理好政府和市场的关系"。党的十八大报告立足坚持"两个毫不动摇"的方针政策,坚持长期以来"尊重市场规律"和"发挥政府作用"的实践原则,就深化经济体制改革做出了全面的论述。一方面,在党的十七大强化公有制经济发展的基础上,党的十八大提出了"推动国有资本更多投向关系国家安全和国民经济命脉的重要行业和关键领域,不断

---

① 江泽民.全面建设小康社会,开创中国特色社会主义事业新局面——在中国共产党第十六次全国代表大会上的报告[N].人民日报,2002-11-08.
② 江泽民.全面建设小康社会,开创中国特色社会主义事业新局面——在中国共产党第十六次全国代表大会上的报告[N].人民日报,2002-11-08.
③ 胡锦涛.高举中国特色社会主义伟大旗帜 为夺取全面建设小康社会新胜利而奋斗——在中国共产党第十七次全国代表大会上的报告[N].人民日报,2007-10-15.

增强国有经济活力、控制力、影响力"①,明确了公有制经济发展的方向是国家安全、国民经济命脉,公有制经济的发展也要重视激发经济活力。另一方面,党的十八大给出了鼓励、支持、引导非公有制经济发展的三个最基本内容,即"依法平等使用生产要素、公平参与市场竞争、同等受到法律保护"②,从法治层面确保了非公有制经济合理合法合规的发展不受限制。总的来说,党的十八大从社会主义市场经济实践中总结出了发展国民经济的主要措施和核心目标,是以法治保障市场机制的公平公正,让多种所有制经济成分在社会主义市场竞争中激发活力,推动社会生产力又好又快的发展。

立足党的十八大以来我国发展的历史性成就、历史性变革的经验,党的十九大从新发展理念的角度论述了"两个毫不动摇",开创了"两个毫不动摇"的新理论、新实践,在全社会形成了民营经济和公有制经济之间的实质平等。首先,公有制经济和非公有制经济的发展都必须是科学发展,各种所有制经济都"必须坚定不移贯彻创新、协调、绿色、开放、共享的发展理念"③。报告指出了各种所有制经济应该走哪一种发展道路,为发展社会主义市场经济提供了根本遵循。其次,报告给出了坚持"两个毫不动摇"的前提,即"必须坚持和完善我国社会主义基本经济制度和分配制度"④。公有制经济和非公有制经济的发展,都必须有助于完善我国社会主义基本经济制度和分配制度,而不能有损我国社会主义基本经济制度和分配制度。最后,"两个毫不动摇"是推动我国经济现代化发展、全球化、开放化的重要基础,它从中国特色社会主义市场经济的角度,提出了对外开放所要坚持的基本原则。总的来说,党的十九大进一步发展了"两个毫不动摇"这一发展社会主义市场经济的理论,为新时代壮大我国经济实力和综合国力提供了重要指导。

在贯彻新发展理念的基础之上,党的二十大从构建新发展格局、推进高质量发展这一任务出发,阐述了"两个毫不动摇"在完善高水平社会主义市场经济体制中的重要地位,进一步完善和创新了各种所有制经济发展的体制机制。就公有制经

---

① 胡锦涛. 坚定不移沿着中国特色社会主义道路前进 为全面建成小康社会而奋斗——在中国共产党第十八次全国代表大会上的报告[N]. 人民日报,2012-11-18.
② 胡锦涛. 坚定不移沿着中国特色社会主义道路前进 为全面建成小康社会而奋斗——在中国共产党第十八次全国代表大会上的报告[N]. 人民日报,2012-11-18.
③ 习近平. 决胜全面建成小康社会 夺取新时代中国特色社会主义伟大胜利——在中国共产党第十九次全国代表大会上的报告[N]. 人民日报,2017-10-18.
④ 习近平. 决胜全面建成小康社会 夺取新时代中国特色社会主义伟大胜利——在中国共产党第十九次全国代表大会上的报告[N]. 人民日报,2017-10-18.

济发展来说,需要"深化国资国企改革,加快国有经济布局优化和结构调整,推动国有资本和国有企业做强做优做大,提升企业核心竞争力"[1]。国有经济是公有制经济的重要组成,国资、国企对市场经济的影响力巨大,国有企业的改革是推动公有制经济发展的重点。因此,报告以国资、国企改革为切入点,提出国有经济的布局优化和结构调整就具有提纲挈领的作用。就非公有制经济而言,报告则更加细致地对其进行了论述,从民营企业发展环境、中小微企业、中国特色现代企业制度、高标准市场体系和市场经济基础制度等多个方面给出了发展保障的方针。这体现了新时代党和国家对非公有制经济发展的高度重视。

三、公有制经济和非公有制经济都是社会主义市场经济的重要组成部分

如何坚持"两个毫不动摇",是一个重大的理论和实践问题。在不断丰富"两个毫不动摇"政策内涵的过程中,党和政府对各种所有制经济在社会主义市场经济中的作用的认识,以及如何发展国有企业、民营经济的方针政策也在同步地发展和深化。本节接下来的两个部分将从政策实践的角度,梳理与"两个毫不动摇"一同形成和发展的相关重要论述。党的十八大以来,习近平总书记就"两个毫不动摇"进行了系统性的论述,全面阐释了"公有制经济和非公有制经济都是社会主义市场经济的重要组成部分"这一社会主义市场经济发展实践的新概括,丰富和发展了基本经济制度的内涵。

党的十八届三中全会决议指出,"公有制经济和非公有制经济都是社会主义市场经济的重要组成部分,都是我国经济社会发展的重要基础"[2]。习近平总书记在重要会议上首次就公有制和非公有制经济在我国经济社会发展中的地位给出了定位,进一步丰富了"两个毫不动摇"的内容。在我国,社会主义市场经济里的公有制和非公有制经济应当共同发展,协力参与中国特色社会主义事业的建设。决议从四个方面详细地论述了增强国有经济活力、控制力、影响力和激发非公有制经济活力、创造力的方式。首先,在产权保护制度方面,公有制经济和非公有制经济的财产权具有同等地位,都受到国家法律保护,且围绕财产权展开的经济活动也同样要受到监管,从而确保市场竞争的公开、公平、公正。其次,在发展混合所有制方面,

---

[1] 习近平. 高举中国特色社会主义伟大旗帜 为全面建设社会主义现代化国家而团结奋斗——在中国共产党第二十次全国代表大会上的报告[N]. 人民日报,2022-10-26.

[2] 中共中央关于全面深化改革若干重大问题的决定[N]. 人民日报,2013-11-16.

公有制经济和非公有制经济在资本投资项目上具有同等地位,"国有资本投资项目允许非国有资本参股"①,而公有制经济需要更多地承担国家战略、国家安全和社会保障等任务。再次,在国有企业现代企业制度改革方面,需要"实行以政企分开、政资分开、特许经营、政府监管为主要内容的改革"②,从而赋予非公有制经济在公共资源市场化配置这一领域内开展更多经济活动的权益,减少公有制经济和非公有制经济在自然垄断行业的地位差异。最后,在非公有制经济健康发展方面,需要扩大非公有制经济参与特许经营、参与国有企业改革和混合所有制改革的范围,提高拓展非公有制经济的发展空间,进一步释放非公有制经济的活力和生机。总的来说,在坚持"两个毫不动摇"基础上,公有制经济和非公有制经济实现了实质上的平等。

习近平总书记在中央政治局第二十八次集体学习时,再次强调了"公有制经济和非公有制经济都是社会主义市场经济的重要组成部分,都是我国经济社会发展的重要基础"③。习近平总书记从马克思主义政治经济学的视角深入解读了这一概括在中国特色社会主义伟大实践中的意义,并指出,"生产资料所有制是生产关系的核心,决定着社会的基本性质和发展方向"④。中国共产党之所以创造性地提出了"两个毫不动摇"的重要概括,就在于我们党是立足了改革开放以来的经济社会实践经验,以建设和发展中国特色社会主义制度为目标推动生产资料所有制改革,以坚持历史唯物主义和辩证唯物主义的科学方法论来实事求是地推动所有制改革的。"两个毫不动摇"是马克思主义政治经济学中国化时代化的成果之一。在"各种所有制取长补短、相互促进、共同发展"的过程中巩固了社会主义市场经济体制的根基,进一步保证了我国各族人民共享经济社会发展成果。

2016年,习近平总书记在参加全国政协十二届四次会议联组会时,就推动各种所有制经济健康发展进行了系统的论述,指出了"公有制经济和非公有制经济都是社会主义市场经济的重要组成部分"⑤。会上,习近平总书记就政府支持民营经济发展的发力方向进行了全面的介绍,涵盖了"中小企业融资""市场准入""共性技术服务平台""利用产权市场组合民间资本""清理、精简涉及民间投资管理的行政审批事项和涉企收费"等方面,这表明"我们党在坚持基本经济制度上的观点是明确

---

① 中共中央关于全面深化改革若干重大问题的决定[N].人民日报,2013—11—16.
② 中共中央关于全面深化改革若干重大问题的决定[N].人民日报,2013—11—16.
③ 习近平.不断开拓当代中国马克思主义政治经济学新境界[J].求是,2020(16).
④ 习近平.不断开拓当代中国马克思主义政治经济学新境界[J].求是,2020(16).
⑤ 兰红光.毫不动摇坚持我国基本经济制度 推动各种所有制经济健康发展[N].人民日报,2016—03—05.

的、一贯的,而且是不断深化的,从来没有动摇"①。同时,习近平总书记就非公有制经济的健康发展进行了阐释,从个体发展的角度论述了如何确保民营企业等非公有制经济在社会主义市场经济中发挥积极作用,以及如何构建亲清政商关系来进一步发展民营企业。总的来说,我国社会主义市场经济的实践经验已经表明,"公有制经济和非公有制经济都是社会主义市场经济的重要组成部分"②,而且,发展壮大民营经济是我国社会主义市场经济发展的重要方向。

习近平总书记 2018 年在"民营企业座谈会上的讲话"进一步强调了公有制经济和非公有制经济都是社会主义市场经济的重要组成部分。习近平总书记指出,民营经济是我国经济制度的内在要素,民营企业和民营企业家是我们自己人。发展民营经济就是发展我国的社会主义市场经济,就是推进供给侧结构性改革、推动高质量发展、建设现代化经济体系。同时,非公有制经济的重要地位和作用也体现在习近平总书记阐述我国进一步支持民营经济发展壮大的政策上,这些政策包括减轻企业税费负担、解决民营企业融资难融资贵问题、营造公平竞争环境、完善政策执行方式、构建亲清新型政商关系、保护企业家人身和财产安全等。它们的提出既从实践层面呼应了我国发展社会主义市场经济坚持"两个毫不动摇"的基本原则,也反映了非公有制经济在我国经济社会发展中发挥着重要作用。

四、推动国有资本和国有企业做强做优做大,促进民营经济发展壮大

公有制经济和非公有制经济在我国社会主义市场经济中的作用是不同的,多种所有制经济在社会主义基本经济制度的安排下分工协作,共同促进经济社会发展。充分认识国有资本、国有企业和民营经济的不同发力方向,是理解"两个毫不动摇"方针、构建高水平社会主义市场经济体制的重要环节。

党的二十大报告阐述了构建高水平社会主义市场经济体制的要点,分别提出"推动国有资本和国有企业做强做优做大"和"促进民营经济发展壮大"两大要求。这两大要求与"两个毫不动摇"具有内在一致性,并且进一步地区分了公有制经济和非公有制经济的发展要点。对于国有资本和国有企业等公有制经济而言,提高

---

① 兰红光.毫不动摇坚持我国基本经济制度 推动各种所有制经济健康发展[N].人民日报,2016—03—05.

② 兰红光.毫不动摇坚持我国基本经济制度 推动各种所有制经济健康发展[N].人民日报,2016—03—05.

企业的核心竞争力是其发展要点,即"做强做优做大"。这意味着,国有资本和国有企业要在现代化的过程中形成特有的、能够经得起时间考验的、具有延展性的、难以被竞争对手复制和模仿的能力,从而更好地满足公有制经济被赋予的一系列社会经济功能。对民营经济而言,"发展壮大"则具有更加丰富的内涵:一方面,民营经济也需要提高企业的核心竞争力,要"建设世界一流企业"①;另一方面,民营经济还需要在数量上实现突破,尤其是中小微企业的规模和质量。总的来说,"推动国有资本和国有企业做强做优做大""促进民营经济发展壮大"全面而准确地概括了公有制经济和非公有制经济发展的着力点。

习近平总书记2022年12月15日在中央经济工作会议上讲话,阐释了社会主义市场经济改革方向,拓宽了"推动国有资本和国有企业做强做优做大""促进民营经济发展壮大"的内涵、实践内容。就国企国资而言,习近平总书记在指出部分国企国资的不足之后,给出了国企提高核心竞争力的方法:"要坚持分类改革方向,处理好国企经济责任和社会责任关系,健全以管资本为主的国资管理体制,发挥国有资本投资运营公司作用,以市场化方式推进国企整合重组,打造一批创新型国有企业。"②这一论述以市场化改革为核心方式,提供了公有制经济发展的路径。对于民营经济而言,习近平总书记以民营企业发展环境为核心,从法律制度、政策、舆论、行政等诸多层面给出了促进民营经济发展壮大的措施。

围绕"促进民营经济发展壮大",《中共中央、国务院关于促进民营经济发展壮大的意见》(以下简称《意见》)全面系统地给出了民营经济发展方向。《意见》从"持续优化民营经济发展环境""加大对民营经济政策支持力度""强化民营经济发展法治保障""着力推动民营经济实现高质量发展""促进民营经济人士健康成长""持续营造关心促进民营经济发展壮大社会氛围""加强组织实施"③七个具体方面阐释了我国发展壮大民营经济的措施。可以说,我国全方位地保障民营经济发展壮大是坚持"两个毫不动摇"最真实的写照,体现了党和国家公平对待不同所有制经济的承诺。

党的二十届三中全会就"推动国有资本和国有企业做强做优做大""促进民营经济发展壮大"做出了最新的判断,提供了新的发展方向和具体措施。对于国有资

---

① 习近平.高举中国特色社会主义伟大旗帜 为全面建设社会主义现代化国家而团结奋斗——在中国共产党第二十次全国代表大会上的报告[N].人民日报,2022-10-26.
② 习近平.当前经济工作的几个重大问题[J].求是,2023(4).
③ 中共中央、国务院关于促进民营经济发展壮大的意见[N].人民日报,2023-07-14.

本和国有企业而言，做强做优做大的方向主要有以下几个方面：一是"明晰不同类型国有企业功能定位"[①]，在重点领域发力"做强做优做大"；二是"向关系国家安全、国民经济命脉的重要行业和关键领域集中，向关系国计民生的公共服务、应急能力、公益性领域等集中，向前瞻性战略性新兴产业集中"[②]，从资本更好发挥职能的角度指明了资本集中的方向；三是"推进原始创新"[③]，从而提高国有企业的创新能力，提高企业的综合生产能力；四是建立健全"评价制度""评价体系"[④]，从企业管理的角度提高国有企业的生产效能；五是推进自然垄断行业的市场化改革，在市场竞争中提高国有企业的核心竞争力。与推动国资国企发展的政策相配套的是促进民营经济发展壮大的方针政策，《中共中央关于进一步全面深化改革 推进中国式现代化的决定》从优化非公经济发展环境、立法保障、市场准入改革、技术攻关支持、融资支持、费用监管与清偿、信用评价体系、企业治理与合规、监管优化等多个方面系统阐述了我国为非公有制经济发展营造良好环境和提供更多机会的举措。

第二节　不同所有制经济相得益彰是建成社会主义现代化强国的基本前提

党的二十大明确提出要全面建成社会主义现代化强国、实现第二个百年奋斗目标。为此，就需要激发全社会的生产力，充分释放各种所有制经济的活力和动能。因此，要继续坚持"两个毫不动摇"，在社会主义市场经济的背景下，利用好国有企业做强做优做大和民营经济发展壮大之间的互促关系，让不同所有制经济在中国式现代化的过程中相得益彰，为全面建成社会主义现代化强国打下坚实基础。

一、国有企业做强做优做大为民营经济发展壮大提供保障

（一）国有企业做强做优做大的内涵与意义

"国有企业做强做优做大"的提出源于我国社会主义建设的历史实践，是对我

---

① 中共中央关于进一步全面深化改革 推进中国式现代化的决定[N]. 人民日报，2024-07-22.
② 中共中央关于进一步全面深化改革 推进中国式现代化的决定[N]. 人民日报，2024-07-22.
③ 中共中央关于进一步全面深化改革 推进中国式现代化的决定[N]. 人民日报，2024-07-22.
④ 中共中央关于进一步全面深化改革 推进中国式现代化的决定[N]. 人民日报，2024-07-22.

国公有制经济发展重要经验的概括总结。自新中国成立以来,我国国有企业始终在社会主义经济建设中扮演着重要角色,必须从国有企业发展的历史阶段中把握其作用的变化和发展。根据我国社会主义制度的建设和发展的阶段不同,国有企业的发展可以分为三个阶段:1949—1977年为计划经济体制下的国有企业发展阶段,国有企业在国民经济中占据绝对的主体地位;1978—2012年为社会主义市场经济体制下的国有企业发展阶段,国有企业在市场化改革中逐渐让渡出经济社会发展中的部分职能给市场;2013年至今为新时代中国特色社会主义时期的国有企业发展阶段,国有企业逐渐探索出一套适合中国特色社会主义国有企业发展的模式。尤其是改革开放以来,在经历了经营自主权扩大、利润递增包干、承包经营责任制、国有企业实施战略性改组和国有资产管理体制改革等一系列具体的改革创新后,国有企业的运行质量和发展速度有了显著提高,公有制经济的控制力和影响力大大增强。

国有企业做强做优做大代表着国有企业发展的重要方向,包含了国有企业发展的核心思路与公有制经济发展的核心原则。可以分别从三个方向对这一概念进行了解。

1. 国有企业做大

国有企业做大是指国有企业的规模增长和范围扩大。虽然我国的国有企业数量相对稳定,但是国有企业的资金规模、经营范围则在不断地增长。从国有及国有控股企业[①]的经济运行状况来看,国有企业营业总收入和国有企业利润总额则处在一个不断发展的状态中。表4—1是2014—2023年国有及国有控股企业经济运行情况表,汇总了国有企业营业总收入、国有企业利润总额、国有企业应交税费和国有企业资产负债率四个方面的企业经济运行数据。从国有企业营业总收入的角度来看,国有企业的经济规模增长较快,10年间增长了78.4%。更为重要的是,国有企业做大还体现在国有企业的经营范围不断扩大,国有企业参与到了更多的产业门类当中。以国务院国资委启动的中央企业创新联合体建设为代表,国有企业在量子信息、类脑智能、生物制造、工业软件、工业母机、算力网络、新能源、先进材料、二氧化碳捕集利用等产业中积极布局投产,在巩固国有企业传统产业发展趋势的同时,还实现了经营范围的拓展,从而更好地服务公有制经济的发展和地位巩固。

---

① 包括国资委、财政部履行出资人职责的中央企业、中央部门和单位所属企业以及36个省(自治区、直辖市、计划单列市)和新疆生产建设兵团的地方国有及国有控股企业,不含国有一级金融企业。

表 4—1　　　　2014—2023 年国有及国有控股企业经济运行情况

年份	国有企业营业总收入(亿元)	国有企业利润总额(亿元)	国有企业应交税费(亿元)	国有企业资产负债率(%)
2014	480 636.4	24 765.4	37 860.8	65.2
2015	454 704.1	23 027.5	38 598.7	66.3
2016	458 978	23 157.8	38 076.1	66.1
2017	522 014.9	28 985.9	42 345.5	65.7
2018	587 500.7	33 877.7	46 089.7	64.7
2019	625 520.5	35 961.0	46 096.3	63.9
2020	632 867.7	34 222.7	46 111.3	64.0
2021	755 543.6	45 164.8	53 559.9	63.7
2022	825 967.4	43 148.2	59 315.7	64.4
2023	857 306.1	46 332.8	58 745.8	64.6

资料来源：国务院国有资产监督管理委员会国资数据。

2. 国有企业做优

国有企业做优是指国有企业的组织结构、业务流程和资源配置的优化。自混合所有制改革以来，围绕党委组前置研究清单、"三重一大"决策权责清单、董事会授权清单，我国的国有企业组织结构持续优化。一方面，以党委会、董事会、监事会和经理层为骨架的国企治理体系结构不断得到稳固，党委的领导职能、董事会的决策职能和经理层的执行职能共同作用，依法、依规、依理推动国有企业的有效经营和发展；另一方面，国有企业内部不同部门、子公司之间的用人权、分配权、财务权、投资权、经营权和规划权等授权也得到了明确和优化。在组织结构优化的同时，国有企业的业务流程优化则主要体现在三个方面：一是业务流程的层次性进一步强化，以组织架构优化为基础，不同层级的业务得到了进一步的细化和关联，提高了业务执行的顺畅度；二是以不同层级的业务为基础的个体得到了更好的反馈，从而使劳动者充分了解其职责；三是流程优化后的权责、监督和评估得到了更好的执行，从而提高企业的经营效益。如表 4—1 所示，2023 年国有企业利润总额较 2014 年增长了 87.1%。而国有企业资源配置优化，则表现为国有企业优化自身的资本债务结构，降低企业经营中的杠杆过高问题。如表 4—1 所示，国有企业资产负债率长期保持稳定，有效降低了资本市场波动对国有企业发展的影响，从而为国有资本保值增值创造了更好的基础。

3. 国有企业做强

国有企业做强是指国有企业的核心竞争力和效率提高。国有企业的核心竞争力指向的是一种国有企业所特有的、能够经得起时间考验的、具有延展性的、难以被竞争对手复制和模仿的能力。从形式上看，这种能力是任何行业领先的企业都具有的。但是，从内容上看，国有企业的核心竞争力又具有其独特性。"坚持党的领导、加强党的建设，是我国国有企业的光荣传统，是国有企业的'根'和'魂'，是我国国有企业的独特优势。"[①]党的领导和党的建设是国有企业核心竞争力的根源，是国内外其他所有制经济的企业都拿不走的竞争力源泉。正因为有了党的领导和党的建设这一核心竞争力的源泉，国有企业的发展是和人民群众的获得感紧密相连的，从而形成了全体人民和国有企业之间各尽其能、各得其所的局面。在这个最为关键的核心竞争力基础之上，国有企业的总营收规模、资产收益率、创新动力等经营效率得到了显著的提高。国有企业做强也不只是简单的生产经营能力增强，还包括其服务社会能力的增强。如表4—1所示，近十年来，国有企业的应交税费从37 860.8亿元上升到58 745.8亿元。除了增加应交税费，国有企业还在全社会的生产、消费等环节解决了众多人民最关心、最直接、最现实的利益问题，并在过程中进一步增强了自身的核心竞争力和不可替代性。

总的来说，国有企业做强做优做大具有丰富的含义，这意味着国有经济的质量和数量都得到了较好的提升，其发展正在从一般的规模发展向高质量发展迈进。国有企业做强做优做大的成果，不仅仅局限在国有企业内部或公有制经济系统当中，而且还深入地影响了非公有制经济发展的各个方面，为民营经济发展壮大提供了保障，真正实现了社会主义市场经济的"优势互补、共同发展"。

（二）国有企业做强做优做大对民营经济发展的保障作用

具体来说，国有企业做强做优做大在民营经济发展中的保障作用可以从三个方面得到体现，分别是科技创新、产业引领和制度支持。三个方面的保障作用不仅仅在特定方向上保障民营经济的发展，而且在国民经济整体的经济循环中发挥协同作用，以一个更加有机的方式保障民营经济的发展壮大。

1. 国有企业做强做优做大能促进民营经济科技创新的发展

国有企业做强做优做大，会表现为科技创新领域的发展，从而在社会主义市场经济中促进民营经济科技创新的发展。党的十八大以来，国有企业的结构持续优

[①] 坚持党对国有企业的领导不动摇 开创国有企业党的建设新局面[N]. 人民日报，2016—10—12.

化,以推进中国式现代化为方向指引,加速向关系国家安全、国民经济命脉和国计民生等重要行业和关键领域集中。因此,国有企业既继续推动重要民生行业的发展,不断在高铁、电力装备、新能源、通信设备等产业方向做出新突破,又在数字经济、人工智能、新能源、新材料、生物技术、绿色环保等关键产业上增加投入,在国民经济朝向未来发展的过程中不断发挥引领作用。从科技创新的角度来看,国有企业做强做优做大对民营经济发展壮大的保障作用,就可以从上述的两个方向来分别论述。

从传统科技持续创新这一角度来看,国有企业的科技创新能够借助于科技人才的交流和科技成果的市场化而实现民营经济的科技创新发展。社会主义市场经济改革的一项重要内容,就是对民营企业、非公有制经济成分逐步开放更多的行业、产业。同时,国有企业则更加关注于那些对社会经济发展具有重大影响的部门、企业和资源。与此同时,伴随社会经济发展,尤其是社会生活层面的科技水平不断发展,国有企业内部的科技创新也逐步进入社会生活。一方面,一部分国有企业内部的科技人员通过社会主义市场经济的人才流动过程进入民营经济部门,为民营企业参与和提供国家安全相关的服务提供人才基础。与一般大专院校和科研院所培育的科技人才相比,这一类科技人员的经验更加丰富,科学技术实践能力更强。这有助于降低民营经济的人才培育成本,尤其是民营科技创新领域的研发人才培育成本,从而促进民营经济部门的科技创新发展。另一方面,国有企业在国家安全领域内积累的科技成果,尤其是民用领域亟须的科技,诸如网络安全、生物医药等,也会随着经济社会发展而进入科技成果转化交易的通道,以市场化的方式实现国有企业和民营经济的双赢,即国有企业进一步提高了一般科技研发成果的利用效率。同时,民营企业也降低了自身研发科学技术的资源投入和时间成本,从而更好地实现了民营企业自身的发展壮大。

从未来科技的预先研发这一角度来看,国有企业的科技创新行为能够为民营经济的科技创新指明方向,并在协同创新过程中实现科技创新的分工发展。自进入新时期以来,在未来科技、前沿科技的研发中,国有企业和非公有制经济成分共同发力,在各自领域内以各自的科技创新方式助力我国科学技术发展。国有企业的规模大、资本相对充裕、政策导向性更强,因此,国有企业的科技研发与国家发展战略更加吻合,与国家层面的科技发展研判也更加一致。国有企业的科技创新就会在市场当中形成一种信号,向全社会的科研创新主体传达有针对性的发展方向,从而为民营企业指明方向,尤其是为民营科技初创企业指明方向。更为重要的是,民营企业在未来科技的研发过程中，也不是完全处于劣势的。在社会主义市场经济中，民营企业更擅长于把握市场需求的变化[①]，尤其是从民用科技产品需求的发展变化趋势中把握科技创新的趋势。因此，国有企业做强做优做大，还会进一步地促进国有企业和民营经济在科技创新领域的分工合作，通过科技创新成果的用途转化、军民融合等方式，国有企业的科技创新活动能够进一步提高配套民营企业的科技创新能力、增强民营企业的科技创新积累，从而形成民营企业整体科技创新水平不断提升的格局。

2.国有企业做强做优做大能推动民营经济产业链提质升级

国有企业做强做优做大，会表现为产业体系方面的发展，从而在社会主义市场经济中推动民营经济的产业链、供应链、价值链提质升级。2019年8月，中央财经委员会第五次会议指出，"坚持政府引导和市场机制相结合，坚持独立自主和开放合作相促进，打好产业基础高级化、产业链现代化的攻坚战"。国有企业在国民经济中的主导作用的一个重要表现就是国有经济在公共产品的提供、重大基础设施的建设和重要矿产资源的开放等方面具有无可比拟的作用。这个作用既表现为和各类市场主体合作，保障市场经济的价格变化处于一个相对稳定的状态，又表现为向市场提供满足生产消费的产品服务。

国有企业做强做优做大，一方面会直接与市场中的民营企业发生联系，推动民营经济产业链、供应链、价值链延伸发展和提质升级。首先，国有企业在石化、矿藏、自然资源开放等领域具有较大的市场份额，国有企业在产业链上游的发展，有助于为民营企业的发展提供良好的原材料、燃料和辅助材料，从而确保民营企业生产过程中的流动资本得到保障。其次，国有企业在机械装备、金属冶炼等产业链中游也占据了一定的规模，产业链中游的国有企业做强做优做大不仅仅会提高处于产业链上游的原材料供应类民营企业的生产规模，而且会更好地满足处于产业链下游消费端的民营企业需求，从而支撑其发展。最后，国有企业在公共服务、公共建筑领域的发展，也会带动处于产业链中游的民营企业生产规模的扩张。值得注意的是，在我国，行业上游度与国有资产占比呈现出显著的正相关关系[②]，这意味着现阶段的国有企业主要还是对处于产业链中下游的民营企业发展有较强的关联

---

① 王建玲,李玥婷,吴璇.社会责任的信号作用——基于中国市场的研究[J].中国管理科学,2018,26(8):31—41.
② 陈金至,刘元春,宋鹭.进退相济:国有经济的产业布局与宏观稳定效应[J].管理世界,2023,39(10):23—41.

效应。

3. 国有企业做强做优做大能通过抵御风险间接推动民营经济的发展

国有企业做强做优做大，能在稳定市场经济的供求关系过程中，间接地推动民营经济的发展。国有企业具有鲜明政治属性，是建设中国特色社会主义和发展社会主义市场经济的重要市场主体。市场在资源配置中发挥决定性作用，并不排斥国有企业在市场供求中发挥稳定作用。在经济全球化的大背景下，外部的冲击往往会导致市场的剧烈波动，从而干扰企业的生产活动，尤其是规模较小的民营企业更难以抵御这一类的价格冲击。国有企业在国计民生领域具有重要的供应能力，尤其是在国民经济基础性地位的粮食、能源和工业原材料等方面具有较为雄厚的供应能力。国有企业做强做优做大，意味着基础性的生产生活资料供求处于一个相对稳定的状态，即在我国市场经济循环中的国有企业能够因应外部经济环境波动导致的国内价格水平变化而调整供给，从而实现价格指数的相对稳定，并有效支持国民生产生活的正常进行。价格是企业生产的重要指示器，为企业指定生产计划提供了重要的参考依据。国有企业越发展，价格的异常波动就越能得到平抑，民营企业的生产计划就越容易符合现实，从而民营经济就越容易发展壮大。

4. 国有企业做强做优做大能促进市场制度的发展完善

国有企业做强做优做大，能推动市场及其制度的发展，从而在社会主义市场经济中维护好民营经济发展的市场环境及其法律制度。市场制度是市场经济得以发展必不可少的制度环境。市场制度的发展和完善，不是简单地依赖于立法机构对相关法律的提出、审议、表决、公布和修订等流程，而是要以市场经济主体在自身发展过程中的真实需要为基础的。法治经济建设的基础性工作需要遵循社会主义基本制度与市场经济有机结合的经济规律[1]，市场主体的发展、市场主体之间关系的发展，都会促进经济规律的演化，从而形成制度变迁的需求。国有企业做强做优做大的过程，也必然会对法律法规的制定、修订和废止起作用。在社会主义市场经济中，"两个毫不动摇"作为制度的重要基石，确保了国有企业的发展只会促进公有制经济和非公有制经济之间的公平竞争，从而促进社会主义市场经济的全面发展，而不会损害民营经济发展的市场环境及其法律制度。

国有企业做强做优做大，一方面会促进市场经济的正式制度发展，形成一个支

---

[1] 张文显. 习近平法治思想研究（下）——习近平全面依法治国的核心观点[J]. 法制与社会发展，2016，22(4)：5—47.

持民营经济发展壮大的市场环境及其法律制度。改革开放以来,国有企业的发展经过了"探索酝酿-成长跨越-调整完善-深化加速"[①]的历程:首先,国有企业逐步"放权让利""建机转制"向关键行业集中,为市场经济内部的其他经济主体让出市场经营空间;其次,国有企业也在探索建立现代企业制度,推动公有制经济的高质量发展。国有企业的这一变化过程,促进了我国市场经济各项法规制度的发展。其一,作为国家根本大法的宪法,以正式条款的形式为非公有制经济的合法权利和利益提供了确认和保障,从而确立了民营经济在社会主义市场经济中的地位,这在民营经济发展壮大过程中起到了根本的促进作用。其二,在具体的成文法方面,国有企业的发展也不断推动了法律的发展,使法律所覆盖的群体从公有制经济企业向全社会各种所有制经济企业扩散,比如员工养老保险制度、医疗保险制度等。其三,国有企业在正式合约方面的逐步完善和标准化,也推动了社会其他经济成分在正式合约上的规范化、标准化。总的来说,国有企业做强做优做大,能够更好地推动公平、正义的规则成为社会普遍的规则,从而营造一个良好的市场环境,促进民营经济发展壮大。

另一方面,国有企业的发展也会促进经济社会发展出一个更加具有经济效率的非正式市场经济制度,从而营造出有助于民营经济发展壮大的市场环境与社会规则。社会主义市场经济不仅仅需要成文的法律条款给予保障,而且需要有一个维护市场公平正义和市场有序竞争的社会氛围。国有企业在发展的过程中,企业内部的劳动者、管理者和企业外部的消费者会在长期的社会交往中逐步形成和认可一系列的社会约束,这些约束就是非正式市场经济制度的重要组成。国有企业做强做优做大,会在劳动者群体、企业管理者群体和消费者群体等多个社会群体中形成一种市场竞争的信念。国有企业在非垄断领域内和其他各种所有制经济公平竞争,有助于微观个体树立正确的劳动奋斗观,有助于企业形成公平竞争的市场经济观。更为重要的是,国有企业做强做优做大带来的正式制度变迁和非正式制度的变迁,是有机统一、互补互促的。以国有企业做强做优做大为核心,与之相关的非正式制度逐渐成为社会对市场规则的共识,从而以法律制度的形式得到确定;同时,正式制度也会进一步保障社会意识形态继续朝一种和谐、公平的方向发展。

---

① 何瑛,杨琳.改革开放以来国有企业混合所有制改革:历程、成效与展望[J].管理世界,2021,37(7):44—60.

二、民营经济发展壮大能有效推动并深化国有企业改革

(一)深化国有企业改革,更需要利用并发展民营经济

民营经济在推动深化国有企业改革中也具有重要作用。正如前文所述,国有企业的发展有助于民营经济的发展壮大,这源于社会主义市场经济中的国有企业主导地位;同样,民营经济发展壮大也能够有效地推动并深化国有企业改革,这也是源于社会主义市场经济中的民营经济重要地位。从"五六七八九"这一民营经济的作用和贡献的角度来看,民营经济在稳定增长、促进创新、增加就业、改善民生等方面扮演了重要角色,也对国有企业的发展提供了积极作用。但是,两者的促进作用是不同的:国有企业是国民经济增长的"顶梁柱"、科技创新的"国家队"、产业发展的"领头羊"、维护安全的"压舱石",国有企业是引领民营企业发展方向的;而民营经济则是推进中国式现代化的"生力军",具有更高水平的活力,能够在市场经济这一环境里激发出更多国有企业的活力,从而推动国有企业加快深化改革的步伐。

百年未有之大变局下,深化国有企业改革,更需要利用好民营经济。在百年未有之大变局里,大国之间力量对比发生深刻变化、主要大国之间"规锁"与"反规锁"日趋白热化[1],民营经济的活力和动能正是应对百年未有之大变局、深化国有企业改革的重要因素。一方面,国内经济处于转型升级的重要节点,必须充分释放各类所有制经济成分的生产动能,走企业高质量发展的道路,以中国式现代化实现中华民族伟大复兴的中国梦。另一方面,外部经贸环境复杂多变,企业的产品需求不足,不同地区企业间合作受到影响和阻碍,必须加快企业各个方面的变革以适应新的外部环境,在双循环的格局下建立更加与时俱进的体制机制。与规模更大的国有企业相比,民营中小企业更加灵活,民营科技企业更加贴近消费市场。在百年未有之大变局下,民营经济有其特殊的优势和作用,必然会在国有企业改革中发挥重要作用。

(二)民营经济发展壮大的内涵

民营经济的发展壮大,可以从两个方面来理解,从而构筑起民营经济影响国有企业改革的机制。一方面,民营经济发展壮大指向的是民营经济的规模扩张。改

---

[1] 张宇燕. 理解百年未有之大变局[J]. 国际经济评论,2019(5):9—19.

革开放以来,民营经济经过了"改革发展-快速发展-科学发展-高质量发展"四个阶段①,实现了民营经济规模的大幅扩张。改革开放四十余年,全国个体经营者从1978年的只有14万人发展到了2023年底的个体工商户1.24亿户。② 另一方面,对国民经济高质量发展具有更为重要意义的是,民营经济发展壮大指向的是民营经济的质量不断提高。自进入新时期以来,民营企业不仅不断提高对先进生产技术、高科技设备的使用规模,而且在科技研发、前沿科技应用等领域形成了一大批民营企业。比如,华为、京东、比亚迪等民营企业,不仅仅是在网络通信技术、互联网技术和新能源汽车等领域不断提高对相应技术和设备的使用量,而且自身就是具有行业领先的科技研发部门,是我国科技创新的重要源头之一。正是科技赋予了这些民营企业以发展动能,才使得民营经济不仅规模大,而且具有持久的发展动能,从而表现出了不断"壮大"的经济特点。

(三)民营经济发展壮大对深化国有企业改革的重要作用

总的来说,民营经济发展壮大,是国民经济体系发展的重要环节。在社会主义市场经济中,公有制经济和非公有制经济相互作用、相互成就,民营经济发展壮大势必会对公有制经济产生影响,促进国有企业的发展与变革。从具体的机制角度来看,民营经济发展壮大会在生产过程、竞争过程和创新过程三个方面影响国有企业,从而在国有企业自身深化改革的过程中发挥重要作用。

1.民营经济发展壮大能推动国有企业资源配置优化路径的改革

民营经济发展壮大,会参与到整个社会生产的资源配置过程中,从而推动国有企业资源配置优化路径的改革。在社会生产的过程中,资源配置是充分释放生产力的重要前提。一方面,资源配置是将劳动者、劳动对象和劳动工具从不同地区聚集在一个空间内的环节,确保了特定生产力能够得以形成;另一方面,资源配置也是决定同种资源被投入不同行业和产业的重要环节,确保了社会整体的生产力得以形成。在我国,市场在配置资源中起着决定性的作用,整个社会生产的资源配置都离不开社会主义条件下的市场。而民营经济是社会主义市场经济的重要组成部分,民营经济的生产活动会通过市场影响整个社会生产的全过程,因而民营经济的发展壮大也必然会影响资源配置过程。一方面,民营经济的生产活动会影响要素

---

① 陈东,刘志彪.新中国70年民营经济发展:演变历程、启示及展望[J].统计学报,2020,1(2):83—94.
② 新华网.截至2023年底我国个体工商户达1.24亿户[EB/OL]. http://www.news.CN/20240131/a29429c7a6bf406aaf5201fc2091d7176/c.html.

市场的总需求,从而影响资源配置过程。民营经济涵盖社会生产的方方面面,对各种生产资料都有需求,民营经济的发展会造成要素总需求的变化,以及具有替代关系的一些要素的需求发生变化。另一方面,民营经济的生产活动也会影响要素市场的总供给,从而影响资源配置过程。民营经济之所以重要,就是因为其能够提供覆盖生产和生活的各种资料。民营经济提供的生产要素也是国民经济运行的重要基础素材,其供给的要素数量和要素种类也会对整个市场产生影响。

民营经济的发展壮大,会从两个方面影响国有企业资源配置优化路径的改革。

(1)从空间或不同部门间的最优配置机制深化改革来看,民营经济发展壮大会有利于国有企业的体制机制改革。民营经济发展壮大,会为要素市场创造新的供给,从而可以克服一些关键性要素供给不足或供给缺失的障碍,并支持国有企业进一步将核心业务和优势领域集中整合,把有限的、优势的资源聚焦在最具竞争力的领域。由此,国有企业可以最大程度实现资源优化配置、效率提升和成本控制,进一步将体制机制改革向优化布局、调整结构这一类"牵一发动全身"的深层次改革迈进,增强核心功能。同时,民营经济发展所形成的特定要素需求,也会为国有企业发展特定业务部门、完善特定业务布局提供方向和改革动力,从而进一步地提升国有企业内部的资源配置效率。

(2)从资源在不同时段上的最优分布机制深化改革来看,民营经济发展壮大也有利于国有企业的体制机制改革。国有企业对资源配置机制的深化改革,不仅仅需要做好空间和部门层面的优化,更需要做好资源配置的动态优化。一方面,民营经济的发展壮大会直接影响不可更新资源在社会生产中的配置状态,诸如,非公有制经济成分占用更多的土壤、矿石等生产资源。因此,国有企业就需要进一步深化可再生资源和不可再生资源的开发、保护等机制,确保资源的可持续开发利用。另一方面,民营经济的发展壮大也会推动国有企业内部对资源开发利用的最佳时段、最佳时限进行调整。对可再生资源而言,其形成过程往往也是具有生产周期的。民营经济的发展壮大,也会对这一类要素的供给需求产生影响,从而影响国有企业生产计划的制订和执行,进一步推动国有企业资源配置优化路径的改革。

2.民营经济发展壮大能推动国有企业市场化经营机制的改革

民营经济发展壮大,会参与到整个市场的产品供求竞争过程中,从而推动国有企业市场化经营机制的改革。改革开放以来,社会生产力迅速提高,人民物质文化的需求从单一的功能需求向差异化、个性化的需求转变。民营经济的发展,是对这一需求转变的顺应。一方面,民营经济当中包含了各种规模的民营非公有制企业,既有规模较小的乡镇企业,也有规模较大的港澳台企业。不同规模的民营经济生产出了具有差异化、个性化的消费品。另一方面,民营经济的生产计划调整也更加迅速,能够根据市场需求的变化而把握新的生产计划。因此,民营经济会对整个市场的消费产品供求产生一个较大的影响,进一步激发国有企业的竞争力和活力,围绕企业高质量发展以更好形成更加科学的国有企业治理机制。具体来说,民营经济在其发展壮大的过程中,能从三个方面推动国有企业市场化经营机制的改革。

第一,民营经济发展壮大,会推动国有企业形成市场化的劳动用工机制。民营经济的生产能力发展,会加剧民营经济和国有企业在产品之间的竞争,从而形成国有企业内部对工人更高生产能力的需求。由此,国有企业为了应对来自民营经济多样化、高品质产品的竞争,会需要进一步激励企业内部工人的生产积极性。一方面,国有企业需要在劳动用工的薪酬方面进行市场化改革,推动兼顾效率公平导向下的差异化薪酬制度改革。[1] 另一方面,国有企业也需要在劳动用工的工作时间方面进行市场化改革,推动正式工、合同工、临时工、劳务派遣工等各种劳动者的福利与其工作量保持一致。通过构建更加市场化的劳动用工薪酬和福利保障机制,这种体制机制改革有助于进一步提高国有企业劳动者的生产能力,从而在产品市场中提高企业的产品供给质量和数量。

第二,民营经济发展壮大,会推动国有企业形成市场化的管理者选聘机制。民营经济的发展壮大,也表现为一种对行业发展方向变化、产品需求变化等变化的把握能力,这也形成了在产品市场中对国有企业产品的竞争压力。由此,国有企业就需要推动体制机制改革,完善国有企业管理人才市场化选聘的体制机制,以加快建设一支充满活力的优秀管理者团队。一方面,民营经济发展壮大带来的产品竞争会加剧国有企业对企业内部管理者的选拔、识别和激励,促使其进一步完善基本年薪、绩效年薪和中长期激励的复合薪酬制度。另一方面,民营经济发展壮大也会促进国有企业在企业外部的管理人才市场中主动寻找更加适合的管理者,推动国有企业在一定范围内缩小国有企业管理者薪资与民营企业管理者薪资的差距。

第三,民营经济发展壮大,会推动国有企业形成市场化的内部薪酬分配制度。推动国有企业市场化经营机制的改革,不仅仅需要做好劳动者和管理者薪资市场化改革,还需要推动国有企业内部薪酬分配制度改革这一整体性的制度改革。对于岗位管理与岗位价值评价这个阶段来讲,借鉴民营经济的岗位序列划分和岗位

---

[1] 韩小芳.中国国有企业薪酬制度改革的演化动因与未来取向[J].江海学刊,2018(2):214—219.

价值评估有助于提高国有企业内部的公平性。对于薪酬制定策略这个阶段来讲,借鉴民营经济的薪酬标准有助于提高国有企业应对外部竞争的能力。对于薪酬机制设计这个阶段来讲,借鉴民营经济的薪酬结构、绩效机制则有助于提高国有企业对人才选聘的吸引力。对于薪酬职级调整这个阶段来讲,借鉴民营企业的薪酬调整机制有助于完善国有企业薪酬动态调整机制。

3. 民营经济发展壮大能推动国有企业创新力培养机制的改革

民营经济发展壮大,会参与到整个社会的创新创业创造过程中,从而推动国有企业创新力培养机制的改革。习近平总书记参加十三届全国人大二次会议福建代表团的审议时指出,"要向改革开放要动力,最大限度释放全社会创新创业创造动能,不断增强我国在世界大变局中的影响力、竞争力"。民营经济发展壮大,会极大地改变整个社会的创新创业创造的发展环境。特别地,民营企业在创新创业创造方面有直面市场竞争和善于应用转化等优势,对加快形成新质生产力、增强发展新动能具有重要意义。由此,国有企业也将在与民营经济的合作和竞争中形成一个更高水平的创新力培养机制,从而更好地适应社会层面的创新创业创造环境。

就创新这个维度来看,民营经济的发展壮大,不仅会提高科研成果的转化效率,还会加强基础理论研究,扩大核心科技、关键科技的研发范围。以民营经济的创新水平不断提高为基础,国有企业的创新水平和能力也将提高。一方面,民营经济成分和国有企业的合作,会提高国有企业基础理论研究的产品转化效率,提高国有企业研发资金的循环速率和利用效率。另一方面,民营经济成分和国有企业的竞争,则会提高全社会的科研效率,避免重复和低效率的科研创新。

就创业这个维度来看,民营经济的发展壮大,一方面,会进一步提高自身的资源利用能力,创造出更多的新产品、服务或业务,从而为国有企业的内部创业[①]提供动能。民营经济发展壮大,会在国有企业外部形成一种特殊的产品需求,从而推动国有企业组织创新和管理架构调整以便将内部创业创新平台纳入企业治理体系,并实现对内部创业创新项目的全方位支持。另一方面,民营经济发展壮大,也为国有企业人事制度调整创造了外部创业就业环境,从而形成国有企业内部人员流动的良好局面。

就创造这个维度来看,民营经济的发展壮大,会提高企业参与产学研用的数量

---

① 内部创业是指企业员工利用企业内外部资源,或外部创客利用企业内部资源,从创意原型到实现独立市场价值并与母体企业分享创业价值的过程和结果。

和生产力,从而支持国有企业创造能力的提升。在实现中国式现代化的过程中,民营经济越来越表现出了一种高水平的制造能力,不断用更复杂的脑力劳动来取代简单的体力劳动,使我国的企业生产活动从"制造"向"创造"发展。具体而言,民营经济发展壮大,会有助于形成针对产业关键核心技术"卡脖子"问题突破的产学研合作创新体系,也会有助于形成针对研发科研成果在企业实现转化和产业化应用的产学研合作创新体系。在这一体系形成过程中,国有企业能够在这个产学研用体系中得到更新的技术,探索到更多的应用场景,从而在企业内部培育出更多的新质生产力,在关系国家安全、国民经济命脉和国计民生等重要行业和关键领域创造出更多的产品和服务,从而更好地满足人民日益增长的物质文化需求。

第三节 平等对待不同所有制经济是坚持"两个毫不动摇"的灵魂所在

"两个毫不动摇"是发展社会主义市场经济的重要基础,必须在经济发展中予以贯彻落实。坚持"两个毫不动摇"的灵魂是处理好市场经济中的不同所有制经济的地位,这既需要维护好市场的公平竞争机制,又需要不抱偏见地提供政府服务,还需要积极消除社会发展过程中的各种歧视。

一、公平竞争是有效市场的基本前提

一般认为,西方的有效市场假说是指价格充分反映全部可获得的信息。有效市场假说将市场价格和市场信息之间的关系进行了阐释,为更好地理解市场经济提供了一个理论视角。然而,市场内部的各个组成往往是异质的,价格与信息之间的转化关系就必须考虑这种异质性而在理论层面做出调整。因此,有效市场被定义为:在假定市场存在异质信念、不完全信息、信息不对称、流动性交易成本、价格发现风险和不是所有市场参与者都是理性的条件下,有效市场是指市场价格反映信息的充分程度将达到按信息行动的边际收益等于收集信息的边际成本加上按信

息行动的边际成本之和①。考察这个总结了西方有效市场假说三个流派②特点后给出的有效市场定义,我们可以发现:在西方经济学理论体系中,市场有效更多地侧重于对市场信息的合理利用;然而,市场内不同经济主体掌握的信息数量和质量不同,也可以实现所谓的"市场有效"。

在中国特色社会主义市场经济理论体系中,市场有效是指市场基本功能的健全、市场基本秩序的健全和市场环境基础的健全。③ 换句话说,市场有效指向了市场要素体系、市场组织体系、市场法治体系、市场监管体系、社会信用体系和市场基础设施现代市场体系六大功能,并要求这一体系的各种功能协同发挥作用。通过与西方经济学的"市场有效"观念进行对比,我们可以发现:在社会主义市场经济理论体系中,"市场有效"意味着不同经济主体都是平等的,市场功能的发挥并不预先假设不同主体之间有差别,而是鼓励不同经济主体之间的公平竞争。可以说,公平竞争就是社会主义市场经济条件下市场有效的基本前提。

然而,在市场体系功能发挥作用的过程中,有诸多因素制约着公有制和非公有制经济之间的公平竞争,妨害市场的正常运行。(1)交易成本。不同经济主体在市场中进行生产、消费或其他活动,就会产生交易成本。就企业层面而言,交易成本至少包含了三种类型,分别是组织开展业务活动的费用、制定未来规划的费用和规避将来可能出现风险的费用。具体来说,市场准入门槛、行政审批的经济成本和时间成本、交易对象信息收集成本以及议价成本是企业会现实面临的几类交易成本。相比非公有制企业,公有制企业普遍规模较大、资金来源稳定,且生产经营与国家战略方针保持高度一致,因而它在进入新市场新领域、获得行政审批、匹配交易对象以及市场议价能力等方面,总是占有相对优势。相比之下,非公有制企业则会面临相对更高的交易成本,从而更容易在市场竞争中陷入劣势。(2)信息不对称程度。公有制企业肩负更多社会责任,需要同其他社会主体建立广泛联系,因而信息获取渠道更加丰富多元。相比之下,非公有制企业受制于企业规模、管理水平、竞争环境等因素,信息获取渠道通常相对单一。这种信息获取能力的差异,使得公有制企业既可以通过向非公有制企业高价出售信息谋取暴利,也可以借此抢先进驻新领域,抬高准入门槛,从而对非公有制企业的发展势头形成压制。(3)产业政策。

---

① 王智波.1970年以后的有效市场假说[J].世界经济,2004,27(8):68—78.
② 即坚持以实证方法研究资本市场效率的经验主义学派、研究信息传递微观基础的信息经济学学派,以及强调流动性交易成本价格发现机制的市场微观结构理论学派。
③ 陈云贤.中国特色社会主义市场经济:有为政府+有效市场[J].经济研究,2019,54(1):4—19.

公有制企业与国家和地方各级政府职能部门的关系通常更加紧密,这使得公有制企业能够更好把握产业政策制定背后的战略意图,并牢牢把握其带来的发展机遇,从而享受政策红利。而非公有制企业则不具备这一天然链接,因此更容易错过产业政策的红利期、窗口期,从而时常在和公有制企业的竞争中落于下风。

综上所述,要实现市场有效,就必须纠正上述因素在不同所有制经济成分之间的扭曲和失衡,具体有以下几个方面的内容。

首先,要降低各种所有制经济在市场活动中的制度性交易成本。一是要进一步减少行政干预,简化审批环节,降低民营企业的运营成本。这可以通过优化审批流程、减少审批层级、推行"一网通办"等方式实现。同时,这也需要加强跨部门、跨地区的政府部门协同合作,打破信息壁垒,实现营商数据的共享,让民营企业能够更方便快捷地办理各种手续。此外,还要加强对审批人员的培训和管理,提高他们的专业素养和服务意识,确保审批工作的公正、透明和高效。二是要加强法治建设,完善民商法、经济法及其他相关法律法规的具体条文,保护各类所有制经济的合法权益。并以此为基础,加大执法力度,严厉打击市场中的违法违规行为,维护良好的市场秩序。此外,还要加强普法宣传和教育,提高全社会的法律意识和法治观念。三是要打破行业壁垒,消除所有制歧视,确保各类企业在市场准入、资源获取、经营运行等方面享有公平机会。一方面,要制定和实施更加公平的市场准入标准、加强反垄断和反不正当竞争执法等方式。另一方面,要加强社会监督和舆论引导,形成全社会共同维护各种所有制经济公平竞争的良好氛围。

其次,要强制国有企业根据《公司法》要求进行信息披露,强化政府公开信息的获取便利度。一是要依据《公司法》及相关法律法规,进一步完善国有企业信息披露的制度框架。明确信息披露的内容、标准、频率及责任主体,确保信息披露的全面性、及时性、准确性和可比性。特别是在财务报告、重大经营决策、社会责任履行、风险管理等方面,应建立更为严格和细致的信息披露要求。二是要加强证券监管机构、审计机构、投资者保护机构等外部监督力量对国有企业信息披露的监管力度。建立信息披露违规行为的举报、调查、处理机制,对违反信息披露规定的行为依法追究责任,形成有效的震慑力。同时,鼓励媒体、公众等社会各界参与监督,提高信息披露的社会关注度和影响力。三是要加强政府门户网站、政务新媒体等公开平台建设,实现政务信息的集中展示和一站式查询。优化平台界面设计,提高信息分类的准确性和查询的便捷性。同时,利用大数据、云计算等现代信息技术手段,对政务信息进行深度挖掘和智能分析,为公众提供更加精准、个性化的信息服务。四是要建立政府信息公开工作的监督与评估机制,定期对各级政府及其部门的信息公开情况进行检查和评估。通过公开评估结果、接受社会监督等方式,推动各级政府及其部门切实履行信息公开职责。同时,将信息公开工作纳入政府绩效考核体系,作为评价政府工作成效的重要指标之一。

最后,要推动产业政策公平地惠及各种所有制经济。一是要建立健全科学、民主、透明的政策制定机制,确保各类所有制企业在政策制定过程中的参与权和话语权。通过广泛征求企业、行业协会、专家学者等各方意见,充分反映不同所有制企业的利益诉求,使产业政策更加符合市场规律和实际情况。同时,加强政策制定的法律法规依据,确保政策内容的合法性和合理性,避免出现对非公有制企业的歧视性条款。二是要做到产业政策与其他相关政策协同配合,形成政策合力。加强与财政、税收、金融、科技、环保等政策的衔接和配合,形成有利于各类所有制企业共同发展的政策环境。加强区域间、部门间的政策协调与沟通,避免政策冲突和重复建设,提高政策实施的整体效果。三是要建立健全社会监督和评估机制,对产业政策的实施效果进行定期评估和反馈。通过公开政策执行情况、接受社会监督等方式,提高政策执行的透明度和公信力。同时,加强对政策效果的评估和分析,及时发现和解决政策执行中的问题和不足,为政策调整和优化提供依据。

二、加快转变政府职能,平等对待各类市场主体

党的十九届四中全会公报指出,转变政府职能,深化简政放权,创新监管方式,增强政府公信力和执行力,建设人民满意的服务型政府。服务型政府是以社会发展和人民群众的共同利益为出发点,以为人民服务为宗旨并承担相应服务职责的现代政府治理模式。建设服务型政府是我国行政体制改革的基本方向和重要内容。这一论述指明了新时代建设服务型政府的重要方向。与统治或管理职能不同,服务型政府更强调政府要满足社会组织与公民个人的利益和需求。从政治学的角度去理解服务型政府,需要把握以下四个要点:服务型政府职能结构的重心在于社会服务;服务型政府提倡公民参与,并健全公民参与机制;服务型政府与公民之间存在平等、合作的新型互动关系;服务型政府是对传统政府模式的根本性超越。[1] 总的来说,构建服务型政府就需要转变政府的角色,这就意味着在市场经济

---

[1] 施雪华."服务型政府"的基本含义、理论基础和建构条件[J]. 社会科学,2010(2):3—11,187.

运行中,政府需要平等对待并服务好各种市场经济主体。

在现代社会经济治理过程中,建立服务型政府需要公有制经济、非公有制经济参与到社会治理的全过程中,使得各种所有制经济所需要的服务和政府提供的服务是相一致的。首先,在政府提供服务的过程中,治理的主体就不仅仅是政府部门或者国有企业的相关部门,而是将非公有制经济也纳入到公共的经济社会治理事务中,兼顾了各种所有制经济的利益需求,使政府提供的服务能够被所有的经济成分所享受。其次,在具体的服务提供项目里,各种所有制经济都能够从自身的专业能力和行业权威出发,通过协商交流的方式,使服务项目得到更多的经济主体所认可和接受。再次,在政府提供服务的过程中,消费服务的各种所有制经济能及时反馈意见和建议,形成一种平等的、双向的交流平台,从而实现政府、国有企业和民营经济主体之间在政府服务层面的相互协作关系。最后,各种所有制经济主体也需要参与到服务型政府的建设过程中,在产业层面支持政府提供服务,并向政府供给所需要的商品和服务,为政府提供服务的全流程提供保障。

政府将不同水平的服务提供给不同所有制经济,其重要源头之一就是政府对经济主体的偏见,这制约了服务型政府的构建,更阻碍了国民经济的高质量发展。从社会心理理论来看,导致偏见的因素包括社会认知的偏差、竞争与冲突、历史文化因素、社会类别化[1]和心理动力因素,等等[2]。就我们所讨论的政府对经济主体的偏见而言,存在着以下几种类型的原因:一是政府对民营经济的认知没有与时俱进。改革开放以来,尤其是进入新时代以来,民营经济在服务社会主义市场经济建设中发挥的作用越来越大,取得的成果越来越多,对于我们建设中国特色社会主义具有很大的帮助。与此同时,政府部门内部对于民营经济的认识可能有所滞后,尤其是与民营经济接触不深的部门,可能就会形成滞后的民营经济认知,导致政府对民营经济存在偏见。二是历史文化因素。我国自古就有对工商、官商与民营的辩论,形成了重官商之本、轻民营之末的"以民营为官营的补偏之道与救弊之方"之说[3]。由此,政府服务会更倾向于公有制经济成分,而轻视忽视非公有制经济的政府服务需求。三是经济主体类别化。所谓"经济主体类别化",是指政府在提供服

---

[1] 社会类别化是指根据某些特征对人群进行归类将人归入不同的群体之中从而构成了所谓的"我们—内群体"和"他者—外群体"两个阵营。
[2] 贾林祥.社会偏见:制约和谐社会构建的社会心理因素[J].陕西师范大学学报(哲学社会科学版),2010,39(3):18—23.
[3] 严清华,杜长征.中国古代民营经济思想的演化及其选择机制[J].经济思想史评论,2006(1):27.

务时,会主动将国有企业化为"我们-内群体",而将非公有制经济成分化为"他者-外群体",从而产生具有差别的政企联系[①],并最终导致政府提供服务的种类、质量、数量有所差别。总的来说,在市场经济层面,要构建服务型政府,要坚持"两个毫不动摇"的基本方针。政府面对各种所有制经济成分,就必须不抱偏见。

首先,要推动行政系统对民营经济在社会主义市场经济中地位和作用形成与时俱进的认知。一是要加强行政系统的持续学习与政策跟踪。行政系统应定期组织学习国家关于民营经济发展的最新政策文件、会议精神和领导讲话,确保对民营经济的认知与国家政策保持高度一致。这包括但不限于《关于促进民营经济发展壮大的意见》等重要文件的学习,以及中央经济工作会议等关键会议精神的领会。同时,行政系统应密切关注国内外经济形势的变化,特别是民营经济领域的发展趋势和热点问题。通过订阅相关媒体、参加行业研讨会等方式,及时获取最新信息,为更新认知提供数据支持。二是积极开展案例研究与经验借鉴。行政系统内部可以选取民营经济发展的成功案例进行深入剖析,总结其成功经验和做法。这些案例可来自不同地区、不同行业,具有广泛的代表性和借鉴意义。通过分析成功案例,行政系统可以更加直观地了解民营经济的运行规律和特点。同时,也要关注民营经济发展中的失败案例和教训。通过总结失败原因和反思问题所在,行政系统可以更加深刻地认识到民营经济发展中可能遇到的挑战和风险,从而提前做好准备和应对措施。三是要立足国际视野做比较和借鉴。行政系统应关注国际市场上民营经济的发展趋势和动态。通过了解其他国家在促进民营经济发展方面的政策措施、成功经验和做法,可以为我国民营经济的发展提供有益的借鉴和启示。在关注国际趋势的同时,行政系统还应进行比较研究。通过对比不同国家在民营经济发展方面的政策措施、市场环境和制度保障等方面的差异和优劣,为我国民营经济的发展提供有针对性的建议和改进措施。因此,行政体系必须摒弃传统偏见,树立"两个毫不动摇"的坚定信念,将支持民营经济发展作为重要职责和使命。

其次,要推动社会文化氛围的发展,形成对待各种所有制经济一视同仁的文化土壤。一要制定并明确表达支持各种所有制经济平等竞争、共同发展的政策导向,通过官方渠道广泛宣传,增强社会各界对多元所有制经济的认同感和尊重感。同时,确保政策执行过程中不出现对非公有制经济的歧视,让各类企业都能感受到公

---

① 杨宜音.关系化还是类别化:中国人"我们"概念形成的社会心理机制探讨[J].中国社会科学,2008(4):148—159,207—208.

平的市场环境。二要减少对市场的不当干预，让市场在资源配置中发挥决定性作用。通过优化营商环境，简化审批流程，降低企业运营成本，为各类企业提供更加便捷、高效的服务。同时，加强对市场秩序的监管，防止垄断和不正当竞争行为的发生。三要鼓励各类企业积极创新，勇于探索，不畏失败。通过表彰优秀企业家、推广成功案例等方式，激发全社会的创业创新热情。同时，营造尊重劳动、尊重知识、尊重人才、尊重创造的良好氛围，让每一位企业家都能感受到社会的尊重和认可。四要引导媒体和网络平台发挥积极作用，传播正能量，倡导平等、开放、包容的价值观。通过报道不同所有制企业的成功案例和贡献，展示其在经济社会发展中的重要作用。同时，及时纠正和批判所有制歧视的言论和行为，营造健康向上的社会舆论环境。五要鼓励不同所有制企业之间的交流与合作，促进资源共享、优势互补。通过举办论坛、展览、研讨会等活动，搭建企业间沟通合作的平台。同时，加强企业文化建设，推动不同所有制企业文化之间的交流与融合，形成更加开放、包容的企业文化氛围。

最后，要推动形成包容各种所有制经济的政府、市场、企业协调发展的共同体。一要明确政策导向。政府应明确表态，支持各种所有制经济平等竞争、共同发展，将包容性发展原则纳入经济政策和法规体系中。同时，出台一系列具体政策措施，如优化市场准入、加强产权保护、促进公平竞争等，确保不同所有制企业在法律、政策上享有平等待遇。二要优化政府与市场的关系。减少政府对市场的直接干预，让市场机制在资源配置中发挥决定性作用，提高资源配置效率。同时，政府要保持宏观经济稳定、加强和优化公共服务、保障公平竞争、加强市场监管等方面发挥积极作用，为市场主体提供良好的发展环境。三要促进企业与政府、市场的互动。既要建立健全与企业的沟通机制，定期听取企业意见和诉求，及时回应企业关切；又要优化服务流程，提高服务效率，为企业提供便捷、高效的服务，降低企业运营成本。四要强化共同体建设，支持不同所有制企业围绕产业链、供应链、价值链、创新链建立长期稳定合作关系，在合作中实现互促互进、共同发展。

三、在融资过程中平等对待每个市场主体

习近平总书记指出，"生产力是人类社会发展的根本动力，也是一切社会变迁

和政治变革的终极原因"[①]。推动我国社会发展,建设高水平的社会主义市场经济,更加地坚持"两个毫不动摇",需要不断地发展生产力,激发各种所有制经济的生产活力。而追求实现更高水平的劳动生产力,不仅仅需要充分释放公有制经济的生产动能,也需要充分释放非公有制经济的生产动能。劳动生产力质态变迁的过程,是劳动的三种生产力,即劳动的自然生产力、社会生产力和技术生产力综合作用的结果。[②] 不同所有制企业的禀赋不同,劳动生产力的侧重也有所不同。因此,必须把各种生产力所需要的资源配置到最需要的、能够实现最大生产力的企业里去。

在现代生产体系里,企业生产活动离不开企业融资行为。首先,企业在追求业务增长、扩大市场份额或引入新技术时,往往需要大量的资金支持。这些资金可能用于购买新设备、扩大生产线、研发新产品或进行市场推广等活动。融资是获取这些资金的重要途径,有助于企业实现业务发展和战略目标。其次,通过融资,企业可以分散经营风险。当企业面临市场波动、原材料价格变动或其他不确定性时,融资可以提供额外的资金缓冲,帮助企业渡过难关。同时,融资还可以增强企业的资金流动性,确保企业在需要时能够快速获得资金,以应对突发的财务需求或抓住市场机遇。再次,在激烈的市场竞争中,企业需要不断投入资金进行品牌建设、营销推广和客户服务等活动,以提升品牌知名度和市场份额。融资为企业提供了这些市场活动所需的资金,有助于企业在竞争中脱颖而出。最后,通过融资,企业可以优化其资本结构,平衡债务和股权的比例,以降低融资成本并提高财务稳定性。合理的资本结构还可以提高企业的信用评级,从而更容易获得更低成本的融资。

但是,在进行融资的过程中,不同经济主体往往会面对一个差别对待的局面,主要表现为提供金融借贷的企业会对非公有制经济有所歧视。这种歧视主要表现为两种后果:一是融资渠道狭窄导致的融资数量不足,二是融资成本过高且效率偏低。

非公有制经济的融资渠道狭窄具体表现为:一方面,非公有制经济的银行贷款渠道狭窄。银行在贷款审批过程中,常常因所有制性质的不同而给予不同的待遇。国有企业由于与政府关系密切,往往能更容易地获得银行贷款,且贷款条件相对宽松。相比之下,民营企业,尤其是小微企业,由于信用评级较低、抵押物不足等原因,往往难以从银行获得贷款或面临较高的贷款利率和更严格的贷款条件。同时,

---

[①] 习近平.开创我国高质量发展新局面[J].求是,2024(12).
[②] 郎旭华,冒佩华.生产力质态跃升形成新质生产力[N].光明日报,2024-06-18.

银行更倾向于主动向大型企业放贷，因为大型企业通常拥有更强的还款能力和更稳定的经营状况。而在民营企业中，中小企业占比较大，由于其规模较小、经营风险较高，往往难以获得银行青睐。另一方面，资本市场融资渠道狭窄。我国资本市场对上市企业的要求较为严格，对企业的财务状况、盈利能力、公司治理等方面设置了诸多门槛。这些要求往往使得许多民营企业难以达到上市标准。相比之下，国有企业由于得到政府支持，更容易满足上市条件并获得市场认可。此外，债券发行也是企业融资的重要途径之一，但是债券市场对发行主体的信用评级要求较高，而民营企业往往难以通过债券发行获得所需资金。与之相反的是，国有企业具有更高的信用评级和更强的还款能力，这导致债券市场的投资者更倾向于投资国有企业发行的债券。

非公有制经济的融资成本过高且效率偏低主要表现为：一方面，相较于国有企业，非公有制企业往往信用评级较低，且缺乏足够的抵押物。这导致金融机构在评估贷款风险时，对非公有制企业会要求更高的风险溢价，从而推高了其融资成本。当企业无法从正规金融机构获得贷款时，非公有制企业不得不转向民间借贷、私募股本等非正规融资渠道。这些渠道的融资成本通常远高于银行贷款，进一步加重了企业的财务负担。此外，在融资过程中，非公有制企业可能需要支付额外的担保费用和中介服务费用，这些费用也增加了企业的融资成本。另一方面，无论是向银行贷款还是通过资本市场融资，非公有制企业都需要经过复杂的审批流程。这些流程包括资料准备、审核评估、谈判签约等多个环节，耗时长且不确定因素多，导致融资效率低下。而且，金融机构与非公有制企业之间存在信息不对称问题，使得金融机构在评估贷款风险时需要花费更多时间和精力进行尽职调查。这不仅延长了审批时间，还可能因为信息不透明而增加融资难度。此外，在金融市场上，优质金融资源往往向大型国有企业和优质企业倾斜。非公有制企业，尤其是中小企业和初创企业，在竞争激烈的金融市场中往往难以获得足够的关注和资源支持，这也将导致融资效率低下。

总的来说，要实现各种所有经济的生产力发展，就必须消除歧视，尤其是融资领域的歧视。

首先，要深化金融体制改革，拓宽非公有制经济的融资渠道。一方面，要打破国有经济的金融垄断，引入更多的竞争主体，包括民营银行、社区银行、外资银行等，形成多元化的金融供给格局。这将有助于提升金融市场的竞争性和效率，为非公有制企业提供更多的融资选择。从完善金融服务的供给体系这一角度来看，金融机构应积极响应市场需求,不断创新金融产品和服务模式。针对非公有制企业的特点,金融机构可以开发适合中小企业的信用贷款、应收账款融资、知识产权质押贷款等新型融资产品,以满足其多样化的融资需求。金融机构还需要利用大数据、云计算等现代信息技术手段,提高风险评估和贷款审批的效率,降低融资成本。从深化金融体制改革这一角度来看,必须加强对金融机构的监管力度,确保其合规经营、稳健发展。同时,还需要加强各个金融监管机构之间的协调与配合,形成监管合力。通过建立健全的金融监管体系,有效防范金融风险的发生,保障金融市场的稳定运行。此外,还应加强对金融市场的监测和分析,及时发现和解决融资过程中存在的问题和困难。另一方面,除了传统的银行贷款渠道外,非公有制企业还可以通过多层次资本市场进行融资。政府应积极推动股票市场、债券市场、风险投资市场等多元化资本市场的发展,为非公有制企业提供更多的融资平台和机会。同时,还应完善资本市场的相关法律法规和制度建设,保障投资者的合法权益和市场的公平、公正、公开。同时,政府应出台相关政策措施,鼓励民间资本参与非公有制企业的融资活动。例如,可以通过设立政府引导基金、创业投资基金等方式,引导民间资本投向具有发展潜力的非公有制企业。此外,还可以加强民间资本与金融机构之间的合作与交流,共同推动非公有制经济的发展。

其次,要完善信用体系,提高非公有制经济的融资效率。一是要推动建立跨部门、跨地区的信用信息整合与共享机制,将工商、税务、司法、环保等部门的信用信息纳入统一平台,实现信用信息的互联互通。这有助于金融机构全面、准确地了解企业的信用状况,降低信息不对称带来的风险,提高融资审批效率。同时,要完善非公有制企业的经营信用档案,全面记录企业的基本信息、经营情况、财务状况、履约记录等关键信息。这不仅可以作为金融机构评估企业信用的重要依据,也可以促使企业更加注重自身信用建设,提高市场竞争力。二是要建立健全的信用监管机制,对失信行为进行严厉打击和惩戒。通过公开曝光、联合惩戒等措施,提高企业失信成本,营造良好的市场信用环境。同时,加强对信用评价机构和从业人员的监管,确保其独立、客观、公正地履行职责。三是要鼓励金融机构根据企业的信用状况开发多样化的信用贷款产品,如信用贷款、循环贷款等,满足企业不同期限、不同额度的融资需求。并且,推动信用保险和担保业务的发展,为企业提供风险保障和增信支持。通过引入保险机构和担保机构,分散金融机构的信贷风险,提高金融机构对非公有制企业的信贷投放意愿。四是要推动金融机构简化融资流程,减少不必要的审批环节和证明材料,提高融资效率。既要加强金融机构之间的信息共享和协同合作,实现融资服务的无缝对接;又要加强融资政策的宣传和解读工作,提高政策的透明度和可获得性。还要建立健全的融资信息披露制度,要求企业及时、准确、完整地披露相关信息,保障投资者的知情权和合法权益。

最后,要加强金融机构与非公有制企业的合作,通过促进交流来消除主体之间的歧视。一是金融机构应主动与非公有制企业建立定期沟通机制,如定期召开座谈会、交流会等,以便及时了解企业的融资需求和经营情况。通过这种机制,金融机构可以更加精准地把握企业的融资堵点卡点,为企业提供更迫切需要的、个性化的融资服务。二是金融机构可以定期举办融资培训与辅导活动,帮助非公有制企业了解融资政策、掌握融资技巧。通过这些培训活动,可以提高企业的融资意识和能力,使其更加熟悉融资市场和金融机构的运作方式。同时,金融机构还可以为企业提供一对一的融资咨询服务,解答企业在融资过程中遇到的问题和困惑。三是要建立风险共担机制,这样既可以激励双方更加谨慎地评估融资项目的可行性和风险性,又可以在项目出现风险时共同分担损失,减轻单方的压力。

第四节 完善民营企业参与国家重大项目建设长效机制

党的二十届三中全会决定指出,深入破除市场准入壁垒,推进基础设施竞争性领域向经营主体公平开放,完善民营企业参与国家重大项目建设长效机制。支持有能力的民营企业牵头承担国家重大技术攻关任务,向民营企业进一步开放国家重大科研基础设施。这进一步地指明了坚持"两个毫不动摇"在经济社会发展方面的发力方向,为在中国式现代化过程中更好地利用民营经济提供了根本遵循。

一、国家重大项目建设需要各种经济主体的参与

国家重大项目是对经济社会发展具有重要价值、发挥巨大作用的一系列国家级的大项目。国家重大项目涵盖一系列面向世界科技前沿、面向经济主战场、面向国家重大需求、面向人民生命健康的科技创新项目、基础设施建设项目、经济发展项目和环境保护项目等大型项目。以《中华人民共和国国民经济和社会发展第十四个五年规划和2035年远景目标纲要》为例,规划纲要既列举了人工智能、量子信息、集成电路、生命健康、脑科学、生物育种、空天科技、深地深海等前沿领域的科技

创新项目，又列举了川藏铁路、西部陆海新通道、国家水网、雅鲁藏布江下游水电开发、星际探测、北斗产业化等重大工程，还提出推进重大科研设施、重大生态系统保护修复、公共卫生应急保障、重大引调水、防洪减灾、送电输气、沿边沿江沿海交通等一系列基础社会建设项目。[①] 可以说，国家重大项目本身就是一个系统性的大项目、大工程，各个具体的项目既在各自领域内扮演着举足轻重的发展地位，又在实现国民经济发展的整体性、协同性上具有不可或缺的参与地位。与一般的国家项目相比，国家重大项目具有三个鲜明的特征。国家重大项目的第一个特征是引领性。国家重大项目中有很大一部分的项目是以研发前沿技术和未来技术为出发点，以培育新兴产业和未来产业为依托，以满足国家未来发展需要和国民不断增长的物质文化需要为导向的。国家重大项目能够有效地引领全社会的各个企业、行业和产业朝向同一个方向发展，引领全社会公共参与到社会主义市场经济的建设中。国家重大项目的第二个特征是稳定性。国家重大项目往往具有高投入的特点，需要项目的承接方在领域内深入地研究和稳定地发展，这就使得国家重大项目往往具有较高稳定性。这种稳定性就表现为两个方面：一方面，各方在研判国家重大项目时会更加的审慎，更加倾向于通过具有较高可行性的项目；另一方面，在开启项目后，也不会因为外部障碍而轻易地放弃项目。国家重大项目的第三个特征是长期性。长期性和稳定性是紧密相关的。国家重大项目的投入往往巨大，投资、建设的规划周期较长，项目形成收益并回馈社会发展也都需要经历一个较长的周期。国家重大项目的长期性，恰恰体现了国家重大项目的重要和难度，更体现了社会主义的眼光长远。总的来说，国家重大项目建设是新时代推动经济社会发展的重要经验，是推动经济社会高质量发展的重要载体。

国家重大项目建设与高质量发展具有内在一致性。改革开放以来，尤其是进入新时代以来，国民经济发展的模式逐渐发生了转变，以往的高能耗、低效益的发展方式已经无法支撑现阶段新质生产力的存续和发展，如果不能及时转向高质量的发展模式，生产力水平的发展就会陷入停滞，甚至在世界经济大环境的竞争中处于倒退的地位。当今中国的发展只能是高质量发展，必须从各个方面来进一步确立关于高质量发展的本体性地位，并形成关于高质量发展的共识，把关于发展的观念认识统一到高质量发展上来。而国家重大项目恰恰是高质量发展的一个重要抓

[①] 中华人民共和国国民经济和社会发展第十四个五年规划和2035年远景目标纲要[N].人民日报，2021-03-13(1).

手。一方面,国家重大项目的"大"意味着其充分运用了协作来进一步促进社会生产力的发展。正如马克思所说,"单个劳动者的力量的机械总和,与许多人共同完成同一不可分割的操作(例如,举起重物、转绞车、清除道路上的障碍物等)所发挥的社会力量有本质的差别。在这里,结合劳动的效果要么是单个人劳动根本不可能达到的,要么只能在长得多的时间内,或者只能在很小的规模上达到。这里的问题不仅是通过协作提高了个人生产力,而且是创造了一种生产力,这种生产力本身必然是集体力。"①国家重大项目汇集了全社会各种各样的生产力,不仅仅克服了个体的生产力限制,而且克服了个体生产活动的时间限制。国家重大项目代表的是高水平的生产力,是新质生产力的重要物质载体。另一方面,国家重大项目的"重"则意味着其是社会生产力变革的关键。正如恩格斯所说,"一切社会变迁和政治变革的终极原因,不应当到人们的头脑中,到人们对永恒的真理和正义的日益增进的认识中去寻找,而应当到生产方式和交换方式的变更中去寻找;不应当到有关时代的哲学中去寻找,而应当到有关时代的经济中去寻找"②。社会生产力的变革,一定是朝着生产能力发展壮大的方向前进,这种变革的关键力量就是科学技术的研发、应用。而国家重大项目建设是与这一方向相向而行的,国家重大项目建设的好坏多寡也会影响生产力变革中革命性力量的多寡。因此,国家重大项目建设就是在实践和推动高质量发展。

在构建高水平社会主义市场经济的过程中,只有公有制经济参与到国家重大项目建设中是不够的,无法彻底释放社会生产力来实现高质量发展。从总量的角度来看,公有制经济只是国民经济这个大系统中的一个部分,只有公有制经济成分参与到国家重大项目的建设中,意味着参与项目建设的主体有所缺失,生产力可能就得不到最优的配置。而从生产力的协作配合的角度来看,公有制经济则集中在国计民生的关键领域,在更为多余的一般生产生活资料供给领域,公有制经济成分只占据着较小的市场份额,生产力水平也和非公有制经济成分相差不大。因此,只有公有制经济参与到国家重大项目建设中,就必然会出现生产出的产品种类不匹配、生产力的协同力度不够等问题。因此,国家重大项目建设也需要民营经济的参与。民营经济参与国家重大项目的建设,一方面能调动全社会各个方面的力量参与到国家重大项目的建设中,弥补了特定企业、行业和产业参与力度不够的缺陷,

---

① 马克思,恩格斯. 马克思恩格斯文集:第5卷[M]. 北京:人民出版社,2009:378.
② 马克思,恩格斯. 马克思恩格斯文集:第9卷[M]. 北京:人民出版社,2009:248.

有效地为培育新质生产力供给了足够的要素养分；另一方面，作为我国经济生态中的重要组成，民营经济参与国家重大项目建设能够更好促进项目的验证、开启、施行和实现，从而更好地达到建设国家重大项目所要实现的目标。总的来说，通过国家重大项目建设来进一步推动高质量发展，就需要公有制经济和非公有制经济都参与其中，以多种生产力的合力来推动国家重大项目建设又好又快地完成。

充分释放各种所有制经济在国家重大项目建设中的生产潜力，关键在于保障机会公平。就各种所有制经济参与国家重大项目建设这个维度来看，机会公平具有两层内涵：一方面，机会公平要求非公有制经济成分参与到国家重大项目建设中得到一致的回报，不会在收益上少于公有制经济成分所获得的各种收益之和。另一方面，机会公平也要求非公有制经济能够和公有制经济成分一同参与到国家重大项目建设的各个环节，不会在符合生产建设资质的前提下被排斥在施工招标投标之外。可以说，机会公平是充分释放各种所有制经济在国家重大项目建设中生产潜力的基础和关键。首先，机会公平体现了一种制度性的保障，能够为各种所有制经济提供指引、预测、评价等作用，尤其是利用这些制度功能来引导非公有制经济参与国家重大项目的建设。机会公平能够在经济社会中形成一种可预期的机制，有助于各种所有制经济围绕国家重大项目进行规划并调整自身的发展，而不需要将精力耗费在研判自身能否参与国家重大项目建设这一基础性问题之上，这有助于拓宽非公有制经济的发展空间。其次，机会公平能够使各种所有制经济在竞争中释放活力，让各种激励充分地作用在各种所有制经济上。机会公平使得承接国家重大项目的任务公平地呈现在多种所有制经济成分地面前，拓宽了参与竞争的群体数量，更好地激发了民营经济的发展潜能。最后，机会公平能够团结各种所有制经济，让各种所有制经济更好地形成合作而非对抗的社会关系。机会公平能够有效地在不同所有制经济之间形成一种和谐的竞争氛围，为形成潜在的合作关系破除心态障碍，从而在国家重大项目以及其他经济社会发展项目中形成更加和谐的生产关系，从而提高国家重大项目的企业合作、行业配合和产业协同。

二、以机会公平为核心完善民营企业参与国家重大项目建设长效机制

机会公平在国家重大项目建设中具有重大意义，需要把"两个毫不动摇"落实到国家重大项目建设中。中国特色社会主义的一个显著优势就在于，各种所有制经济都能平等地参与到国家的发展建设当中，为发展社会生产力贡献自身的力量。

这就进一步需要健全相关体制机制，以机会公平为核心，完善民营企业参与国家重大项目建设长效机制。具体来说，可以从以下几个方面入手，在科技创新等领域不断探索和发展，进一步发展出一套协调各种所有制经济的、充分释放生产力的国家重大项目建设长效机制。

首先，要深入破除市场准入壁垒——这能够筑牢民营企业参与国家重大项目建设的基石。国家重大项目面向科学前沿和国家经济、社会、科技发展及国家安全的重大需求中的重大科学问题，离不开各种所有制经济在多学科、跨领域的多方协力。但是，长期以来科研领域市场准入壁垒持续存在，限制了各方参与到项目建设中。一方面，这种市场准入壁垒直接表现为限制非公有制经济参与科研项目。许多国家重大项目的招投标活动只面向一部分的公有制经济主体，而对非公有制经济则设置了几乎无法达到的门槛，比如特殊的行业许可、前置要件和部门批示等都形成了民营企业参与国家重大项目不可逾越的限制。另一方面，这种市场壁垒也表现为审批成本过大。在一些科研领域的国家重大项目中，虽然许可从审批制改为备案制，但实际上依然要走完与审批制无异的审批流程，民营初创企业和民营科技企业难以负担此类时间成本和金钱成本，就会主动退出这一类科研项目。为此，必须破除科研领域市场准入壁垒，从根基上形成一个各种所有制经济都参与国家重大项目的环境。一方面，要针对市场准入壁垒构建有效破除此类壁垒的常态化工作机制，从体制机制的层面消除行政系统中滋生壁垒的因素。既要明确相关责任部门，以定期的工作计划来落实目标推进的进度表，并将其纳入绩效考核范畴；又要扩大对准入壁垒的排查范围，分类分项破除行政审批流程内外的各类隐性准入壁垒；还要建立市场主体投诉反馈机制，专人专项地解决市场主体反映的隐性准入壁垒问题。另一方面，要创新准入审批办法，持续推进"证照分离"改革，进一步探索和推广"一业一证""一企一证""一件事一次办"的重要经验；同时，积极主动把更多事前审批事项转变为事前承诺、事中事后监管事项。

其次，要推进基础设施竞争性领域向经营主体公平开放——这能够拓宽民营企业参与国家重大项目建设的道路。基础设施包括交通、能源、水利、物流等传统基础设施以及以信息网络为核心的新型基础设施，在国家发展全局中具有战略性、基础性、先导性作用。进入新时代以来，我国基础设施网络布局持续完善，整体质量显著提升，综合效率明显提高，体制改革稳步推进，有力支撑引领了经济社会的发展。在取得巨大成就的同时，我国基础设施相关的体制机制仍旧存在着一些不足：一方面，以建设为重点、以项目为抓手、以政府为主体、以银行贷款为主要融资手段的传统基础设施发展模式面临瓶颈,难以满足当前补短板、强弱项、固底板、扬优势的新需求;另一方面,新规划的项目普遍具有工程造价高、资金回收周期长等特点,社会资本参与意愿不强,传统投融资模式则过度依赖政府投资,难以释放金融在国家重大项目中的动能。因此,必须持续推进基础设施竞争性领域向经营主体公平开放,拓宽民营企业能够参与的国家重大项目门类,充分利用好民营企业在基础设施建设中的技术优势和资金优势。一方面,要进一步做好调查与研究,扩充能够对民营企业开放的基础设施竞争性领域名单。特别是在能源、交通和信息等对国民经济影响巨大的基础设施领域,要着力推进这些领域向经营主体公平开放,让民营企业的活力在这些领域得到充分的释放,推动这些关乎国计民生的基础设施得到快速的建设。另一方面,要在已经开发的国家重大项目中寻找民营企业可以参与的新方向、新着力点,让民营企业和国有企业协同合作,推动项目更好更快的建成和发挥作用;同时,也要积极将国家重大项目的后续维护工作开放给民营企业,充分利用民营企业的技术、资金和经验,提高国家重大项目的社会效益,降低项目的维护保养成本,实现项目的长期可持续运作。

再次,要向民营企业进一步开放国家重大科研基础设施——这能够强健民营企业参与国家重大项目建设的体魄。就国民经济发展的角度来看,民营经济虽然具有"五六七八九"的作用和贡献,是一种不可忽视的庞大经济动能,但民营经济内部仍旧有着大量中小企业,许多行业内至关重要的民营企业仍旧只是小型企业。"新质生产力已经在实践中形成并展示出对高质量发展的强劲推动力、支撑力"[①],而大量中小民营企业却难以负担起科研创新的成本,尤其是科研基础设施的建设费用,这极大地阻碍了民营企业培育新质生产力,更阻碍了民营企业形成能够参与国家重大项目建设的企业能力。为此,必须要向民营企业进一步开放国家重大科研基础设施,减低民营企业科研创新的成本,推动民营经济的生产力加快向新质生产力转型。一方面,要着力推动国家重大科研基础设施就近向周边民营企业的开放,让科研基础设施更好地惠及本地的企业,从而形成科技创新的共同体。通过建立设施的开放共享机制,促进机构与企业间的信息交流与对接,从而推动产学研用深度融合。另一方面,要着力推动跨区域的国家重大科研基础设施开放工作。既要建立统一的科研设施共享平台,实现跨区域设施信息的互联互通,从而整合各类科研设施资源,形成优势互补、资源共享的开放格局;又要制定跨区域科研设施开

---

① 加快发展新质生产力 扎实推进高质量发展[N].人民日报,2024—02—02.

放的管理制度,建立健全设施使用、维护、升级等方面的规章制度,从而明确管理部门的职责和设施的安全、稳定运行;还要引导企业利用跨区域科研设施资源开展技术创新和产品升级工作。

最后,要支持有能力的民营企业牵头承担国家重大技术攻关任务——这能够释放民营企业参与国家重大项目建设的巨大动能。国家重大技术攻关任务主要面向对经济社会发展具有关键作用的科学技术及产业,尤其是未来产业,其由前沿技术驱动,当前处于孕育萌发阶段或产业化初期,是具有显著战略性、引领性、颠覆性和不确定性的前瞻性新兴产业。大力发展未来产业,又好又快地完成国家重大技术攻关任务,是引领科技进步、带动产业升级、培育新质生产力的战略选择。当前,主要还是公有制经济在承担国家重大技术攻关任务,而民营企业的参与就相对较少。这一格局不利于国家重大技术攻关任务又好又快地完成。一方面,公有制经济的技术攻关能力都是以其所在产业和行业为基础的,在一些市场化程度较高的行业和产业,其技术攻关水平并不显著优于民营企业,一味地让国有企业承担这一类的技术攻关任务,会造成创新资源的错配。另一方面,只有公有制经济参与重大技术攻关任务,就容易造成竞争不足、攻关主体懈怠等问题,从而影响任务完成的质量和效率。如果有民营企业参与到这一过程中,无论参与程度如何,都能够促进各种所有制经济在重大技术攻关的过程中时刻保持竞争意识,不断维持企业自身在攻关任务上保持主动性和积极性。为此,必须支持有能力的民营企业牵头承担国家重大技术攻关任务,让民营企业这一"自己人"平等地参与国家重大科技攻关项目。要破除传统观念,推动科研领域的产学研用机制改革,在科研体系里为民营企业留下让其牵头的位置、留足让其发力的空间。新时代以来,民营企业在科技创新领域取得了骄人的成绩,涌现出了一大批像华为、腾讯、吉利等取得了重要科技突破的公司,这充分说明了民营企业能够做好科研创新,也能够承担国家重大科技攻关任务。所以,必须破除民营企业做不好科研的旧观念,让民营企业深度融入到我国的科研体系当中。同时,要主动鼓励民营企业参与到国家重大科技攻关任务中,强化民营企业的国家发展"主人翁"意识,阐明国家重大科技攻关任务的实现是惠及全社会各个方面的发展契机,让更多民营企业参与到这个任务中。

第五章

发展壮大民营经济需要苦练民营企业发展内功

"打铁还需自身硬",我们在本书第二章就已指出,民营经济发展壮大的动力来源就是民营企业的核心竞争力,因此民营经济发展壮大的核心抓手就是苦练民营企业的发展内功,不断提升民营企业的核心竞争力,而这通常要求企业在三个方面有所作为,取得成效:(1)建立适合的,具有中国特色的现代企业制度;(2)弘扬企业家精神;(3)敢于改革,主动创新,改进技术,不断调整发展模式。至于为什么民营企业提质增效、转型升级要从这三个方面入手,以及民营企业具体该怎么做,就是本章要详细展开论述的内容。

第一节 发展和完善中国特色现代企业制度

民营企业在发展的过程中,会随着自身实力和所处经济环境的变化而逐渐形成新的性质。正是由于民营企业在其发展的不同阶段会呈现出不一样的特性,建设和发展民营企业就不能一成不变地采用同一套企业制度。因此,实现民营企业的现代化发展,需要建立一套与之相适应的现代企业制度,从而在企业的体制机制层面上保障企业的长远发展。

一、民营企业的发展具有阶段性

在不同的发展阶段,企业具有不同的性质。传统的企业生命周期理论认为企业也会经历出生、成长、衰老和死亡的过程。具体而言,这一发展过程包括:孕育期,即企业诞生之前的阶段;婴儿期,即创始人将想法付诸行动;学步期,销售处在增长阶段,企业有了很好的资金流;青春期,即企业脱离创始人而依赖委托授权运作;壮年期,即企业内部灵活性和自控力处在博弈中;衰退期,即企业精力越来越多消耗在内部;崩溃期,即企业收入下降,市场份额萎缩。[①] 在企业生命周期理论里,企业先后经历成长阶段和老化阶段。具体来说,这两个阶段具有以下几个特征:首先,企业发展阶段不同,企业的规模是不同的。企业处于早期阶段,规模较小,而企业处于成熟阶段,规模一般较大。其次,企业发展阶段不同,企业发展所面对的矛盾来源是不同的。企业处于早期阶段,主要矛盾是物质资源不足和企业生产需要之间的矛盾,而企业处于成熟阶段,主要矛盾则变成了企业创新能力不足和企业开拓新市场之间的矛盾。最后,企业发展阶段不同,企业的变化趋势是不同的。企业处于早期阶段,企业发展速度较快,而企业处于成熟阶段,企业发展速度趋于平稳。

不同于西方经济学对企业发展阶段的论述,我国的企业发展历程及其特性要更加复杂,不能简单地将这些理论用以分析我国民营企业的发展阶段及其性质。一方面,在社会主义市场经济体制里,我国的民营企业与外国的资本主义经济体制下的企业有着不同的体制机制背景,这形成了企业经营过程中外部约束的差异。另一方面,我国的公有制经济与民营企业是一种合作共赢的关系,"两个毫不动摇"确立了民营经济也是发展社会主义市场经济的重要力量,而且是与公有制经济一同推动社会发展的力量,这也意味着我国的民营企业和西方经济学理论中讨论的民营企业是不同的。因此,要立足中国的社会主义市场经济实践经验,归纳总结出我国民营企业发展阶段及其特性,从而为理解民营企业接下来的发展方向提供经验。

我国民营经济发展的历史阶段蕴含了民营企业个体的发展阶段及其性质,可以通过民营经济发展历程来把握民营企业的发展阶段。新中国成立以来,民营经济发展历程及其特征表现为:(1)恢复生产阶段(1949—1952年)。这一阶段的特征

---

① 伊查克·爱迪思.企业生命周期[M].赵睿,译.北京:华夏出版社,2004:22—199.

是确立社会主义经济主导地位,保护私营工商业恢复生产。(2)社会改造阶段(1953—1977年)。这一阶段的特征是公私合营和完成对资本主义工商业改造,实现"一大二公"的公有制经济。(3)改革发展阶段(1978—1991年)。这一阶段的特征是个体经济率先获得快速发展并萌生私营经济,私营经济从无到有的曲折发展过程。(4)快速发展阶段(1992—2002年)。这一阶段的特征是民营经济从少到多、由弱趋强,并进入快速国际化发展。(5)科学发展阶段(2003—2012年)。这一阶段的特征是民营经济更加注重提升自己在产业链、价值链、创新链上的地位,积极谋求转型升级。(6)高质量发展阶段(2013年至今)。这一阶段的特征是民营经济由快速增长转向高质量发展新阶段。[①] 从民营经济整体的发展来看,我国民营经济的发展历程主要可以概括为两个阶段:先是民营经济规模和数量快速上升,而民营经济质量的提高则相对较缓;接下来,民营经济数量和质量都实现了快速提高。

以民营经济发展历程为基础,可以从六个方面来理解民营企业的发展(如表5—1所示)。民营企业的发展可以分为三个阶段,分别是民营企业建立期、民营企业成长期和民营企业成熟期。处在不同阶段的民营企业,会在产权结构、重点资源、经营焦点、组织架构、领导方式和激励方式六个方面有所不同。这六个方面的性质,是理解民营企业发展阶段的重要标志。

表 5—1　　　　　　　　　　　民营企业发展阶段及其性质

	建立期	成长期	成熟期
产权结构	个体、家族	合伙	股份
重点资源	资金、劳动资料	管理人才	科技
经营焦点	利润、市场拓展	企业组织化	创新
组织架构	非正式/中心化、功能化	去中心化、区域化	集团化、网络化
领导方式	个人主义、指令	委托、监管	参与式、企业家精神
激励方式	工资	分红	股份、团队奖金

1. 民营企业建立期,是一个从无到有的过程

在企业建立期,企业的所有者往往是创办人或创办人的家族成员。同时,创办人个体或其家族成员,也是该企业的生产员工。在这个阶段,民营企业发展的核心资源是资金和劳动资料。一方面,民营企业的运营需要持续的现金流来维持运作,

---

① 陈东,刘志彪. 新中国70年民营经济发展:演变历程、启示及展望[J]. 统计学报,2020,1(2):83—94.

而民营企业所有者的资金则相对较少，所以，资金是否充沛是民营企业需要重点考虑的因素。另一方面，企业的劳动资料是否充沛、易获取，也是保证企业在建立之初能够持续运作以至于形成净利润的重要因素。由此可知，民营企业在建立期，其经营的焦点集中在利润的获取这个维度，尤其关注净利润的实现。进一步，固定资本在初期的投入，就需要以一个更快的速度来实现价值层面的回收。因此，民营企业在关注利润的同时，也会进行市场的拓展，从而提高资本的实现速度，提高资本的周转率。对于民营企业的组织特征来说，由于初期的员工较少，信息传递呈现非正式特征，以所有者为中心的指挥模式形成了基本的交往方式。对于领导而言，这种中心化的指挥管理模式，就表现为个人主义和指令。一方面，民营企业所有者依靠自身对于市场需求的理解和把握，为整个公司制订生产计划。另一方面，企业所有者采取的是单向的指令以落实其制订的生产计划，而没有建立员工向其传递消息的渠道。但是，这不意味着员工的积极性无法提高。在民营企业建立期，企业往往采取最直接的员工激励方式，即工资（绩效），以更高的工资激励员工在工作时间内提高劳动生产率，从而为企业创造更多的产品。

2. 民营企业成长期，是一个从有到大的过程

在企业建立后，随着企业盈利能力增长，企业的规模相较于建立初期有很大的提高。企业规模的扩张，使得企业内部的所有权开始复杂化。从所有权的范围来看，企业的所有者不再局限在创始人及其家族范围内，而是开始接纳外部的个体成为企业发展的合伙人。从所有者之间的关系来看，共同出资、共同经营、共享收益、共担风险的方式决定了产权从归属于一个群体向归属于几个群体转变。在这一阶段，企业的发展不再仅仅聚焦于利润、市场等外部问题，而开始关注企业内部组织架构的构筑。因此，管理人才成了这一阶段企业追逐的主要资源。正是由于企业内部的组织化以及管理层的复杂化，企业内部的组织架构就呈现了去中心化的特征，企业所有者不再直接与所有员工产生直接联系。同时，企业的部门也随着企业业务的扩张而呈现出区域化的特点，也就是不同的部门开始出现在不同的地方，而不是聚集在同一个地点。由此，企业的所有者，开始采取委托管理人员的方式管理企业，其领导方式也不再是直接的制订计划和对员工发出指令，而更侧重于监管企业的运营状况。在这个阶段，企业的激励方式转向分红，即根据盈利情况，按照一定比例将其利润分配给员工。

3. 民营企业成熟期，是一个从大到强的过程

在企业逐渐发展的过程中，主营业务部门的规模趋于稳定，企业逐渐进入成熟期。在企业发展过程中，越来越多的外部投资人进入到公司的所有权架构中，形成了股份制的所有权结构，一部分管理权和所有权进行了分离。在这个阶段，主营业务部门的发展进入平台期，企业的发展依赖于其他部门的发展。因此，新技术、新产业、新模式成为民营企业发展追逐的主要资源，尤其是能够推动企业内部生产力发展的新科技。正是由于科技创新在成熟期企业发展中具有如此重要的地位，激发各个部门的创新动力就显得更加重要。因此，企业架构就逐渐向集团化和网络化转型。民营企业的集团化，是以主营业务为核心，向产业链、价值链、供应链的上下游拓展的主要特征，这赋予了民营企业新的、可靠的增长点。而民营企业部门的网络化，则指向了民营企业各个部门在一定范围内自主决定的特征。部门具有一定的裁量权，这减少了部门创新在企业内部的制度成本。在企业的成熟期，企业的创始人、大股东则更多地转向了一种参与式的领导方式，从企业宏观发展方向这个层面参与企业的经营管理，更多地以企业家精神的方式领导企业参与社会发展。随着企业规模的持续扩大，股份和团队奖金成了激励员工和团队的主要模式，这不仅仅从直接收入层面提高了员工的积极性，而且赋予了员工公司的股份，提高了员工的主人翁感，能够更好地激励员工做出创新成果。

需要说明的是，这三个阶段不是严格的区分，而是一种民营企业发展的趋势。由于我国民营企业发展速度较快，企业更新换代的频率较高，不同地区的企业发展进程不同，这些特征也可能会有所交叉，一些特征可能表现在其他发展阶段的企业中。但是，产权结构、重点资源、经营焦点、组织架构、领导方式和激励方式的变化趋势是不会变的。

二、建立现代企业制度的重要意义

改革开放以来，尤其是进入新时代以来，我国民营企业发展迅速，在数量和质量两方面都实现了快速的发展。以大型民营企业为例，近三年，年营收收入超过1 000亿元的500强企业从2020年的78家上升到2022年的95家，年营收收入在500亿~1 000亿元的企业从2020年的116家上升到2022年的141家。[①] 由此可

---

① 中华全国工商业联合会经济服务部.2023年中国民营企业500强调研分析报告[R].2023.

见,民营企业的发展壮大是必然的趋势,我国的大型民营企业正逐渐进入到发展成熟阶段。因此,现阶段促进民营企业发展壮大,必须建立现代企业制度,从而支持民营企业在发展成熟期的进一步成长。

我国对于建立现代企业制度的论述有一个重要的对象转变过程,即从国有企业建立现代企业制度向各种所有制企业建立现代企业制度的转变。1993年11月,中共十四届三中全会通过的《关于建立社会主义市场经济体制若干问题的决定》概括了现代企业制度,即"产权清晰、权责明确、政企分开、管理科学"[1]的十六字方针。但这里的"现代企业制度"主要是针对国有企业改革所谈的,而不是针对民营企业所论述的。比如,党的十五大对这十六字方针进行了介绍,"对国有大中型企业实行规范的公司制改革,使企业成为适应市场的法人实体和竞争主体。进一步明确国家和企业的权利和责任"[2]。党的十六大就国有企业股份改革进行论述,"除极少数必须由国家独资经营的企业外,积极推行股份制,发展混合所有制经济"[3]。党的十七大就国有企业建立现代企业制度的发展方向进行了论述,"深化国有企业公司制股份制改革,健全现代企业制度,优化国有经济布局和结构,增强国有经济活力、控制力、影响力"[4]。党的十八大之后,现代企业制度日渐成为民营企业发展的重要着力点。2018年11月1日,习近平总书记在民营企业家座谈会上指出,"要练好企业内功,特别是要提高经营能力、管理水平,完善法人治理结构,鼓励有条件的民营企业建立现代企业制度"[5]。党的二十大报告则进一步就"中国特色现代企业制度"进行了论述,"完善中国特色现代企业制度,弘扬企业家精神,加快建设世界一流企业"[6]。由此可见,我国关于支持民营企业建立现代企业制度的政策是与民营企业发展的阶段高度相关的。进入新时代以来民营企业的快速发展使得民营企业建立现代企业制度成了一种迫切需要,因此才有了对民营企业建立现代企业制度的政

---

[1] 中共中央关于建立社会主义市场经济体制若干问题的决定[J]. 中华人民共和国国务院公报,1993(28):1286—1303.
[2] 江泽民. 全面建设小康社会,开创中国特色社会主义事业新局面——在中国共产党第十六次全国代表大会上的报告[N]. 人民日报,2002-11-22.
[3] 江泽民. 全面建设小康社会,开创中国特色社会主义事业新局面——在中国共产党第十六次全国代表大会上的报告[N]. 人民日报,2002-11-22.
[4] 胡锦涛. 高举中国特色社会主义伟大旗帜 为夺取全面建设小康社会新胜利而奋斗——在中国共产党第十七次全国代表大会上的报告[N]. 人民日报,2007-10-15.
[5] 习近平. 在民营企业座谈会上的讲话[N]. 人民日报,2018-11-01.
[6] 习近平. 高举中国特色社会主义伟大旗帜 为全面建设社会主义现代化国家而团结奋斗——在中国共产党第二十次全国代表大会上的报告[N]. 人民日报,2022-10-16.

策引导和政策支持。所以,民营企业建立现代企业制度具有重要意义。

1. 民营企业建立现代企业制度有助于同体制机制改革相互促进

体制机制改革是我国社会发展的重要动力,"改革开放是党和人民事业大踏步赶上时代的重要法宝"[1]。民营企业是我国社会经济的重要组成,也必然能够为我国体制机制改革贡献力量。《中共中央关于进一步全面深化改革 推进中国式现代化的决定》(以下简称二十届三中全会决定)指出,"坚持以制度建设为主线,加强顶层设计、总体谋划,破立并举、先立后破,筑牢根本制度,完善基本制度,创新重要制度"[2]。民营企业是我国社会主义市场经济制度的重要组成,大力发展混合所有制经济,必须要有产权清晰、治理结构合理、决策科学民主、运营高效的民营企业作为前提。建立现代企业制度,不仅能够推动民营企业实行股份制改革,公司化经营,实现产权清晰、主体多元化;还有助于推动企业优化治理结构,形成相互制衡的决策监督机制,实现企业决策的民主化、科学化。此外,建立现代企业制度也有助于实现民营企业经营方式的根本性转变,即通过建立科学的用人制度、收入分配制度和财务管理制度,促进人力、财力和物力的整合,真正实现民营企业高效运营,从而更好地参与国有企业混合所有制改革。

2. 民营企业建立现代企业制度有助于推动经济高质量发展

二十届三中全会决定指出,"必须以新发展理念引领改革,立足新发展阶段,深化供给侧结构性改革,完善推动高质量发展激励约束机制,塑造发展新动能新优势"[3]。为适应经济社会发展的新阶段、新特征、新要求,民营经济所具有的动能和优势需要进一步更新和发展,从而激发自身的能动性优势。当前,民营企业作为国民经济的重要组成部分,对经济社会发展的贡献越来越大。民营企业贡献了50%以上的税收、60%以上的GDP和投资、70%以上的技术创新、80%以上的城镇劳动就业、90%以上的新增就业和企业数量。然而,大部分民营企业尚未建立现代企业制度,企业治理机制不健全,管理水平还相对较低,这些因素都制约了民营企业的长远健康发展,进而不利于推进经济高质量发展。民营企业只有建立现代企业制度,完善企业法人治理结构和健全市场化运营管理机制,才能实现企业科学决策、规范内部管理,才能破解企业自身的发展瓶颈,提升核心竞争力,促进民营企业做大做优做强,进而推动经济社会实现高质量发展。更为重要的是,民营企业只有建

---

[1] 中共中央关于进一步全面深化改革 推进中国式现代化的决定[N].人民日报,2024-07-22.
[2] 中共中央关于进一步全面深化改革 推进中国式现代化的决定[N].人民日报,2024-07-22.
[3] 中共中央关于进一步全面深化改革 推进中国式现代化的决定[N].人民日报,2024-07-22.

立现代企业制度,才能形成运营高效灵活的体制机制,以便企业自身迅速适应国际国内形势的变化,发掘国内市场,勇于创新,提供与国内消费趋势相适应的产品和服务。与此同时,现代企业制度的建立也能够进一步夯实民营企业稳就业的基础,间接地为消费持续稳定增长提供必要保障。

3. 民营企业建立现代企业制度有助于进一步激发市场主体活力

二十届三中全会决定指出,"必须更好发挥市场机制作用,创造更加公平、更有活力的市场环境,实现资源配置效率最优化和效益最大化,既'放得活'又'管得住',更好维护市场秩序、弥补市场失灵,畅通国民经济循环,激发全社会内生动力和创新活力"[1]。市场活力是社会活力的重要组成,激发各种市场主体的活力,能够为提高全社会活力提供重要保障。激发民营企业活力,除了要为民营企业营造更好发展环境外,还需要鼓励、支持、引导好民营企业加强自身建设、练好内功,建立"治理结构合理、股东行为规范、内部约束有效、运营高效灵活"[2]的现代企业法人治理机制。民营企业只有加快建立现代企业制度,实现产权多元化,治理结构合理,运营机制高效灵活,才能够拓展生存和发展空间,在更大范围、更广领域和更高层次上参与合作与竞争,不断培育企业发展的新动能,掌握市场竞争的主动权,最终提高民营企业的市场竞争力,形成企业可持续健康发展的能力。可见,建立现代企业制度是增强民营企业市场竞争力和可持续发展能力的内在需要,也将在激发民营企业活力中起到更深层次的关键性作用。

三、民营企业实现长远发展要以建立适合的现代企业制度为基础

中国特色社会主义市场经济的发展,赋予了民营企业发展的机遇。民营企业在发展的过程中,与国民经济各个方面都产生了紧密的联系。一方面,民营企业与公有制经济成分形成了分工合作的关系;另一方面,民营企业又和每一个劳动者在衣食住行等方方面面有着不可割裂的联系。因此,民营企业的发展,不仅仅需要做到规模增长速度上的快速,而且需要实现长远的可持续发展。民营企业的长远发展,需要不断调整民营企业与外部经济环境之间的生产关系,使之和民营企业生产能力发展的阶段及其性质相适应。正如恩格斯所指出的那样,"社会制度中的任何

---

[1] 中共中央关于进一步全面深化改革 推进中国式现代化的决定[N]. 人民日报,2024-07-22.
[2] 完善中国特色现代企业制度 建设具有全球竞争力的科技创新开放环境[N]. 人民日报,2024-06-12.

变化,所有制关系中的每一次变革,都是产生了同旧的所有制关系不再相适应新的生产力的必然结果"[①]。不同发展阶段的民营企业,具有不同的生产能力。民营企业的长期可持续发展,必须适时建立与其生产能力相一致的现代企业制度。

(一) 民营企业实现长远发展,需要健全现代企业产权制度

产权是法定主体对财产所拥有的各项权能的总和,可以分解为所有权、使用权、分配权、收益权、处分权和监督权等。现代企业产权制度是建立在一定生产资料所有制基础之上,对财产占有、使用、收益和处置过程中所形成的各类产权的法律地位、行为权利、责任义务及相互关系加以规范约束的制度安排。现代企业制度体系中,现代企业产权制度是根本前提,既是企业组织形成、存在和进化的起点,又是现代企业制度体系中其他方面制度的基本支撑。没有现代企业产权制度,现代企业制度就会变成空中楼阁。健全完善产权制度,主要包括以下六个方面的内容。

1. 补齐产权制度中的短板

完善物权、债权、股权、知识产权等各类产权的相关法律法规制度,形成清晰界定所有、占有、支配、使用、收益、处置等产权权能的完整制度安排,确保各类产权归属清晰、权责明确、保护严格、流转顺畅,更好发挥产权激励对解放和发展社会生产力的促进作用。

2. 加快构建全民所有自然资源资产产权制度

明确全部国土空间各类自然资源资产的产权主体,保护自然资源资产的所有者权益,公平分享自然资源资产收益。

3. 完善健全国有资产产权制度

进一步明晰国有产权所有者和代理人关系,依法合规地界定企业财产权归属,保障国有资本收益权和企业自主经营权,更好地促进混合所有制的发展,从而支持混合所有制中的民营经济成分"施展拳脚"。

4. 完善农村集体产权制度

全面完成农村承包地、宅基地、农房、集体建设用地确权登记颁证,完善农村集体经济组织成员认定办法和集体经济资产所有权实现形式,健全农村产权交易流转和退出机制,为农村民营企业利用本地资源发展生产和外地民营企业开发本地资源提供法律保障。

[①] 马克思,恩格斯.马克思恩格斯文集:第1卷[M].北京:人民出版社,2009:684.

5. 健全完善知识产权制度

完善有利于激励创新的知识产权归属制度,明确规定并有效保护职务发明人的产权权益,建设知识产权运营交易和服务平台。与此同时,在新业态、新模式、新产品蓬勃发展下,各种数据、网络虚拟财产等数字经济时代的新财产不断涌现,民营企业利用这些新领域的知识产权谋求自身发展,离不开相应的知识产权制度保障。

6. 完善居民财产权保护制度

合理界定土地、房屋等财产征收征用适用的公共利益范围,给予被征收征用者公平合理补偿。同时,抓紧出台住宅建设用地等土地使用权到期后续期的法律安排,从而为民营企业制定生产规划提供一个长期向好的法律保障和制度预期。

(二)民营企业实现长远发展,需要完善现代企业组织制度

组织是指依据既定目标,对组织成员的行为活动进行合理的分工和安排,形成明确清晰的权责结构;对组织资源能力进行合理的配置和使用,形成上下贯通的流程结构。现代企业需要有一套完整规范的组织制度,使得企业组织能够运行有效、运转畅通。现代企业组织制度是在企业所有权和经营权相分离的背景下,由此派生出来的公司决策权、执行权和监督权等权能相互协调运转的制度规则,并在此基础上形成由股东大会、党委会、董事会、监事会和经理层组成的组织机构框架。股东大会作为权力机构,出资人或股东是公司的最终所有者,股东大会所形成的决议是最终决议,具有法律效力。党委会是中国特色现代国有企业制度的重要组成部分,发挥"把方向、管大局、保落实"的作用。董事会作为公司的常设机构,是股东大会的执行机构,也是公司的重大经营决策机构,其主要职责是执行股东大会的决议,制定公司的大政方针、战略决策、投资方向、分配方案等。监事会作为公司的监督机构,其主要职能是对董事会和经理人员履职行权活动进行监督,审核公司的财务和经营状况,提请召开临时股东大会等。经理人员组成企业的管理机构,包括公司的总经理、副总经理和部门经理等,对董事会负责,负责公司日常的经营管理活动,依照公司章程和董事会决议行使职权。因此,股东大会、党委会、董事会、监事会及经理层,需要形成有效制衡、协调运转的现代企业组织制度。这既能赋予经营者充分的经营自主权,又能切实保障企业所有者的权利权益,并能够充分激发和调动各类主体的积极性和创造性。

(三)民营企业实现长远发展,需要完善现代企业管理制度

管理是科学性与艺术性的统一[①],现代企业需要现代化的企业管理。现代企业管理制度是经营管理各个方面的制度规定和综合安排,也是现代企业制度的重要保障,更是实现企业功能定位和自身宗旨使命的必然选择。面对内外部复杂环境的变化,建立现代企业管理制度能够提升市场竞争力和抗风险能力。面对加快转变经济发展方式的要求,建立现代企业管理制度是不断提升发展质量和效益的重要举措。面对实现民营企业做大做优做强的目标,建立现代企业管理制度是培育世界一流企业的重要步骤。现代企业管理制度的科学性意味着民营企业需要以市场为导向,准确把握内部条件和外部环境,有机结合发展战略与具体战术,通过一系列制度规定科学组织产供销、高效配置人财物。现代企业管理制度的艺术性意味着民营企业需要善于从时间积累与空间拓展中实现成长,善于通过内部管理与外部市场良性互动获得平衡,善于通过专长塑造与能力培养获得增长。现代企业管理制度应当围绕战略规划管理、投资决策管理、全面预算管理、全面风险管理、科技创新管理、人力资源管理、产权管理、法律管理、采购管理、安全生产管理、管理信息化、社会责任管理、党建管理和反腐倡廉管理等方面和环节,全面完整系统地约束和规范民营企业的经营管理活动,实现民营企业管理方式的制度化、集约化、精细化、数字化和流程化。

(四)民营企业实现长远发展,需要健全现代企业运行机制

现代企业运行制度是企业存在、成长和发展的内在机能及其运行机理,是引导、规范、激励和约束企业生产经营活动的运转方式,是企业内部各主体、各要素、各环节、各层面相互关联、相互制约、相互作用、相互影响机制的制度性安排。企业的生产经营活动是连续不断的运动过程,运动过程中需要充分进行自我组织、自我调节、自我适应,以保持最佳协调关系、实现最佳运行状态、获得最高运行效率。现代企业运行制度是民营企业进行经济活动的着眼点和落脚点,也是现代企业制度得以真正落地的支撑,更是现代企业制度功能与作用实现的内在需要。现代企业运行制度主要包括决策、产出、激励和约束四个基本方面,每一个方面都需要对运作的主体、运作的对象、运作的方式以及运作的结果等方面做出明确规定和安排。决策机制包括企业战略的制定、经营方针的确定、重大事项的审议与批准等机制。建立有效的决策机制需要确保信息的及时、准确传递,以及决策过程的透明、公正

---

① 薛有志.管理具有技术性[J].经济纵横,2000(4):13—16.

和高效。产出机制是民营企业提供产品或服务并获取相应的经济效益的过程。形成高效的产出机制能够确保企业按时、按质、按量地完成生产任务,并不断提高企业的盈利能力和市场竞争力。激励机制是激发企业员工积极性和创造力的重要手段。合理的激励机制能够为企业吸引和留住优秀人才,并激发他们的工作热情和创新能力。约束机制是对企业行为和员工行为进行规范和限制的关键环节。有效的约束机制可以减少企业内部违规行为和道德风险的发生。

第二节 培育和弘扬企业家精神

发展民营企业不仅需要有现代企业制度,还离不开企业家精神。企业家精神在企业发展乃至社会发展中发挥了重要的促进作用,具有不可或缺的地位。要培育和弘扬好企业家精神,就必须抓住构建高水平社会主义市场经济的契机,利用好社会主义的优势,营造出一个有利于企业家精神形成和发展的良好社会环境。

一、企业家精神的重要意义

(一)对西方企业家精神的批判性考察

一般意义上的企业家精神是指企业家组织建立和经营管理企业的综合才能。在西方经济学理论中,关于企业家精神的研究主要聚焦在三个方面:一是企业家精神表现为创新实现的才能,以熊彼特的《经济发展理论》为代表。虽然熊彼特多次提到企业家的活动,而没有直接对企业家精神进行论述,但他所讨论的企业家活动,不是一种具体的行动,而是一种一般化的、抽象化的活动能力,和企业家精神具有内在一致性。熊彼特认为,企业家的活动具有三层含义,分别是实现新要素组合的方式、生产手段和生产要素。[1] 二是企业家精神表现为冒险活动,以西奥多·威廉·舒尔茨的《论人力资本投资》为代表。舒尔茨认为,在要素迁移过程中,人力资本投资能够实现更高效率应对市场波动和市场风险的作用。[2] 在这里,企业内部的

---

[1] 约瑟夫·熊彼特.经济发展理论[M].何畏,易家详,张军扩,等译.北京:商务印书馆,1990:153—173.

[2] 西奥多·威廉·舒尔茨.论人力资本投资[M].吴珠华,等译.北京:北京经济学院出版社,1990:1—32.

一部分更高质量的人力资本已经具有企业家精神的内涵了。三是企业家精神表现为对市场的识别和判断,以路德维希·冯·米塞斯的《人的行动:关于经济学的论文》为代表。米塞斯认为,"像每一个行动人一样,企业家毫无例外地是一个投机者。他处理的是未来一些不确定的情况。成功与否,取决于他预测未来不确定事件的准确性。如果他对未来事件的理解有误,就必定马失前蹄"①。在这个语境下,企业家精神意味着对风险的把握和判断,并以对风险的正确判断而获利。总的来说,西方经济学将企业家精神视为一种能够带来额外利润的要素。

与西方经济学关于企业家精神的观点不同,马克思、恩格斯则以价值创造为核心对企业家精神进行了分析。首先,恩格斯区分了企业家和资本家,"但是究竟什么是资本主义私人生产呢?那是由单个企业家所经营的生产,可是这种生产已经越来越成为例外了。由股份公司经营的资本主义生产,已经不再是私人生产,而是由许多人联合负责的生产"②。从而使企业家精神和资本主义精神进行了分离。在这里,我们可以发现,企业家精神对应于一种参与经营活动的个体能力,与直接享受资本所带来的剩余价值的个体相区别。其次,企业家精神也需要和企业家行为进行区分,"在发行国债时大批地骗取国家财物,而在承包国家工程时则零星地骗取。议会与政府之间所发生的事情,在各个官厅与各个企业家之间反复重演着"③。可以说,企业家精神不是每一个企业家都具有的,企业家精神是和腐败、剥削相对立的。最后,企业家精神也是一个立足时代发展水平的产物,不同时代特定形式的经济基础和上层建筑条件下就表现为不同内容和形式的企业家精神。正如马克思在《政治经济学批判(1857—1858手稿)》中写的那样,"玻璃厂、造纸厂、炼铁厂等,是不能以行会的方式经营的。它们要求大规模的生产、广泛市场的销路、操控在企业家手中的货币财富——这并不是说,企业家创造了条件,他既不创造主观条件,也不创造客观条件,但在旧的所有制关系和生产关系之下,要把这些条件结合起来是不可能的"④。企业家经营货币以发展生产,也只是在特定生产关系下形成的一种行为,是从属于企业生产的实践需要,而不能改变客观规律。企业家精神是会随着所有制关系和生产关系的变化而变化的。

---

① 路德维希·冯·米塞斯.人的行动:关于经济学的论文[M].余晖,译.上海:上海世纪出版集团,2013:316.
② 马克思,恩格斯.马克思恩格斯文集:第4卷[M].北京:人民出版社,2009:410.
③ 马克思,恩格斯.马克思恩格斯文集:第2卷[M].北京:人民出版社,2009:82.
④ 马克思,恩格斯.马克思恩格斯文集:第8卷[M].北京:人民出版社,2009:165.

总的来说,企业家精神在现代企业生产活动中具有重要的作用,但是,企业家精神需要根据发展阶段、国情、国际环境的发展而进行调整,从而更好地建设社会主义市场经济。毫无疑问的是,企业家的能力和行为也是可以区分出资本主义和社会主义性质的。正如恩格斯在《反杜林论》中指出的,"真正的资本主义企业家利用雇农和短工的劳动"[①]。在中国特色社会主义市场经济的伟大实践里,要实现中华民族伟大复兴的中国梦,就必须发展出符合中国现实情况的企业家精神,不断完善中国特色企业家精神。

(二)企业家精神的中国内涵与时代意义

我国的企业家精神是社会主义市场经济条件下形成的企业家精神,是中国特色社会主义市场经济实践的重要经验。2014年11月10日,习近平主席在亚太经合组织工商领导人峰会开幕式上的演讲指出,"市场活力来自于人,特别是来自于企业家,来自于企业家精神"[②]。社会主义市场经济的市场活力,来自于市场当中的各种参与者,这也包括各种民营企业里的企业家,社会主义市场经济不排斥企业家,更不排斥满足社会主义市场经济发展需要的企业家精神。党的十九大报告指出,"激发和保护企业家精神,鼓励更多社会主体投身创新创业"[③]。由此可知,企业家精神具有两个重要的作用:一是激励更多的市场主体参与市场经济活动,扩大市场主体的规模数量;二是企业家精神和创新创业有关,企业家精神能够推动市场主体的创新活动,形成新质生产力。

2018年11月1日,习近平总书记在民营企业座谈会上指出,"民营企业家要珍视自身的社会形象,热爱祖国、热爱人民、热爱中国共产党,践行社会主义核心价值观,弘扬企业家精神,做爱国敬业、守法经营、创业创新、回报社会的典范"[④]。可以说,社会主义市场经济的伟大实践赋予了企业家精神以新的内涵,如爱国敬业、遵纪守法、艰苦奋斗、创新发展、专注品质、追求卓越、诚信守约、履行责任、勇于担当、服务社会等。在中国,企业家精神是和国家发展、民族振兴、社会发展紧密相关的一种能力与责任,而不是西方资本主义社会背景下的资本主义企业家精神。在社会主义市场经济的发展过程中,这种企业家精神就表现为对国家、对民族的崇高使

[①] 马克思,恩格斯.马克思恩格斯文集:第9卷[M].北京:人民出版社,2009:234.
[②] 习近平.谋求持久发展 共筑亚太梦想——在亚太经合组织工商领导人峰会开幕式上的演讲[N].人民日报,2014-11-10(2).
[③] 习近平.决胜全面建成小康社会 夺取新时代中国特色社会主义伟大胜利——在中国共产党第十九次全国代表大会上的报告[N].人民日报,2017-10-18.
[④] 习近平.在民营企业座谈会上的讲话[N].人民日报,2018-11-01.

命感和强烈责任感,把企业发展同国家繁荣、民族兴盛、人民幸福紧密结合在一起,主动为国担当、为国分忧,顺应时代发展,勇于拼搏进取。

培育和弘扬新时代企业家精神,对我国企业发展乃至社会发展具有重要意义,具体包括以下几个方面:

1. 培育和弘扬企业家精神有助于公司治理的现代化

首先,企业家精神的核心在于创新、冒险、担当和持续学习。这种精神能够促使企业家在面对市场变化和挑战时,勇于尝试新的生产技术、管理方法和商业模式,从而推动民营企业不断向前发展。在企业治理过程中,这种创新精神能够促使企业管理层积极寻求更加高效、透明的治理方式,从而适应现代商业环境的需求。

其次,企业家精神强调的冒险精神有助于公司管理层在面对不确定性时做出果断的决策。在快速变化的商业环境中,公司治理需要不断适应新的情况和挑战。具有冒险精神的企业家能够敢于承担风险,抓住市场机遇,推动公司实现跨越式发展。这种精神在企业治理中体现为管理层敢于进行制度改革和创新,以应对市场变化和企业发展的需求。

再次,企业家精神中的担当精神对于企业治理体系的现代化也至关重要。担当精神要求企业家在追求企业利益的同时,也要承担起社会责任。在企业治理中,这就意味着管理层需要关注利益相关者的权益,积极履行社会责任,推动企业可持续发展。这种担当精神有助于提升企业的社会形象和品牌价值,为企业治理体系的现代化提供有力支持。

最后,持续学习是企业家精神的重要组成部分。在快速变化的商业环境中,企业治理理念和模式需要不断创新和完善以适应新的需求。具有持续学习精神的企业家能够不断吸收新知识、新技能和新理念,从而推动企业治理不断向前发展。这种精神在企业治理中就表现为管理层注重员工培训和发展,建立学习型组织文化,提升公司的整体竞争力、适应能力。

2. 培育和弘扬企业家精神有助于企业扎根本土谋求长远发展

首先,企业家精神的核心之一是创新,这种精神推动企业会不断寻求新的解决困难的方案,以适应本土市场的变化和需求。通过深入了解本土文化、消费者习惯、政策环境等,企业能够开发出更符合本地市场需求的产品和服务,从而增强市场竞争力。同时,这种创新还体现在企业管理、运营模式等方面的改进,这有助于提高企业的运营效率并降低企业经营成本,为长远发展奠定坚实基础。

其次,企业家精神中的担当精神促使企业积极履行社会责任,并与当地政府、社区、供应商等利益相关者建立良好的合作关系。这种合作不仅有助于企业获得政府支持、社区认可和资源保障，还能在危急时刻为企业提供更多的帮助和支持。通过积极参与本土社区建设、公益活动等，企业能够树立良好的社会形象，增强品牌影响力和本土归属感，为长远发展提供稳定的社会基础。

再次，企业家精神鼓励企业开放包容，尊重并融入本土文化。通过深入了解本土文化的精髓，企业可以将传统文化元素融入产品和服务中，创造出具有独特魅力的本土品牌。这种文化融合不仅有助于提升产品的文化内涵和附加值，还能增强消费者的文化认同感和忠诚度。同时，企业还可以通过创新推动本土文化的传承与发展，为本土文化的繁荣做出贡献。

最后，企业家精神强调企业的长期发展和可持续性。通过注重环境保护、社会责任和经济效益的协调统一，企业可以实现可持续发展。在本土市场，企业可以通过推广绿色生产、节能减排等措施，降低对环境的负面影响；同时，通过履行社会责任，积极参与公益事业，提升企业的社会形象和品牌价值。这种可持续发展的模式有助于企业在本土市场赢得更多的信任和支持，为长远发展奠定坚实基础。

3. 培育和弘扬企业家精神有助于社会经济总量的增长

首先，企业家精神鼓励人们勇于创业、敢于冒险，这种精神在推动就业和创业方面发挥着重要作用。创业不仅能够创造新的就业机会，还能够带动相关产业链的发展，进一步增加就业岗位。同时，企业家通过自身的示范效应，能够激发周围更多人的创业热情，形成"大众创业万众创新"的良好社会氛围，从而为社会经济总量的增长注入新的活力。

其次，企业家精神强调市场竞争和优胜劣汰的原则，这种精神促使企业不断提升自身的竞争力。在市场竞争中，企业需要不断创新、优化产品和服务，提高经营效率和管理水平，以赢得市场份额和利润。这种竞争机制有助于推动整个行业的进步和发展，提高社会经济的整体竞争力和总量增长。

再次，企业家在追求利润最大化的过程中，会积极寻求资源的优化配置和高效利用。他们通过市场调研、风险评估和战略规划等手段，将有限的资源投入最具潜力和效益的领域。这种资源配置效率的提升有助于减少资源浪费和重复建设，并提高社会经济的整体效益和总量增长。

最后，企业家精神鼓励企业跨越传统领域，探索新的商业模式和产业形态。这种多元化发展不仅有助于降低经济对单一产业的依赖风险，还能够发现新的经济增长点。例如，互联网、大数据、人工智能等新兴产业的快速发展，就离不开企业家们的创新精神。这些新兴产业的崛起也为社会经济总量的增长提供了新的动力源泉。

4. 培育和弘扬企业家精神有助于产业转型升级

首先，企业家精神的核心在于创新，这种精神推动企业不断寻求技术、产品、服务和管理等方面的突破。在产业转型升级的过程中，创新是不可或缺的关键因素。通过持续的技术创新，企业能够开发出更加高效、环保、智能的产品和服务，满足市场的新需求，从而推动整个产业向更高层次发展。这种创新驱动的产业升级模式，有助于提升产业的竞争力和附加值，为经济增长注入新的活力。

其次，具有企业家精神的企业家往往具备敏锐的市场洞察力和前瞻的战略眼光，能够准确把握产业升级的趋势和方向。具有这种企业家精神的企业家会主动尝试新技术、新模式、新业态，从而引领产业向数字化、智能化、绿色化等方向转型升级。这种引领作用不仅有助于企业自身的成长和发展，还能够带动整个产业链的升级和变革，形成产业协同发展的良好局面。同时，企业家在追求利润最大化的过程中，也会积极寻求资源的优化配置和高效利用。借由市场调研、风险评估和战略规划等手段，将有限的资源投入最具潜力和效益的领域。这种资源配置的优化有助于推动产业升级的顺利进行，提高产业的整体效益和竞争力。此外，源于企业家精神的兼并重组、战略合作等整合资源的方式，也能够推动产业向规模化、集约化方向发展。

再次，企业家精神鼓励市场竞争和优胜劣汰的原则，这种精神有助于激发市场的活力和创造力。在产业转型升级的过程中，市场竞争的加剧会促使企业不断创新和提升自身实力，以适应市场的变化和需求。同时，优秀企业家的成功经验和示范效应也会激励更多企业加入产业升级的行列中来，形成你追我赶、竞相发展的良好氛围。

最后，企业家在推动产业转型升级的过程中，不仅能够推动企业自身的发展，还能够与产业链上下游企业实现协同发展。这种协同发展主要采取了战略联盟、共享资源和技术等方式，能够推动整个产业链的升级和变革。企业家精神对个别民营企业的推动和发展，通过产业协同发展的渠道而提升整个产业的竞争力和创新能力，为经济增长注入更强的动力。

二、良好的社会环境对于企业家精神的培育具有极大的促进作用

培育出能够支持社会主义建设的企业家精神，离不开良好的社会环境支持。

社会环境是人类在适应、改造自然过程中,长期形成和积累的物质文化与自身组织形式等构成的环境体系。社会环境对人类社会的形成与发展起着重要作用,同时人类活动给予社会环境以深刻影响。它既是人类精神文明和物质文明发展的标志,又随着人类文明的演进而不断丰富和发展。广义的社会环境包括整个社会经济文化体系,如生产力、生产关系、社会制度、社会意识和社会文化,囊括了经济基础和上层建筑。而狭义的社会环境仅指人类生活家庭、劳动组织、学习条件和其他集体性社团等,与经济基础更为接近。因此,评判一个社会环境是否属于良好的社会环境,主要是其能否满足和支持经济基础的发展和进步为标准的。

良好的社会环境必须能够促进社会发展,并支持精神文明和物质文明的双丰收。对于培育和弘扬企业家精神这一任务而言,良好的社会环境是指能够满足和支持企业家精神培育的经济基础和上层建筑的总和。比如,先进的生产力水平,能够充分释放企业家精神在科学技术转向现实应用过程中的动能。或者,良好的法治环境,能够确保企业家精神在协调产业链各个环节以形成产业集群的过程中不受干扰。总的来说,企业家精神的培育是不能脱离社会环境单独发展的,要在社会主义市场经济的背景下培育和弘扬企业家精神,更需要发挥好一个良好的社会环境的促进作用。具体来说,构建良好的社会环境,可以通过以下四个途径来促进企业家精神的培育。

(一)良好的社会环境能够通过政策激励机制实现企业家精神的培育

首先,政府可以通过制定针对初创企业和创新型企业的税收优惠政策,降低其运营成本,增加其抗风险能力。对于符合特定条件(如高科技、绿色环保等)的企业,提供财政补贴或奖励,以鼓励其进行技术研发和市场拓展。

其次,烦琐的审批程序和过高的市场准入门槛往往会阻碍创业活动的展开。政府应简化企业注册、项目审批等流程,减少不必要的行政干预,为创业者提供更加便捷、高效的服务。同时,适当放宽市场准入条件,鼓励更多主体参与市场竞争,激发市场活力。

再次,知识产权是企业创新成果的重要体现。政府应加大对知识产权的保护力度,建立健全知识产权法律法规体系,严厉打击侵权行为,保护创新者的合法权益。这有助于激发企业家的创新热情,推动更多创新成果的涌现。

最后,政府应通过各种方式营造开放包容的创业文化氛围,鼓励人们敢于尝试、勇于创新。可以通过举办创业大赛、创业论坛等活动,搭建创业者交流合作的平台;同时,加强对成功创业案例的宣传报道,树立创业典型,激发更多人的创业热情。

(二)良好的社会环境能够通过融资保障机制实现企业家精神的培育

这主要体现在以下四个方面：

1. 良好的社会环境能够实现融资渠道的多样化

就政府引导基金来说，政府可以设立专门的引导基金，投资于具有创新潜力和市场前景的企业，为企业家提供初期的资金支持。这种方式不仅直接解决了企业的融资难题，还通过政府的示范效应，引导社会资本向创新型企业倾斜。就风险投资与私募股权来说，需要建立健全的风险投资和私募股权市场，为不同发展阶段的企业提供多样化的融资选择。这些投资机构通常具有丰富的行业经验和敏锐的市场洞察力，能够在为企业提供资金的同时，也带来战略上的支持和指导。而就银行贷款与信用担保来说，需要优化银行贷款政策，为符合条件的企业提供低息贷款或贷款贴息等优惠政策。同时，还要建立完善的信用担保体系，降低银行放贷风险，提高企业家获得贷款的成功率。

2. 良好的社会环境有助于融资成本的降低

一方面，政府可以通过政策手段，引导金融机构对创新型企业提供利率优惠的贷款产品，降低企业的融资成本。另一方面，对于符合政策导向的融资行为，政府可以给予一定的补贴或奖励，以鼓励企业积极融资并用于创新活动。

3. 良好的社会环境意味着融资环境的优化

良好的社会环境有助于建立健全的融资相关法律法规体系，明确融资各方的权利和义务，保护投资者的合法权益，为企业融资提供坚实的法律保障。同时，这也意味着加强对融资市场的监管力度，打击非法融资行为，维护市场秩序。此外，这也能够推动行业自律组织的建设和发展，提高融资市场的整体素质和水平。最后，良好的社会环境要求企业及时、准确、完整地披露相关信息，提高融资市场的透明度，降低信息不对称带来的风险。

4. 良好的社会环境能够激发企业家的企业家精神

一方面，良好的社会环境意味着创业门槛的降低和对新事物的鼓励。通过融资保障机制的建立和完善，降低创业者的资金门槛和风险成本，激发更多人的创业热情和企业家精神。同时，融资保障机制不仅为企业家提供了资金支持，还通过引导资金向创新型企业倾斜，鼓励企业家进行技术创新、管理创新和市场创新等活动。另一方面，良好的社会环境也会进一步地培养企业家精神。借由融资保障机制的实施和运作过程，可以培养企业家的风险意识、市场意识、创新精神和合作意识等企业家精神的核心要素。

（三）良好的社会环境能够通过文化支撑机制实现企业家精神的培育

这主要体现在以下三个方面：

1. 良好的社会环境有助于文化认同的形成与价值观的塑造

一方面，社会文化环境对企业家精神的培育具有深远影响。通过弘扬创新创造创业文化，可以激发人们的创业热情和创新精神，形成鼓励创新、宽容失败的良好氛围。这种文化氛围有助于企业家在创业过程中保持积极的心态和坚定的信念。另一方面，文化支撑机制能够引导企业家树立正确的价值观，如诚信、责任、担当等良好品质。这些价值观是企业家精神的重要组成部分，能够指导企业家在经营过程中做出正确的决策，树立良好的企业形象。

2. 良好的社会环境意味着针对企业家精神培育的教育与培训体系

就高等教育与职业教育来说，教育体系在培育企业家精神方面发挥着基础性作用。通过加强高等教育和职业教育中的创新创业教育，可以培养学生的创新思维和实践能力，为未来的企业家提供必要的知识和技能储备。就继续教育与培训来说，对于已经步入社会的企业家而言，继续教育和培训同样重要。通过举办各种形式的培训班、研讨会和讲座等活动，可以帮助企业家不断更新知识、拓宽视野、提升能力，从而更好地适应市场变化以应对挑战。

3. 良好的社会环境也在不断推动文化资源的整合与利用

一方面，文化资源的整合与利用是文化支撑机制的重要组成部分。通过整合各种文化资源，如历史文化遗产、文化创意产业等，可以为企业家提供丰富的灵感来源和创意素材，促进企业的创新发展。另一方面，搭建企业家与文化界的交流平台，可以促进企业家与文化界的互动与合作。这种合作不仅有助于企业家了解文化产业的最新动态和发展趋势，还可以为企业的创新发展提供新的思路和方向。

（四）良好的社会环境能够通过创新扩散机制实现企业家精神的培育

这主要体现在以下四个方面：

1. 良好的社会环境有助于创新理念的传播

这既能够通过营造鼓励创新、宽容失败的文化氛围，使创新理念深入人心。这种氛围能够激发企业家的创新欲望，鼓励他们勇于尝试、敢于突破；又能够借助教育体系的支持来传播创新理念。通过加强创新创业教育，培养学生的创新思维和创新能力，为未来的企业家提供坚实的思想基础。

2. 良好的社会环境有助于创新技术的扩散

良好的社会环境拥有完善的技术市场，为创新技术的扩散提供了平台。技术市场通过交易、展示、交流等方式,促进创新技术的快速传播和广泛应用。与此同时,政府通过制定相关政策,如提供研发资助、税收优惠等,支持企业开展技术创新活动;通过举办技术交流会、展览会等活动,促进创新技术的扩散和应用。

3. 良好的社会环境有助于创新模式的推广

一方面,良好的社会环境中不乏成功的创新创业案例。这些案例通过媒体报道、经验分享等方式被广泛传播,为其他企业家提供了可借鉴的模式和经验。另一方面,企业家之间通过合作网络的构建,可以共享创新资源、交流创新经验、共同应对挑战。这种合作机制有助于创新模式的快速推广和应用。

4. 良好的社会环境有助于创新环境的优化

就法治环境这个方面的保障来看,良好的社会环境拥有健全的法治体系,为创新创业活动提供法律保障。通过加强知识产权保护、打击侵权行为等措施,能够更好地保护企业家的创新成果和合法权益。就市场环境这个方面来看,市场环境的完善包括公平竞争的市场秩序、透明高效的市场监管等。这些措施有助于降低企业家的创业成本和风险,提高创业成功率,从而激发更多的创新创业活动。

第三节 促进民营企业提质增效、转型升级

在民营企业转型升级的过程中,往往受到自身路径依赖的阻碍。这种民营企业发展普遍存在的内生性问题,会限制企业进一步的提质增效,从而消减企业的增长动能和发展活力。要克服这一阻碍,民营企业就必须不断改革、持续创新、拥抱新理念、迈向新路径。

一、路径依赖是民营企业发展面临的普遍困境

路径依赖是技术发展、制度演化过程中的一种重要现象,在企业发展过程中扮演着重要角色。路径依赖描述了一种特殊的发展过程,"假使技术是沿着一条特定的路径发展的。那么,在报酬递增的情况下,其他可选的路径和技术将被人们弃之不顾,这样,发展也将完全被导入到一条特定的路径"[1]。简言之,路径依赖就是指

---

[1] 道格拉斯·C.诺思.制度、制度变迁与经济绩效[M].杭行,韦森,译.上海:格致出版社,2014:90.

特定制度形成后,不管是否有效,都会在一定时期内持续存在并影响其后制度选择的现象,制度变迁就如同进入了一种特定的"路径"而不能偏离。虽然路径依赖理论主要被用于分析包括技术与制度关联的综合变迁过程,但是,近年来的研究也发现路径依赖和企业发展有着密切的关系。[1] 因此,路径依赖也是民营企业发展必须考虑的一个问题。

导致民营企业路径依赖困境的原因主要有以下几个方面:

(一)要素层面

企业组织开展生产活动的基础之一是生产要素,也就是劳动力、劳动对象和劳动工具三要素。从劳动的过程来看,企业的生产流程需要经历劳动过程和非劳动过程两个部分。在非劳动过程中,企业会经历储备时间、停工时间和自然作用时间等;在劳动过程中,企业也会经历劳动过程时间。具体来说,劳动过程时间是企业内部雇用工人和生产资料结合的时间,自然作用时间是扣除了劳动过程时间后生产资料发挥作用的时间,停工时间是扣除了自然作用时间后生产资料留在生产过程中的时间。随着企业的发展,企业内部各部门的分工逐渐细化,上述这些生产要素发挥作用的时间也相应地压缩以提高劳动生产率。因此,当企业在某一种过程中确定了特定的生产要素后,就容易形成路径依赖,表现为拒绝其他生产效率更高的生产要素。民营企业的规模差异较大,既有大型的500强企业,也有数量众多的小微企业。大型的民营企业可能面临着机器、厂房等固定资本长期不更新的问题,而小微企业则面临着租金、原材料、营销宣传等成本[2]的限制而无法更新生产要素。

(二)技术层面

科技是渗透在生产过程各个方面的重要因素。它既表现为一种独特的生产工艺,决定着生产要素的组合方式;又表现为一种独特的生产能力,决定着生产活动效率的高低。技术不是一成不变的,而是在不断地发展和进步的。在生产过程中,一定时期内采用的一系列相关技术往往是确定的和不变的。这样,就形成了企业内部技术的相对不变和外部环境技术的持续演变之间的矛盾。当技术层面形成了路径依赖,就会强化这一矛盾。也就是说,企业内部的技术长期保持不变,没有随

---

[1] 张璐,闫红月,苏敬勤等.从"锁定"到"进阶":如何突破主导逻辑的路径依赖——基于战略认知视角的案例研究[J].南开管理评论,2021,24(1):86-96,117-118;黄速建,肖红军,王欣.论国有企业高质量发展[J].中国工业经济,2018(10):19-41;尹贻梅,刘志高,刘卫东.路径依赖理论及其地方经济发展隐喻[J].地理研究,2012,31(5):782-791.

[2] 北京大学企业大数据研究中心,北京大学中国社会科学调查中心,蚂蚁集团研究院,等.中国小微经营者调查2024年二季度报告暨2024年三季度中国小微经营者信心指数报告[R].北京:2024:14.

着社会的技术发展而做相应的迭代更新。相反地,一个正常发展的、没有路径依赖的企业,则会定期地更新企业内部的各种技术,从而与社会的技术更新保持同步。对于大型民营企业而言,技术层面的路径依赖主要表现为关键技术来源不够丰富。比如,2018—2022年民营企业500强关键技术来源主要还是自主开发与研制,对产学研合作、技术或人才引进还有很大的空间。[①]

(三)产业层面

产业是由企业组织生产和消费者进行消费所构成的一个系统,企业的发展和变化受到产业整体发展的趋势影响。若处在一个发展势头正好的产业中,企业的发展速度会相对更快。可若处在一个趋于停滞的产业中,企业的发展会更为缓慢,甚至停滞。在特定产业分工之下,企业更倾向于经营自身原有的业务,而缺乏足够意愿去支付高昂成本完成业务转型升级。如果这一情况持续,企业很可能会陷入价值低端锁定的困境中,从而导致严重的路径依赖问题。这一方面会将企业的扩张局限在一个小行业内,另一方面会使企业受到产业发展生命周期的影响而被动地衰退。比如,处于夕阳产业的企业若不能及时调整业务,转换赛道。迟早难逃被淘汰的命运。2022年末,民营企业500强中有23个行业净资产收益率低于10%,较上年增加10个行业。[②]

(四)管理层面

企业管理是企业开展经营业务的重要基础,能够支持企业内部各个部门及其之间的运转顺畅。从企业组织架构的角度来看,企业管理涵盖营销管理、工程管理、财务管理和性质管理等多个细分领域的管理工作,有助于各个部门在企业生产工序上的协调与合作。管理层面的路径依赖意味着,管理制度、组织架构的长期停滞与不变。这种管理的不变具有两种形式:一方面,是管理架构没有随着企业发展和市场环境的变化而变化,企业管理和企业需求发生了不匹配;另一方面,是管理流程的滞后,没有与企业业务发展变更相适应。管理层面的路径依赖对于企业而言,会产生缓慢但长远的影响,尤其会表现为经济效率的下滑和部门间工作的不衔接等诸多问题。在外部经济环境发生变化和自身企业规模发展之后,民营企业可能会持续地处于合伙制管理模式之下,这就会导致企业的管理模式滞后。

---

① 中华全国工商业联合会经济服务部. 2023 中国民营企业 500 强调研分析报告[R]. 2023.
② 中华全国工商业联合会经济服务部. 2023 中国民营企业 500 强调研分析报告[R]. 2023.

二、破除民营企业路径依赖困境的关键

在全球化与信息化交织的今天,民营企业作为中国经济的重要组成部分,面临着前所未有的机遇与挑战。市场环境的瞬息万变、技术革新的日新月异、消费者需求的多元化与个性化,都要求民营企业必须具备高度的适应性和创新能力。因此,"不断改革、持续创新"不仅是民营企业的生存之道,更是其在新时代背景下立足和发展的根本所在。具体来看,民营企业可以从适应市场变化、优化资源配置、激发内部活力、引领市场潮流、提升核心竞争力和应对未来挑战六个维度践行这一理念。

(一)适应市场变化

积极适应市场变化,通过把握外部环境的变化来破除企业的路径依赖。首先,要加强市场研究与分析。既要通过市场调研、数据分析等手段,及时收集和分析市场信息,了解行业动态、消费者需求、竞争对手策略等,为决策提供有力支持;又要通过消费者行为分析、满意度调查等方法,深入了解消费者需求和偏好,为产品创新和服务优化提供方向。其次,要灵活调整经营策略。在了解市场行情的基础之上,一方面要根据市场变化,及时推出符合消费者需求的新产品或服务,或对现有产品和服务进行升级换代,保持市场竞争力;另一方面要根据市场趋势和消费者购买习惯的变化,灵活调整销售渠道,拓展线上线下融合的销售网络,提高市场覆盖率和品牌影响力。此外,还要根据市场供需关系、成本变化等因素,适时调整产品价格策略,保持价格竞争力,同时确保企业盈利。最后,要强化内部管理。从企业内部组织的角度来看,要根据市场变化和企业发展需要,适时调整组织架构,优化资源配置,提高管理效率。从企业内部人员管理的角度来看,要加强人才队伍建设,在注重培养具备市场洞察力和创新能力的人才的同时,积极引进外部优秀人才,为企业发展注入新活力。从培育企业内部价值观的角度来看,要倡导创新、开放、包容的企业文化,激发员工的积极性和创造力,为企业适应市场变化提供精神动力。

(二)优化资源配置

优化资源配置,通过盘活企业内外的资源来破除路径依赖。首先,要提高企业的资源利用效率。民营企业需要通过精细化管理、技术创新等手段,提高资源的利用效率。例如,在生产过程中可以采用先进的生产技术和设备,减少原材料的浪费

和能源的消耗；在管理上，则可以通过引入先进的 ERP 系统、CRM 系统等，优化管理流程，提高管理效率。其次，要精准把握企业产品或服务的外部需求。市场是资源配置的导向，民营企业需要密切关注市场动态，精准把握市场需求的变化趋势，及时调整产品结构和服务内容，以满足市场的多样化需求。同时，也需要通过市场调研和数据分析，发现新的市场机会，为企业的发展注入新的动力。再次，要加强人力资本的培养和引进。人力资本是企业发展的核心资源，民营企业需要重视人力资本的培养和引进工作，建立完善的企业用工激励机制和培训体系，吸引和留住优秀人才。同时，还要释放企业内部人力资本的优势，推动企业的技术创新和产业升级，提高企业的核心竞争力。最后，要推动企业技术创新和产业升级。技术创新是民营企业优化资源配置的重要途径，民营企业需要加大培育自身的科学技术，推动技术创新和产业升级，提高产品的技术含量和附加值。

（三）激发内部活力

激发内部活力，充分释放企业内部突破路径依赖的力量。首先，要增强企业发展信心。政府应出台更多支持民营经济发展的政策措施，并通过各种渠道宣传这些政策，让民营企业感受到来自政策层面的认同和支持。同时，全社会也应形成尊重民营企业、支持民营企业发展的良好氛围。通过表彰和宣传民营企业的先进典型，树立榜样，激发其他企业的学习动力和进取心。其次，要优化营商环境。既要推行落实"非禁即入"的行业原则，使各类市场主体能够公平、公开、公正地参与市场竞争。这有助于打破行业壁垒，促进民营企业进入新的领域。又要简化行政审批流程，提高政务服务效率，减少企业办事成本。还要加强政府诚信履约和政务服务机制建设，确保政策落实到位，避免"政策空转"。此外，要依法平等保护各类市场主体产权和合法权益，坚决打击侵犯企业权益的行为。这有助于增强民营企业的安全感和信任感。最后，要加强企业的创新意识与实践，鼓励支持民营企业加大研发投入，推动技术创新和产业升级。可以通过引进先进技术、培养创新人才、建立创新机制等方式，提升企业的核心竞争力，引导民营企业优化管理模式，提高管理效率。也可以通过引入现代管理理念、采用先进管理工具、加强内部管理等方式，提升企业的整体运营水平。培育积极向上的企业文化，增强企业的凝聚力和向心力。还可以通过弘扬企业精神、树立社会主义核心价值观、加强员工培训等方式，激发员工的积极性和创造力。

（四）引领市场潮流

引领市场潮流，主动开拓新的发展路径。

1. 坚持创新驱动发展

要加大研发投入,推动产品和服务的技术创新,抢占新的产品市场,通过引进新技术、新工艺、新材料等,并优化企业管理模式,提高管理效率,不断提升产品的技术含量和附加值,满足消费者对高品质、高性能产品的需求。要加强企业内部沟通和协作,提升团队凝聚力和执行力,支撑企业积极探索新的商业模式和盈利方式。通过跨界合作、平台化运营、共享经济等方式,拓宽企业的盈利渠道和市场空间。此外,还要注重用户体验和服务质量,提升用户满意度和忠诚度,确保市场份额的相对稳定。

2. 打造品牌影响力

要加强品牌建设和推广,提升品牌知名度和美誉度。通过精准的品牌定位、独特的品牌形象和有力的品牌传播,塑造具有鲜明特色和竞争优势的品牌形象。要注重产品质量和服务质量,确保产品符合国家标准和消费者需求。还要建立健全质量管理体系和服务体系,加强质量监控和售后服务,提升消费者对品牌的信任和认可。

3. 加强市场营销人才的培养和引进

一方面,要建立健全人才培养体系,加强员工培训和职业发展规划。通过内部培训、轮岗锻炼、导师制等方式,提升员工的专业技能和综合素质,为企业培养更多优秀营销人才。另一方面,要积极引进高素质人才和紧缺人才,为企业的创新发展提供有力的人才支撑。通过优化人才引进政策、搭建人才交流平台等方式,吸引更多优秀人才加入民营企业。

(五)提升核心竞争力

提升核心竞争力,扭转企业内部路径依赖的发展惯性。

1. 科学制定战略规划

民营企业应基于自身资源、能力和市场环境,明确自身的发展定位和目标市场,确保战略规划的针对性和有效性。核心竞争力往往依赖于企业的核心技术。因此,民营企业应加大研发投入,聚焦关键技术领域,通过自主研发、合作研发等方式,不断提升自身的技术水平和创新能力。同时,还要积极寻求与上下游企业、科研机构、高校等建立战略合作关系,形成产业链协同和技术创新联盟,共同推动产业升级和市场拓展。

2. 推动数字化转型与智能化升级

要引入大数据、云计算、人工智能等先进技术,对企业生产、管理、营销等各个环节进行数字化改造。通过数字化技术的应用,提升企业的运营效率和市场响应速度。要推进智能制造和绿色制造，建设智能工厂和数字化车间。通过自动化、智能化的生产设备和管理系统，提高生产效率和产品质量，降低能耗和排放。还要利用互联网和电子商务平台，拓展线上销售渠道，开展网络营销和品牌推广。通过线上线下的融合发展，提升企业的市场覆盖率和品牌影响力。

3. 强化供应链管理

要优化供应链管理流程，提高供应链响应速度和灵活性。通过引入先进的供应链管理软件和技术，实现供应链的数字化和智能化管理。要建立严格的供应商评估和管理体系，确保供应商的质量和交货期。同时，还要与供应商建立长期稳定的合作关系，共同应对市场变化和挑战。通过优化物流网络、提高物流效率、采用先进的物流技术等方式，降低物流成本，提高物流服务水平。

（六）应对未来挑战

主动应对未来挑战，主动规避路径依赖导致的潜在风险。

1. 持续学习与适应变化

就企业内部员工成长的角度来看，要鼓励员工持续学习，不仅限于专业技能，还包括行业趋势、市场变化、新技术新知识等。通过内部培训、外部学习、在线课程等方式，提升员工的学习能力和适应能力。就企业内部部门发展的角度来看，要定期分析行业报告、参加行业会议、与同行交流，及时了解行业动态和竞争态势。这有助于企业把握市场趋势，提前布局和调整战略。而面对市场变化，民营企业还应具备快速响应和灵活调整的能力，根据市场反馈和内部评估，及时调整产品策略、市场策略和管理策略，以适应新的市场环境。

2. 注重可持续发展与社会责任

一方面，要注重环保和可持续发展，通过节能减排、循环利用等方式降低对环境的影响，并积极推广绿色产品和服务，满足消费者对环保和可持续发展的需求。另一方面，要积极履行企业的社会责任和义务，通过捐资助学、扶贫济困、公益慈善等方式回馈社会。注重企业的诚信经营和合法合规运营工作，为社会的和谐稳定贡献力量。

3. 加强风险防控与合规经营

要建立健全企业风险管理体系和预警机制，从而加强对市场、财务、法律等风险的识别和评估工作，以便制定风险应对预案和措施。要严格遵守国家法律法规和行业规范要求，从而加强企业内部合规培训和监督检查工作，以便确保企业经营活动合法合规、稳健可持续。

三、促进民营企业发展壮大的实践方向

在当今全球经济一体化加速、科技日新月异的时代背景下，民营企业作为中国经济的重要组成部分，其提质增效与转型升级已成为推动经济高质量发展的关键力量。面对国内外环境的深刻变化，民营企业必须积极拥抱新理念，勇于探索新路径，以实现可持续发展和竞争力的显著提升。具体来看，民营企业可以从创新驱动发展、可持续发展、数字化转型、产业升级、跨界融合、国际化战略等方面有效推进提质增效与转型升级。

（一）创新驱动发展

创新驱动发展，主动寻找新路径。

1. 要加大创新能力建设

一方面，提升技术创新水平，在企业的财务预算中设立科技创新基金，用于支持新技术、新工艺、新材料、新产品的研发。不惜成本引进适合本企业的科技创新人才，同时加强内部员工的技能培训，提升整体创新能力。主动对接国家重大科技专项和各类科技计划，提升自己的科技创新水平。另一方面，推进产品创新。通过技术创新，不断推出符合市场需求的新产品，提高市场竞争力。同时，加强产品质量管理，提高产品附加值，树立品牌形象。

2. 构建多元化科技投入体系

既要利用好财政资金对民营企业的支持政策，如设立自主创新引导基金、中小企业发展资金等；又要加大对企业研发投入的税收优惠和财政补贴，鼓励企业增加研发投入，并吸引社会资本支持民营企业实现科技创新，如设立科技银行、天使投资、风险投资等商业孵化机制。此外，还需要鼓励社会资本发起设立股权和创业投资基金，为民营企业提供资金支持。

3. 要推进产学研用深度融合

加强与高校、科研院所的合作，共同开展技术研发和人才培养。通过合作项目，将科研成果转化为实际生产力，提升企业技术水平。共建研发中心、实验室等研发平台，实现资源共享和优势互补。推动技术创新成果在产业中的应用和推广。

4. 要适应市场需求实现分类创新发展

既要推动企业从第一产业为主向第二三产业为主转变，从劳动密集型产业为主向资本、技术密集型产业为主转变；又要加快企业的高加工度化与技术集约化，

沿着工艺(流程)升级、产品升级、功能升级、价值链条升级的路线向更高附加值的产业位置攀升。

(二)可持续发展

坚持可持续发展,远离竭泽而渔的传统老路。

1. 坚持绿色生产与环保责任

一方面,推广绿色生产方式,采用清洁生产技术,减少资源消耗和污染物排放。引入环保设备,提升生产过程中的资源利用效率和废弃物处理能力。另一方面,加强环保责任,建立健全企业环保管理体系,确保生产经营活动符合环保法规要求。主动承担社会责任,积极参与环保公益活动和生态修复项目。

2. 坚持资源节约与循环利用

一方面,推广节能降耗技术,采用节能设备和节能技术,降低生产过程中的能耗。加强能源管理,提高能源利用效率。另一方面,发展循环经济,推动废弃物资源化利用,减少废弃物排放。鼓励和支持循环经济产业链的发展,实现资源的循环利用。

3. 强化社会责任与可持续发展意识

一方面,履行社会责任,积极参与社会公益事业和环保活动,为社会做出积极贡献。关注员工权益和社区发展,维护企业的社会形象和声誉。另一方面,推动可持续发展,将可持续发展理念融入企业的生产经营活动中,实现经济、社会和环境的协调发展。加强与利益相关方的沟通和合作,共同推动可持续发展目标的实现。

(三)数字化转型

推进数字化转型,拥抱新技术的大道。

1. 要明确转型目标和路径

一方面,民营企业需要进行自我洞察,明确自身的优势、劣势以及数字化转型的迫切需求。这包括分析企业在成本、业务、客户等方面的痛点,以及数字化转型能够带来的潜在收益。另一方面,基于自我洞察的结果,企业要制定明确的数字化转型战略,明确转型的目标、路径和时间表,确保转型战略与企业的长期发展规划相契合,避免盲目跟风或脱离实际。

2. 要加强技术与人才建设

积极引入大数据、云计算、人工智能、区块链等先进技术,推动企业在研发、生产、销售、服务等方面的数字化改造。通过技术赋能,提升企业的生产效率和创新能力。同时,加强数字化人才的培养和引进,建立一支既懂业务又懂技术的复合型数字化人才队伍。通过内部培训、外部引进和校企合作等方式,不断提升员工的数字化素养和专业技能。

3. 优化运营管理模式

优化运营管理模式既要推动流程再造,利用数字技术优化企业的业务流程和管理模式,实现业务流程的自动化、智能化和可视化。通过流程再造,降低企业的运营成本,提高管理效率和决策水平;又要建立数据中台,构建数据中台,打通企业内部各系统之间的数据壁垒,实现数据的集中存储、共享和分析。通过数据分析,挖掘数据的潜在价值,为企业的决策提供有力支持。

4. 要加强合作与生态构建

积极与产业链上下游企业建立合作关系,共同推动产业链的数字化转型。通过资源共享、优势互补和协同创新,提升整个产业链的竞争力。同时,构建以企业为核心的数字生态体系,吸引更多的合作伙伴加入其中。通过生态构建,实现资源的优化配置和高效利用,推动企业的可持续发展。

5. 注重风险防控与合规管理

一方面,在数字化转型过程中,注重网络安全防护工作,确保企业数据的安全性和完整性。通过引入先进的网络安全技术和设备,建立完善的网络安全防护体系。另一方面,遵守相关法律法规和行业标准,确保企业的数字化转型符合监管要求。加强合规培训和管理,提升员工的合规意识和能力。

(四)产业升级

不断推动产业升级,适应更高水平的快车道。

1. 要明确产业升级方向

既要分析市场趋势,民营企业应密切关注国内外市场动态,了解行业发展趋势和消费者需求变化,以此为基础确定产业升级的方向;又要选择高附加值领域,向高新技术产业、现代服务业等高技术含量、高附加值的产品和服务领域转型升级。

2. 要加强技术创新与研发投入

构建以企业为主体、市场为导向、产学研深度融合的技术创新体系,提升自主创新能力。增加对技术研发的资金投入,引进和培养高端技术人才,推动技术创新和成果转化。同时,利用大数据、云计算、人工智能等现代信息技术改造传统产业,提高生产效率和产品质量。

3. 要优化产业结构与布局

就产业间转型升级来说,要从劳动密集型产业向资本、技术密集型产业转变,从低附加值产业向高附加值产业转变。就产业链协同来说,要构建上下游协同发展的产业链体系,提升产业链整体竞争力和抗风险能力。就拓展国际市场,要积极参与国际竞争与合作,拓展海外市场,提升国际竞争力。

(五)跨界融合

持续推动跨界融合,形成更多发展的可能性道路。

1. 明确跨界融合的方向与目标

既要市场分析与定位,深入了解市场需求和行业趋势,明确企业在跨界融合中的定位和目标市场。通过市场调研和数据分析,发现跨界融合的潜在机会和增长点;又要选择合适的跨界领域,根据企业的核心竞争力和资源优势,选择合适的跨界领域进行融合。这些领域可以是与企业现有业务具有协同效应的上下游产业,也可以是具有创新潜力和高增长性的新兴产业。

2. 加强技术创新与研发投入

增加对新技术、新工艺、新产品的研发投入,提升企业的技术创新能力和核心竞争力。通过技术创新,打破行业壁垒,实现跨界融合的技术突破。同时,加强与高校、科研院所等机构的合作,引进和培养跨界融合所需的高素质人才。

3. 要构建跨界合作生态

一方面,要建立合作伙伴关系,积极寻求与行业内外的企业、高校、科研院所等机构的合作,建立紧密的合作伙伴关系。通过资源共享、优势互补,共同推动跨界融合的发展。另一方面,要打造跨界合作平台,利用互联网、大数据等现代信息技术,打造跨界合作平台,促进信息交流和资源共享。通过平台化运作,降低跨界合作的成本和风险。

4. 推动业务模式与管理创新

一方面,根据跨界融合的需求和特点,创新业务模式和服务方式。通过业务模式创新,实现价值创造和盈利模式的多元化。另一方面,加强内部管理,优化管理流程,提高管理效率。通过管理创新,推动企业在跨界融合中实现高效运作和可持续发展。

5. 注重品牌建设与市场推广

既要注重品牌形象的塑造和品牌的维护。通过品牌建设,提升企业的知名度和美誉度,增强消费者对品牌的认同感和忠诚度;又要利用多种渠道和方式,加大市场推广力度。通过市场推广,扩大企业在跨界融合中的影响力和市场份额。

6. 关注政策动态与法规要求

一方面,密切关注国家和地方政府的政策动态和法规要求,及时了解和掌握相关政策信息。通过政策引导和支持,推动企业在跨界融合中的快速发展。另一方面,在跨界融合过程中,严格遵守相关法律法规和政策要求,确保企业的合规经营。通过合规经营,降低企业的经营风险和法律风险。

(六)国际化战略

推进国际化战略,用于开拓海外新赛道。

1. 明确国际化战略定位

就国际市场的研究来说,要深入调研目标国际市场的政策环境、市场需求、竞争格局及文化特点,为制定合适的国际化战略提供依据。就跨国战略规划来说,要基于市场研究,明确企业的国际化发展目标、路径和阶段性任务,制定具有前瞻性和可操作性的国际化战略规划。

2. 提升产品与服务竞争力

一要加大研发投入,推动产品技术创新,提升产品质量和性能,以满足国际市场对高品质产品的需求;二要加强品牌国际化建设,提升品牌知名度和美誉度,树立企业在国际市场的良好形象;三要优化售后服务体系,提供快速响应、专业高效的服务,增强客户满意度和忠诚度。

3. 拓展国际市场渠道

一方面要拓宽多元化渠道,通过展会、电子商务、代理分销等多种渠道拓展国际市场,增加产品曝光度和市场覆盖率。另一方面要继续深化国际合作,积极寻求与国际知名企业、行业协会等建立合作关系,共同开发市场、共享资源。同时,本地化运营也不能忽视,要根据目标市场的特点,调整产品策略、营销策略和服务策略,实现本地化运营和定制化服务。

4. 加强风险管理

关注国际政治形势变化,评估可能对企业经营造成的政治风险,并制定相应的应对措施。同时,要了解并遵守目标市场的法律法规,确保企业经营活动的合法性和合规性。

5. 要强化政策支持与利用

一要做好政策研究工作,密切关注国家及地方政府对民营企业国际化的支持政策,深入研究并充分利用相关政策优惠;二要做好政策对接,积极与政府部门沟通对接,争取更多的政策支持和资源倾斜;三要做好政策宣传,加强政策宣传和推广,提高企业对政策的理解和认知度,引导企业更好地利用政策优势推动国际化发展。

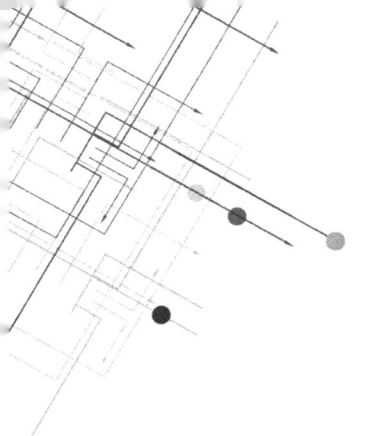

第六章

构建有利于民营经济发展壮大的外部环境

本书的第二章曾提出，构建有利的外部环境是发展壮大民营经济的重要保障，而良好外部环境本质上是一个完整的制度体系，包括微观、中观、宏观三个层面。需要强调的是，三个层次的制度搭建并非相互孤立的。企业的发展既受市场竞争等微观层面因素的影响，又与要素机制等中观层面密切相关，还会受到经济发展战略等宏观层面的引导。本章将从具体的微观问题入手，逐步扩展到更高层面，逻辑连贯地呈现出"良好外部环境"这个完整制度体系的具体内容。

第一节 构建平等对待各类市场主体的竞争环境

促进民营经济发展壮大，需要构建起平等对待各类市场主体的竞争环境，这首先需要政府彻底铲平阻碍民营企业发展的因素。在此基础之上，政府需及时响应民营企业发展的需要，并在政策执行上做到公平透明，从而为民营企业可持续的健康发展提供切实的保障。因此，构建亲清的政商关系至关重要。同时，法治是市场经济健康运转的基础，只有确保民营企业和其他所有市场主体在法律层面上的平等，才能进一步巩固平等竞争的环境。因此，提供法治保障也是确保市场规则透明、公平执行的必要步骤。

一、彻底铲平"三座大山"

2016年3月4日,习近平总书记在出席全国政协十二届四次会议民建、工商联界委员联组会时指出,有的民营企业家将企业经营管理过程中遇到的困难局面形容为"三座大山":市场的冰山、融资的高山、转型的火山。市场的冰山主要指的是市场准入和竞争环境的问题。民营企业在市场竞争中面临的挑战与压力,集中表现为民营企业不仅在行政审批流程、市场准入方面遇到诸多阻力,难以享受与国有企业同等的待遇,还面临着地方保护主义等竞争环境的不利因素,无法公平地参与市场竞争。融资的高山指的是民营企业面临融资难、融资贵的问题。通常表现为企业在融资过程中面临着过高的融资门槛和过窄的融资渠道。一方面,民营企业对外部环境依赖较大,自身融资能力有限;另一方面,金融机构在外部环境的影响下,变得惜贷断贷,这提高了民营企业的融资成本。转型的火山则是指民营企业在进行转型升级时面临的不确定性和风险。民营企业在进行转型升级时,要面临巨大的资金投入压力和外部环境变化带来的不确定性,稍有不慎就要独自承担毁灭性的风险。为更好促进民营经济的发展壮大,政府应采取切实举措,着力铲平"三座大山",为民营企业营造公平竞争的市场环境。具体而言,可从以下三个方面着手。

(一)破除市场壁垒,建立统一市场

市场冰山的症结主要来自两方面。一是复杂低效、不公开透明的行政审批制度和过高的市场准入门槛,复杂的行政审批制度和高准入门槛,不仅意味着民营企业在起步阶段就面临着比国有企业更加高昂的制度性成本,而且容易滋生腐败和寻租行为,加剧市场失灵。二是地方保护主义和市场分割行为。地方保护主义和市场分割行为是指地方通过设置地方性法规、审批程序等限制外地民营企业进入本地市场,或者通过补贴、税收优惠等政策,特别优待地方民营企业。这种直接或间接给予本地企业市场优势的行为,不仅破坏市场公平竞争环境,还不利于激发本地民营企业的创新动力。为破除市场冰山,政府应精简行政审批制度、打破市场准入限制与地方保护主义,建设高效规范、公平竞争、充分开放的全国统一大市场。具体而言,可从以下两个方面发力。

1. 推动行政审批制度改革,提高市场进出效率

民营企业在发展过程中,对交易成本的提高比其他类型企业更为敏感。因此,

推动行政审批制度的改革落地,从而有效降低准入门槛,有利于降低民营企业发展壮大的制度型交易成本。首先,要减少资质许可事项,规范服务流程,从而简化行政审批程序,降低市场准入门槛。这样不仅可以减少寻租行为,而且可以降低民营企业的起步难度,助力创新项目的落地。其次,要实现全国范围内政务服务的整体联动、业务协同,提升政务服务效率。建立协同的政务平台,可以维护市场运行的透明度和公平性,也可以提高市场的灵活性和反应速度。再次,要进一步推进简政放权,减少不必要的行政审批事项,减少政府对民营企业微观事务的管理,更好发挥市场在资源配置中的决定性作用,为民营企业发展提供自由的市场环境。最后,要构建有效的监管系统,保证简化后的资质许可事项得到有效监管,保障简化后的审批流程真正服务于民营企业的发展壮大。

2. 破除地方保护主义,推进全国统一市场建设

地方保护主义在中国大地上的根基不是一夕之间便可铲除的。因此我们需要循序渐进地破除地方保护主义和市场分割行为,进而推进高效规范、公平竞争、充分开放全国统一市场的构建。一方面,要着力取消市场准入门槛,推动建立地方之间合作发展的机制,维护公平竞争,从而为民营企业接触到更先进的技术资源,提升创新能力和市场竞争力提供坚实保障。另一方面,要建立全国统一的市场规则和标准。要确立竞争政策的基础性地位,完善公平竞争制度,促进不同地区、规模以及所有制企业之间的公平竞争。

(二)推动金融改革,降低融资成本

民营企业融资困难、融资成本高是一个多因素综合作用的结果。一方面,民营企业在生产经营过程中往往面临特定的融资需求,如短期流动资金贷款、供应链融资等,但其往往无法提供高质量资产作为抵押物,导致无法从银行获得贷款投入生产,或无力偿还利息,从而陷入死循环。另一方面,民营企业,尤其是新兴产业中的中小企业,由于其受市场风险波动影响较高,金融机构对其往往持谨慎态度,因而会通过提高利率等举措来弥补潜在的风险损失,即所谓的风险溢价。为了保障民营企业获得和其他市场主体同等的融资机会,政府应着力推动金融改革,降低民营企业融资成本。具体而言,可从以下四个方面入手。

1. 推动金融创新,优化银行信贷支持

首先,要出台相应政策为民营企业融资提供切实保障。例如,2023年,中国人民银行、金融监管总局、中国证监会等多部门联合发布的《关于强化金融支持举措助力民营经济发展壮大的通知》提出推进金融产品创新,支持金融机构开发符合民

营企业特点和需求的金融产品,如供应链金融、票据融资、保理融资、租赁融资、股权融资等,丰富民营企业的融资渠道和方式。① 其次,要引入和利用大数据、区块链和人工智能等技术,采用更加灵活的信贷审批和风险管理方式,提高贷款审批效率,更好地评估民营企业的信用风险,减少因信息不对称导致的高融资成本。最后,要利用互联网金融技术扩大金融服务的覆盖面,从而增加中小规模民营企业获得贷款的机会,降低其融资成本。

2. 加强政府财政支持,建立政策性金融支持体系

2018年11月1日,习近平总书记在"民营企业座谈会上的讲话"中提到要"对地方政府加以引导,对符合经济结构优化升级方向、有前景的民营企业进行必要财务救助。省级政府和计划单列市可以自筹资金组建政策性救助基金,综合运用多种手段,在严格防止违规举债、严格防范国有资产流失前提下,帮助区域内产业龙头、就业大户、战略新兴行业等关键重点民营企业纾困"②。以习近平总书记的论述为根本,各级政府应积极发挥国家宏观调控的作用,加强财政支持,构建一个不以营利为目的的政策性金融支持体系,改善商业银行因风险过高而不愿贷款的局面,给予金融机构足够信心,从而降低民营企业的融资成本。具体来说,政策性金融支持体系的特殊性资金融通行为可以低息贷款、担保基金、贴息补贴等形式存在。例如,通过设立担保基金或风险补偿机制,帮助金融机构分担向民营企业贷款的风险。同时,政策性金融支持体系还可以为重点产业和经济欠发达地区提供专项资金或优惠贷款。

3. 推动信用体系建设,缓解信息不对称

要建立健全信用体系,使得企业的信用信息更加透明、可查,从而有效缓解信息不对称的问题。对于金融机构,信用评级机构、信用报告等工具可以帮助其迅速、准确地了解企业的信用历史、经营状况和财务健康度,从而减少不确定性和风险溢价,降低贷款利率。而对于民营企业,信用体系建设能督促企业更加重视自身的信用记录和经营管理,有效避免道德风险问题。一方面,企业为了获得更低成本的融资,会努力保持良好的信用记录,避免信用污点。另一方面,严格的体系规则也会促使企业注重合规经营,提升财务透明度。例如,拖欠债款、虚报财务数据等行为会直接影响企业的信用评分,从而影响其融资能力。因此,完善的信用体系将

---

① 关于强化金融支持举措 助力民营经济发展壮大的通知[EB/OL]. https://www.gov.cn/zhengce/zhengceku/202311/content_6917272.htm.
② 习近平. 在民营企业座谈会上的讲话[N]. 人民日报,2018—11—01.

促成民营企业和金融机构之间的良性循环,将融资成本稳定在合理水平。

4. 加强金融监管,维护市场稳定

首先,要强化信息披露与信用体系建设。鼓励企业进行第三方信用评级,对金融机构开放访问,并在融资活动中使用信用评级作为重要参考。其次,要加强金融市场透明度与合规管理。要求银行和其他金融机构定期披露其信贷政策、贷款条件、风险评估标准等信息,确保信贷市场的透明度。再次,要引导金融资源向优质民营企业倾斜。通过政策引导,鼓励银行设立专门服务中小企业的信贷部门。对于信用良好、经营稳健的民营企业,鼓励银行提供差异化的利率和条件。然后,要严格打击金融市场违法违规行为。严格打击非法集资、高利贷、欺诈性贷款等违法违规行为,维护市场秩序。最后,要着力维护金融市场整体稳定。通过货币政策、宏观审慎管理等措施,保持金融市场的流动性和利率的稳定,避免市场利率的大幅波动。

(三) 提供创新保障,分担转型风险

在转型过程中,民营企业通常需要持续补充对研发的投入,还需要重新设计组织结构,以支持新业务模式和新技术的实行与应用。面对千变万化的市场,民营企业需要洞察市场需求变化,及时调整转型的目标和方向,开辟新的增长点。但是,在某些地区或行业,政府可能更倾向于支持国有企业而非民营企业。这就导致民营企业在跨越转型的高山时,不仅面临巨大的资金投入压力和外部环境变化带来的不确定性,还要自行承担潜在的破产倒闭风险。对此,政府应当成为托举民营企业转型的基石,在财政、平台、法律等方面为民营企业提供创新保障,分担转型风险,助力民营企业跨越转型的高山。具体而言,可从以下四个方面入手。

1. 加强对民营企业转型的政策或财政支持

政府的支持是分担企业转型风险最直接的方式,也是提高企业参与创新的积极性的有效手段。首先,政府可以直接设立专项资金,对企业的创新研发项目直接提供财政补贴。例如,河南财政下达2023年企业创新引导专项资金3.31亿元,以首次认定的国家高新技术企业数量和规模上工业企业研发活动覆盖率完成情况为资金分配因素,引导市县加大研发投入。[①] 其次,政府可以通过政策性银行或商业银行提供转型专项贷款,针对企业的转型项目提供低息或无息贷款。例如,福建在2023年推出了新一期100亿元规模专项贷款,省财政安排2亿元对符合条件的贷

---

① 董碧娟.财税加力支持民企拓市场[N].经济日报,2023-12-21(007).

款给予1%贴息。① 再次，政府可以牵头设立创新产业基金，联合社会资本和金融机构共同参与，支持创新型企业和转型项目的发展。尤其是对高科技、绿色环保、数字经济等领域，给予优先支持。例如，2019年1月11日，生态环境部、全国工商联发布的《关于支持服务民营企业绿色发展的意见》明确强调"加快推动设立国家绿色发展基金，鼓励有条件的地方政府和社会资本共同发起区域性绿色发展基金，支持民营企业污染治理和绿色产业发展"②。此后，2020年7月15日，由财政部、生态环境部和上海市三方发起，财政部、国开行等金融机构、长江经济带沿线11省市财政厅等共同出资的国家绿色发展基金正式揭牌，规模885亿元。③ 最后，政府可以对企业的研发投入提供税收优惠政策，鼓励企业增加创新投入，帮助企业在转型初期缓解资金压力。例如，我国在2023年3月将符合条件的企业研发费用加计扣除比例由75%统一提高到100%，并作为制度性安排长期实施。④

2. 搭建创新平台，提供基础设施支持

政府在帮助民营企业分担转型成本时，除了提供真金白银，还可以间接减轻民营企业转型初期的创新成本。一方面，政府可以牵线搭建起高校、科研机构与民营企业之间的创新合作平台。各级政府要大力支持民营企业参与各级各类创新平台建设，支持民营企业承接"三项改革"科技成果转化项目，并定期评选发布省级民营经济转型示范企业，鼓励民营企业转变发展方式，自觉走高质量发展路子，加大创新型企业、"专精特新"中小企业和专精特新"小巨人"企业培育力度。另一方面，政府可以建设创新孵化器、加速器和产业园区，并通过完善的基础设施体系吸引创新人才和资本，形成产业集群效应，降低企业创新成本。

3. 维护知识产权权益

2020年10月23日，国家发展改革委、科技部、工业和信息化部、财政部、人力资源和社会保障部、人民银行六部门联合发布《关于支持民营企业加快改革发展与转型升级的实施意见》明确强调要"完善知识产权运营服务体系。发展专业化技术交易知识产权运营机构，培育技术经理人。规范探索知识产权证券化，推动知识产

---

① 董碧娟. 财税加力支持民企拓市场[N]. 经济日报，2023-12-21(007).
② 生态环境部、全国工商联. 关于支持服务民营企业绿色发展的意见[EB/OL]. https://www.gov.cn/zhengce/zhengceku/2019-10/10/content_5438132.htm.
③ 国家绿色发展基金扬帆起航，传递中国坚定绿色发展信心[EB/OL]. https://www.gov.cn/xinwen/2020-07/17/content_5527772.htm.
④ 长阳民. 税务讲堂：2023年研发费用税前加计扣除新政解读[EB/OL]. https://www.gov.cn/zhengce/2023-04/24/content_5752967.htm.

权融资产品创新。建设国家知识产权公共服务平台,为民营企业和中小企业创新提供知识产权一站式检索、保护和咨询等服务"①。政府应以此为遵循,出台相应法律法规保护知识产权权益,为民营企业创新活动提供切实保障,提高企业创新发展的积极性。

4. 督促企业建立应急预案与危机应对机制

虽然政府可以直接为民营企业转型分担风险,但是过度依赖政府的财政和政策支持,反而可能会削弱民营自主创新和应对市场波动的能力。因此,有必要督促企业在转型过程中更多地依赖市场机制和自身能力,以增强其在复杂市场场景中的适应性和抗风险能力。首先,要出台相关法律法规。通过立法要求企业,特别是规模较大和高风险行业的企业,必须建立完善的应急预案和危机应对机制。其次,要建立应急管理技术支持平台。平台可以提供应急预案模板、危机管理案例库和技术工具,帮助企业制定符合自身需求的应急预案。此外,还可以通过平台提供实时的技术支持和咨询服务,协助企业应对突发事件。再次,要通过设立安全管理奖或应急管理标杆企业评选,对在危机管理和应急响应方面表现突出的企业进行表彰。最后,要建立跨部门、跨行业的信息共享平台,及时发布突发事件的预警信息和应对策略。

二、全面构建亲清政商关系

政商关系是当代中国政治权力、行政资源与经济利益、市场行为相互交织在一起的一种特殊社会关系,也是直接影响政党环境和市场环境的不容忽视的重大关系。2016年3月4日,习近平总书记在参加全国政协十二届四次会议民建、工商联委员联组会时用"亲""清"二字来高度概括新型政商关系,为政商关系的依法规范和科学构建指明了方向,抓住了政商交往的命脉。于民营经济的发展壮大而言,"亲"就是政商感情融洽、亲近,即政府能够积极关注民营企业的需求,并且及时作出回应;"清"则意味着在亲密沟通的同时,政府应当依法依规,不搞特权、不贪腐,避免利益输送和权钱交易,确保政策执行的透明度和公平性。政商关系不"亲",政府官员就会"为官不为",民营企业的正当诉求和合法权益就得不到保障。政商关

---

① 关于支持民营企业加快改革发展与转型升级的实施意见[EB/OL]. https://www.gov.cn/zhengce/zhengceku/2020-10/23/content_5553704.htm.

系不"清",民营企业就无法获得政府的平等对待和公平的市场竞争,民营经济就不可能行稳致远。

具体到亲清政商关系构建上,政府治理是根本,政府依法行政及其公共服务职能的实现,是理顺政府与市场关系的前提;市场治理是关键,深化监管执法改革、严格市场依法监管,是可持续优化营商环境的必经之路;企业治理是重点,作为最重要的市场主体,民营企业依法经营、创新发展,才能促进政府依法行政、激发市场活力和社会创造力;社会治理是基础,民营企业的行业协会商会依法自治、政策参与,方可为政府与市场的良性互动提供社会协商对话机制。① 因此,为了真正建立起得以让亲清政商关系良性运行的制度环境与相关保障机制,可以从以下四个方面着手。

(一)打造法治型、服务型、高效型政府

随着我国经济发展和社会财富的增长,如果政府"有形之手"对资源配置直接控制或干预过多,就会破坏公平竞争的市场环境,为政府寻租和企业不正当竞争等腐败行为提供可能。因此,构建亲清政商关系,必须进一步厘清政府与市场的边界,通过严格权力监督和创新服务的方式将政府的治理状态向依法行政、服务行政、高效行政进行转变,从而更好地发挥市场在资源配置中的决定性作用。具体来说,有以下三种手段。

1. 通过权责清单制度设计,实现对公权力运行的有效监督

权责清单的本质是职权法定,通过筑牢制度"篱笆"规范行政裁量权、保障政务公开质量、强化权力监督,确保政府职能依法实施。当明确的保障监督机制缺位时,部分政府官员作风"庸懒散"、办事"推脱拒",会严重打击市场信心。同时,由于政商交往中不确定性导致的政治风险,一些民营企业家政治策略趋于保守,为避免政治风险而有意与政府官员保持距离。因此,权责清单制度需要明确政府支持民营企业发展的应尽之责和政商交往的底线,使政府工作人员与民营企业家交往有规、交往有度、交往有束。这样,不仅可以预防和规避官商勾结、以权谋私和利益输送等腐败行为,更能做到政商交往既亲密无间,又激浊扬清。

2. 加快深化"放管服"改革,建设服务型政府

随着市场经济的深入发展,政府要以民营企业和群众的需求为导向进一步简政放权,按照市场化规则落实企业生产经营和投资自主权,提升政府的服务能力和

---

① 郑善文,高祖林.构建亲清政商关系的治理向度[J].理论导刊,2021(10):69.

服务水平,从而推进政府与企业、资本、市场中介组织等其他错综复杂的社会角色划清边界,实现对政府组织的结构和功能的持续性调整,最终完成服务型政府的转型目标。

3. 加快推进一体化政务服务平台建设,提高政府行政效率

互联网、大数据、智能化技术在政务服务领域的广泛应用,有助于降低公共服务提供成本。因此,要依托在线政务服务平台,集中公布涉及市场主体的法规、制度和政策,推动政务信息系统整合、联通共享以及业务协同,推进同一服务事项无差别受理、同标准办理,从而给各类市场主体提供公开透明、公平公正的高效政务服务。

(二)凝聚市场监督合力,完善监管执法体系

缺乏有效的监管执法体系是政商关系亲而不清的一个重要原因。当政商交往得不到有效的监管,就会隐匿腐败行为。而且,在一些腐败案件中,掌握更大行政权力的官员,往往更容易使用自己没有受到监管的权力来贪污受贿。因此,构建亲清政商关系,需要发挥社会合力,建立多层面的市场监督执法体系,从而有效维护公开透明的市场规则和公平有序的市场秩序,促进市场的合法竞争和优胜劣汰。为了完善市场监督执法体系,可从以下三个方面着手。

1. 推动市场监管执法的法治化

法治建设是市场监管执法体系的保障,是凝聚并发挥社会合力进行市场监督的基石。为此,一方面要强化市场监管的制度性和程序性。依法厘清执法依据、执法程序和执法责任,严格限定执法裁量权的行使,对不当或违法履行执法职责的失范行为进行严肃追责问责,着力增强执法的规范性、合法性和权威性。另一方面,要提升监管执法的公平性。规避由选择性执法、任性执法带来的垄断和不正当竞争。衔接事前、事中和事后监管,统筹"双随机、一公开"监管、重点监管和信用监管,实现监管执法信息完整准确公开、监管执法全方位覆盖、全过程留痕和可回溯管理。

2. 健全社会监督机制

政商关系的规范与良好营商环境的塑造,需要畅通普通民众、社会组织、新闻媒介等参与监督的渠道。一方面,政府需要不断提高广大民众参与社会监督的意识和水平,强化政府对社会监督的重视、鼓励与支持,积极回应公众监督,并及时防范监督权的滥用;另一方面,政府还要进一步完善和疏通社会监督的多样化渠道,借助多层次和常态化的社会监督,确保权力在阳光下运行和企业的规范操作。

3. 强化社会主义道德建设,提升全体公民的道德水平

政府官员服务意识的养成和民营企业经营者诚信经营理念的培育,是构建亲清政商关系的必然要求。因此,要引导包括政府官员和民营企业家在内的全体社会公民自觉养成良好的行为习惯,从而降低市场监管执法的难度。

(三)督促企业完善内部规制,约束规范企业行为

随着市场配置资源作用的提升和空间的增加,过去某些民营企业家通过贿赂、钱权交易来换取资源、谋求垄断经营的违法手段难以为继,必将被市场淘汰。反之,公开透明的政商关系是大势所趋。对此,为了构建起新型亲清政商关系,不仅需要政府自身有所作为,民营企业也应该顺应时代变化,在维持与国家和政府的关系时不仅要态度亲近,更应该约束自身行为,培育现代化的企业规制,以清白坦荡的姿态与国家和政府交往。

具体而言,一要帮助企业树立牢固的底线思维和法治意识,培养民营企业坚持合法竞争的观念,鼓励民营企业通过合法手段来提升企业核心竞争力,而非通过腐败等非法手段来谋取不当所得。这可以通过加强法治宣传,经常召开法治宣传会来实现。二要培养民营企业家的政治敏锐性,使其与党和政府大政方针保持一致、同向同行,以国家的大政方针来指引企业的投资和经营活动。这可以通过加强民营企业党建,弘扬企业家精神来实现。三要督促民营企业完善内部控制机制,要求民营企业加强内部监管,鼓励企业内部人员互相监督,清清白白地与政府打交道,洁身自好。这可以通过要求民营企业定期披露公司信息,向外界展示其内部治理结构,以及定期安排专家走访调查,并提供合理建议来实现。

(四)培育行业协会商会,构建政商沟通桥梁

在政商关系中,由于政府往往掌握着关涉民营企业发展的某些权力,因此民营企业与政府双方之间常常处于不对等的谈判地位。行业商会协会是以市场和企业为基础的经济组织的再组织[1],是连接政府和民营企业、民营企业之间的纽带。行业商会协会的集体力量,不仅有助于提升民营企业的谈判地位,还可以有效规避政府管理者与民营企业经营者交往时的潜在腐败行为。因此,为了发展壮大民营经济,行业协会商会应致力于维持政企之间的密切沟通,向政府相关部门及时反映民营企业的发展诉求,为政府和民营企业之间的合作搭建联系平台。但是,从现实来看,行业协会商会的发展并不完善。一方面,行业协会商会的话语权不充分,缺乏

---

[1] 郁建兴.改革开放40年中国行业协会商会发展[J].行政论坛,2018(6):14.

独立性和自主性,难以获得政府的高度重视。另一方面,行业协会商会管理相对混乱,不能赢得所有民营企业的完全信任等。

为了更好促政府和民营企业之间的交流沟通,要积极培育行业协会商会。首先,要完善行业协会商会的内部管理,提升自身的运作能力和经营实力,以良好的服务态度和全面的服务能力赢得民营企业的充分信任。其次,要加强行业协会商会与政府间的沟通。行业协会商会应及时了解政府工作重点与发展规划,拓展解决民营企业和政府之间信息不对称的新途径,更好地将政府工作重点和民营企业发展目标结合,使政府政策能有效反映和满足企业发展的需求。最后,要加强行业协会商会与民营企业的沟通,强化民营企业间的合作和横向联系,提高行业的整体竞争力和凝聚力,以此增加民营企业与政府交往中的自主权和话语权。

三、加强发展壮大民营经济的法治保障

经过多年的发展,我国建立了社会主义市场经济体制,市场经济需要不同所有制经济公平竞争、平等发展,需要公开、公平、公正的市场秩序。这一切都需要我们用法律制度对经济关系和经济秩序加以调整、规范和指引。所以,习近平总书记多次强调,社会主义市场经济是法治经济,法治是最好的营商环境。[①]

然而,我国民营经济在发展过程中长期遭遇的隐形歧视和区别对待使得其发展仍然受到制约,因而我国法律在保障各种所有制经济在发展过程中权利平等、机会平等、规则平等方面还有提升空间。因此,为了让民营经济享有与市场其他主体平等的竞争机会,应当加强相应的法治保障,具体可从以下四个方面着手。

(一)明确民营经济宪法地位,保护民营企业合法权利

明确民营经济的宪法地位是发展壮大民营经济的前提和基础。宪法地位的明确,为民营企业创造了一个稳定的法律环境,能够有效降低由于政策变化可能带来的不确定性,有助于增强民营企业家的信心,促进长期投资和发展。

在我国基本经济制度确立的过程中,民营经济的法律主体地位在宪法文本中有明确体现,其经历了由"公有制经济的补充""公有制经济必要的、有益的补充"到"社会主义市场经济的重要组成部分"的发展历程。国家对民营经济的政策也经历

[①] 习近平主持召开中央全面依法治国委员会第二次会议[EB/OL]. http://www.xinhuanet.com//politics/2019—02/25/c_1124161654.htm.

了从"引导、监督和管理"到"鼓励、支持和引导并依法实行监督和管理"的变迁。这一过程充分表明,民营经济依法平等使用生产要素、公平参与市场竞争的权利逐渐得到法律保护,民营经济的法律主体地位在宪法层面得到确认和保障,这有效激发了民营企业活力,提振了民营企业家的发展信心,为民营经济发展壮大提供了坚实保障。同时,民营企业的进一步发展也需要搭建配套的法律法规和执法体系来保护民营企业的合法权利。

(二)加快制定民营经济促进法,为民营经济发展营造良好环境

目前,关于促进民营经济发展壮大的相关法律规定主要散见于不同的法律法规之中,缺乏整体性、系统性和协调性,已经难以适应当前进一步促进民营经济发展壮大的客观需要。对此,党的二十届三中全会强调,要全面深化改革,以建设完善体制机制为核心,通过制定民营经济促进法[①],为其发展营造良好的环境和提供更多机会。因此,为了更好地促进民营经济发展壮大,有必要制定一部具有综合性的民营经济促进法。

总体来说,民营经济促进法立法必须以习近平新时代中国特色社会主义思想为指导,深入贯彻党的二十大精神,契合民营经济发展"地位平等、共同发展、公平竞争、互惠合作、平等监管与平等保护"的六项核心原则,使各种所有制经济依法平等使用生产要素、公平参与市场竞争、同等受到法律保护,优化民营经济发展环境,发展壮大民营经济。

具体而言,民营经济促进法应该从平等和自由两个角度出发[②],依法保护民营经济组织产权和企业家权益,引导民营经济组织通过自身改革发展、合规经营、转型升级不断提升发展质量。

1. 要加强法律意义上的平等原则

在各项法治原则中,平等原则处于先导地位。平等原则作为一项立法准则,进而作为执法准则和司法准则,强调在立法、执法、司法过程中对各类经济组织,包括民营经济组织应平等对待。这就意味着民营经济促进法立法应当保障民营经济组织公平享有使用资金、技术、人力资源、数据、土地及其他自然资源等各类生产要素和公共服务资源的机会,平等适用国家支持发展的政策。为了实现这一立法目标,民营经济法既要做到坚持平等保护各类所有制经济主体,又必须兼顾推动对民营

---

① 中共中央关于进一步全面深化改革 推进中国式现代化的决定[N].人民日报,2024-07-22.
② 王轶.民营经济促进法的立法原则[J].广东社会科学,2024(3):241.

经济的政策支持力度。具体如下[①]:(1)要禁止滥用行政权力限制竞争。明确未经公平竞争不得授予经营者特许经营权,不得限定经营、购买、使用特定经营者提供的商品和服务;明确产业政策实施方式,定期公开涉企优惠政策目录清单;明确政府部门定期推出市场干预行为负面清单,废除含有地方保护、市场分割、指定交易等妨碍统一市场和公平竞争的政策。(2)要着力保护民营经济组织产权和企业家权益。明确禁止利用行政或刑事手段干预经济纠纷,不得超权限、超范围、超数额、超时限查封扣押冻结财产;规范民营经济组织审计监督体系和财会制度;细化对民营中小微企业原始创新保护的规定;规范民营企业海外知识产权纠纷应对指导机制。(3)要完善监管执法体系。规范跨行政区域按规定联合发布统一监管政策法规及标准规范;按照教育与处罚相结合原则,规范告知、提醒、劝导等执法方式,对初次违法且危害后果轻微并及时改正的,依法不予行政处罚;规范涉企违规收费投诉举报渠道,建立规范的问题线索部门共享和转办机制,规范曝光违规收费典型案例。

2. 加强法律意义上的自由原则

民营经济促进法立法加强自由原则,主要是强调民营经济组织在市场交往中,享有通过民事法律行为,特别是合同行为来调整市场主体相互之间关系的自由,行使公权力的主体不得无理限制、非法干涉或者不当剥夺。为了实现这一目标,民营经济法必须着力于构建高水平社会主义市场经济体制,持续优化稳定公平透明可预期的发展环境,充分激发民营经济生机活力。例如,民营经济促进法立法应当持续破除市场准入壁垒,包括明确各地区各部门不得以备案、注册、年检、认定、认证、指定、要求设立分公司等形式设定或变相设定准入障碍;明确要求有关部门清理规范行政审批、许可、备案等政务服务事项的前置条件和审批标准,不得将政务服务事项转为中介服务事项,没有法律法规依据不得在政务服务前要求企业自行检测、检验、认证、鉴定、公证或提供证明等,规范开展市场准入效能评估,建立市场准入壁垒投诉和处理回应机制、典型案例归集和通报制度。[②]

(三)及时修改现有相关法律法规,因地制宜探索地方立法新路径

由于民营经济所涉及的领域相当广泛,市场法则的建立也不是一蹴而就,因此,仅仅通过民营经济促进法,不可能完全实现全面促进和保障民营经济发展壮大

---

① 中共中央、国务院关于促进民营经济发展壮大的意见[N]. 人民日报,2023—07—14.
② 中共中央、国务院关于促进民营经济发展壮大的意见[N]. 人民日报,2023—07—14.

的效果。法律与生俱来的滞后性,注定了我们需要不断加强立法,发布法律解释,发布指导性案例来完善法律法规。同时,由于民营经济的发展壮大与当地的具体实际情况具有直接关系,积极探索适合当地民营经济发展壮大的地方立法新路径就显得尤为重要和迫切。

为此,一方面,需要根据促进民营经济发展壮大的现实需求,及时修改完善宪法、行政法、刑法、民商法、经济法、社会法等法律法规,构建对民营经济发展壮大全方位、多层次、高质量的法律保障;另一方面,要高度重视对以往历史经验的及时总结与充分借鉴,积极探索新时代促进民营经济发展壮大的新路径。

(四)持续推进司法公正,确保法律效果与社会效果相统一

完善的法律保障离不开良好的司法环境建设,而司法公正是司法环境建设的核心。近年来,我国司法机关在加强民营企业发展法治保障方面已有成果,出台的一系列政策文件都十分关注民营企业发展,围绕减轻民营企业负担、解决民营企业发展难题、营造公平竞争环境、完善政策执行方式、保护企业合法权益等方面,提出了多条务实举措,有效回应了近年来民营企业家的诉求。

为了持续推进司法公正,司法机关应当模范遵守宪法法律,维护公正、高效的司法环境,确保各种所有制经济特别是民营经济在诉讼地位、法律适用、责任承担等方面受到平等保护。司法实践中,司法机关在履行审判、检察和司法行政职能时,要正确区分经济纠纷与经济犯罪、个人犯罪与企业违规、企业正当融资与非法集资、经济活动中的不正之风与违法犯罪、执行和利用国家政策谋发展中的偏差与钻改革空子实施犯罪、合法经营收入与违法犯罪所得、非公有制企业参与国企兼并重组中涉及的经济纠纷与恶意侵占国有资产、企业自主知识产权创新突破行政及行业管理规定与故意违反法律法规"八个界限",在一个个司法案件中体现公平和正义,确保法律效果与社会效果的统一。

第二节 民营经济发展壮大的要素保障机制

政府在微观层面提供的外部支持旨在减少民营企业发展壮大面临的短期的、具体的挑战与障碍,其作用必然是有限的,只能解决民营企业眼前的困境。而民营企业的长远发展需要一系列配套的资源保障,如人才、资本和技术的持续供给。具体而言,丰富的人才储备是民营企业在激烈竞争中发展壮大的基石,充足的资本是

企业创新、转型的保障,先进的技术是企业的核心竞争力。通过构建高层次的要素保障机制,企业可以建立灵活的创新转型机制,保障可持续发展。因此,民营经济的发展壮大需要构建相应的要素保障机制,以促进要素资源的高效合理配置。

一、全面提高人才自主培养质量,构建识才、爱才、敬才、用才的人才机制

在现代经济中,人才是企业创新和竞争力的源泉,企业的可持续发展依赖于稳定的高素质人才供给。只有具备足够的创新人才,民营企业才能掌握核心技术,开发出高附加值的产品和服务,从而实现产业升级,持续保持竞争力。党的二十届三中全会审议通过的《中共中央关于进一步全面深化改革 推进中国式现代化的决定》提出实施更加积极、更加开放、更加有效的人才政策,完善人才自主培养机制,加快建设国家战略人才力量,着力培养造就战略科学家、一流科技领军人才和创新团队,着力培养造就卓越工程师、大国工匠、高技能人才,提高各类人才素质,强化人才激励机制,为人才成长营造良好环境。这为构建人才要素的保障机制指明了方向。随着经济的快速发展,要保障人才要素的稳定、可持续的供给,就必须提高人才自主培养质量,建立起完善的人才机制。在完备的人才培养机制的保障下,民营企业可以根据自身的发展战略,定制化地培养符合企业需求的专业人才,解决人才短缺的问题,满足企业在技术、管理、市场拓展等各个领域对高素质人才的需求。同时,通过自主培养和完善的人才机制,企业可以建立起人才梯队,确保在不同发展阶段都有合适的人才支持,实现平稳过渡的持续发展。要建立起完备的人才培养机制,可从以下三个方面着手。

(一)加强教育体系改革,提升人才培养质量

民营企业的发展离不开专业技术人才的支撑,然而目前专业化人才培养有所欠缺,这主要体现在人才的供给与市场需求不匹配。随着技术进步和产业升级,市场主体对高技能、高素质人才的需求不断增加。但是宽口径、厚基础、强能力和国际化视野的高素质应用型人才短缺对企业转型升级构成了明显制约。一方面,传统高等教育体系往往追求学术卓越和教育标准化,过于注重单一学科或学科组合的教育,这导致教育资源分配不平衡,造成人才培养偏差,最终造成部分专业人才培养过剩,而有些专业则无法培养和输送合适人才。当下的高等教育体系无法及时跟上市场的千变万化,导致人才供给与企业需求之间出现严重错位。另一方面,

虽然职业教育的初衷是就业市场导向,但是其教学内容与进入职业市场后的需求不相符的问题依然存在。随着市场需求的演进,职业教育在教学内容、师资队伍和教学质量方面存在不足,缺乏新型人才重要技能的知识和教学方法。而且,职业院校也是培养创新能力的重要场所,但是大部分的职业院校缺乏激励创新的氛围和机制。

要提升人才培养质量,就必须针对性地调整人才的供给,加强教育体系改革。总的来说,教育体系改革主要可从高等教育和职业教育两方面入手。

(1)根据市场和产业需求进行高等教育的供给侧改革,调整课程设置、教学内容和培养模式,使人才培养更好地适应市场需求,确保企业能够获得所需的人才。对此,政府进行过高等教育改革的尝试。例如,2023年2月21日,为全面贯彻党的二十大精神,进一步落实党中央、国务院关于深化新时代高等教育学科专业体系改革的决策部署,加快调整优化学科专业结构,推进高等教育高质量发展,教育部等五部门印发了《普通高等教育学科专业设置调整优化改革方案》,要求"加强教育系统与行业部门联动,加强人才需求预测、预警、培养、评价等方面协同,实现学科专业与产业链、创新链、人才链相互匹配、相互促进",目标在2025年实现"优化调整高校20%左右学科专业布点,新设一批适应新技术、新产业、新业态、新模式的学科专业,淘汰不适应经济社会发展的学科专业"。不过在此过程中,高校不可盲目求新、求多、求全、求热门,要做好充分的调研、论证和民主决策,立足自身办学条件和办学特色,结合地方产业发展需求。

(2)深化职业教育直接面向就业市场导向,提升其培养质量。职业教育要以市场需求变化为参照优化专业建设,区域职业教育院校要充分结合企业发展需求,依托职业院校理论知识、企业实训实习设备优势,鼓励人才开展技术创新和改造。例如,2023年11月30日,人力资源社会保障部印发的《关于强化人社支持举措 助力民营经济发展壮大的通知》中强调要"深化产教融合、校企合作,支持民营企业与技工院校以多种方式开展合作,开设冠名班、订单班、学徒班,强化技能人才培养"。这样便可以培养出更多具有实际操作能力的技术工人和工程技术人员,更好满足企业对技术型人才的需求,增强经济的技术支撑力。

(二)构建多层次的人才引进和培养机制

民营企业在不同发展阶段、不同业务领域对人才的需求是多样化的。例如,初创期的企业可能需要创业型人才,快速扩张期的企业需要管理型人才,技术创新型企业需要科研型人才。多层次的人才引进和培养机制是能够帮助企业根据实际需求,灵活使用人才,提升企业的技术水平和管理能力,增强企业的市场竞争力的有效手段。因此,为推动民营企业的更好发展,政府应着力构建多层次的人才引进和培养机制,具体可从以下三个方面着手。

1. 要根据不同层次人才的特点,制定相应的引进政策

该政策主要包括高端人才(如技术专家、管理精英)的引进计划,中端人才(如技术骨干、项目经理)的培养计划,以及基层人才(如操作工人、技术员)的提升计划。实施人才引进政策时,应尽量避免成本高昂,人才流失率高,缺乏创业环境,基层人才激励不足等问题。具体而言,政府可以为引进高层次人才的民营企业提供税收减免或优惠政策,降低企业的人才引进成本。例如,2024年2月,泉州开发区出台了促进民营经济发展"引才聚才"十条措施,根据不同层次人才的引进,对民营企业进行不同程度的资金奖励和住房保障,为区域民营经济高质量发展提供了强有力的人才保障。

2. 要完善人才评价和管理机制

完善的人才评价机制可以帮助企业准确识别不同层次、不同岗位的合适人才。通过科学合理的评价标准和方法,企业可以更好地评估候选人的能力、潜力,以及与企业文化的匹配度,从而确保选拔到最适合企业发展需求的人才。如果没有完善的评价机制,人才选拔过程中容易受到主观因素的影响,从而出现偏见或误判。而且,完善的评价机制可以为员工提供明确的职业发展路径,通过定期的绩效评估和反馈,员工可以清楚地了解自己的职业发展方向和成长空间。这种透明度有助于增强员工的职业规划意识,激励他们不断提升自身能力。为健全人才评价与管理机制,相关部门出台了一系列政策文件。例如,2023年11月30日,人力资源社会保障部印发的《关于强化人社支持举措助力民营经济发展壮大的通知》中提出"畅通民营企业人才评价渠道。加大'新八级工'职业技能等级制度落实力度,支持符合条件的民营企业自主开展职业技能等级认定,打破学历、资历、年龄、比例等限制,对技艺高超、业绩突出的民营企业一线职工,按照规定直接认定其相应技能等级"。对于高端技术人才,该文件也明确提出"支持民营企业专业技术人才在劳动合同履行地、所在企业注册地设立的职称申报受理服务点,或通过人力资源服务机构等社会组织进行职称申报。建立职称评审'绿色通道'或'直通车',民营企业高层次专业技术人才、急需紧缺人才、优秀青年人才可直接申报相应级别职称",以及"推进民营企业高技能人才与专业技术人才贯通发展,畅通技能人才成长通道。支持符合条件的民营企业备案新设博士后科研工作站"。这种完善的人才管理机制

能够帮助企业不断提升组织能力。通过系统化的评价和管理，企业可以不断优化团队结构，提升整体的执行力和创新力，从而增强在市场中的竞争优势。

3. 政府应助力民营企业形成内部的人才梯队

鼓励民营企业与高校、科研机构建立合作关系，开展联合培养计划，从而为企业储备技术型和管理型人才。通过定向招聘、实习计划、校企合作项目，提前锁定高潜力人才。例如，北京理工大学计算机学院设计出一套校企共建的创新人才培养模式——"企学创"融合发展平台。[①] 该平台以北京理工大学计算机学院学生创新创业基地为依托，以互联网行业以及企业需求为导向，建立完善企业参与机制，并配以完善的运行保障以及监督评价机制，并在此基础上与企业共同进行校企课程建设，保证了课程建设的长效性和稳固性。

(三)营造尊重人才的社会氛围

社会氛围在民营企业对吸引、培养和留用人才中起着至关重要的作用。人才不仅会被优厚的物质待遇所吸引，还会被社会对他们的尊重、理解和认可所打动。因此，构建"识才、爱才、敬才、用才"的人才机制需要营造尊重人才的社会氛围。民营企业比其他类型企业更加需要高素质、高技能、专业化的人才。当社会整体上尊重和重视人才时，各行各业能够快速塑造起积极的职业形象，使得各类型民营企业的员工更强烈地感受到自己的价值。这种社会认同能够激发人才的向往和归属感，使他们更加愿意为民营企业和社会贡献自己的才华。因此，尊重人才的社会氛围的营造对民营企业的发展至关重要。

尊重人才的社会氛围应该鼓励公平竞争，打破唯学历、唯资历的旧观念，更多地关注人才的实际能力和贡献。为此，政府应该从以下两个方面入手：一方面，可以通过宣传渠道，如新闻媒体、公共活动、政府公告等，积极宣传尊重人才的理念，树立尊重知识、尊重人才的社会风尚。另一方面，可以通过设立"优秀人才奖""创新人才奖"等荣誉称号，用表彰和奖励活动来提升社会对人才的认可度，从而激励更多人努力成为有贡献的人才。

二、丰富创新融资渠道，构建直接支持民营经济发展的融资体制机制

民营企业，特别是中小型高科技企业，往往是技术创新的主要力量，在研发、技

---

① 奚英伦.高校工程教育与企业需求衔接方法研究[EB/OL]. http://www.xinhuanet.com/tech/20220404/cfacefbb8aa1412984eac9c4c3546c6a/c.html.

术突破和新产品开发方面具有巨大的潜力。但是,他们往往对市场波动更加敏感,资金流动性问题会直接影响其运营和扩展。相较于国有企业,民营企业在传统金融体系中往往面临融资渠道狭窄、融资成本高昂的问题。缺乏有效的融资渠道直接限制了民营企业的扩张和创新能力。因此,促进民营经济发展壮大,需要构建相应的融资体制机制,促进资金更快更好地流向具有高成长潜力的民营企业。

(一)完善多层次资本市场

多层次资本市场指的是一个包括股票市场、债券市场、股权投资市场,以及场外市场等在内的完整资本市场体系,可以为不同规模、不同发展阶段的民营企业提供多样化的融资渠道。具体而言,政府可从以下四个方面着手。

1. 要推动股票市场的多层次发展

首先,要壮大创业板和科创板,降低中小企业上市门槛,支持中小企业板块发展。创业板和科创板主要面向科技型企业,通过壮大创业板和科创板,提供一个更加包容的资本市场平台,更多科技型中小企业可以通过股票发行、增发、可转债等多种方式进行资本市场融资,减轻对银行贷款的依赖,降低融资成本。降低中小企业上市门槛,简化上市流程,能够让更多的创新型企业进入资本市场,并加快企业进入资本市场的步伐,激发市场活力,提高融资效率。获得资本市场融资后的中小企业可以加大对新市场、新技术的研发投入,提升企业的创新能力和市场竞争力。

其次,要支持鼓励大型民营企业上市,优化退市机制,提升主板市场的包容性。鼓励并支持有一定规模和经营稳定的民营企业在主板市场上市,通过直接融资和再融资,能够增强其资本实力,支持企业扩展和国际化发展。上市不仅能够使大型民营企业通过发行股票、再融资等方式获得大量资金,也是提升企业品牌和市场影响力的重要手段。

最后,要建立和完善上市企业的退市机制,确保市场资源流向最有竞争力和成长潜力的企业。通过淘汰不符合上市标准的企业,释放出更多的市场资源,包括资金、投资者关注度等,从而更好地支持那些具有发展潜力的优质企业。这样,有进有出的市场机制不仅能吸引更多优质企业进入市场,还可以及时剔除高风险企业,降低系统性风险,保护投资者的资金安全。

2. 要发展和规范债券市场

首先,要支持民营企业发债融资,创新其债权品种,推动企业债券的发行。开发符合中小企业需求的债权品种,如绿色债券、可持续发展债券、资产支持证券等,支持企业在环保、创新、可持续发展等领域的融资需求。鼓励和支持民营企业特别是中小企业通过发行企业债券、公司债券、可转债等进行融资,扩大直接融资比例。

其次,要加强信用评级体系建设,推广信用增进工具,完善信用评级与增信机制。提升信用评级机构的独立性和公信力,可以确保对企业债券的评级客观、公正,提高市场对民营企业债券的信任度。鼓励使用信用增进工具,如信用担保、信用保险等,提升民营企业债券的信用等级,降低投资者的风险,吸引更多投资者参与。对此,2022年3月27日,中国证监会拟"推出科技创新公司债券,优先重点支持高新技术和战略性新兴产业领域民营企业发债募集资金""进一步优化融资服务机制,将更多符合条件的优质民营企业纳入知名成熟发行人名单,提高融资效率""发挥市场化增信作用,鼓励市场机构、政策性机构通过创设信用保护工具为民营企业债券融资提供增信支持,尽快推出组合型信用保护合约业务"等系列政策措施[1],并且后续落地了民营企业债券融资专项支持计划,通过与债券承销机构合作创设信用保护工具等方式,增信支持有市场、有前景、有技术竞争力并符合国家产业政策和战略方向的民营企业债券融资[2]。

最后,政府也需要优化债券发行审核程序,缩短发债周期,降低发债成本。

3. 要促进股权投资市场的发展

一方面,要鼓励风险投资和私募股权投资,发展天使投资和种子基金,扶持初创企业融资。通过税收优惠、投资奖励等措施,吸引更多社会资本进入风险投资和私募股权基金领域,能够支持民营企业特别是初创企业等股权融资。近年来,私募股权创投基金在完善多层次资本市场体系、提高直接融资比重、服务实体经济发展、推动供给侧结构性改革等方面发挥了重要作用。

另一方面,要完善天使投资和种子基金等推出机制,包括投资者通过IPO、并购等方式实现退出,确保投资资金的流动性和持续性。

4. 要发展场外市场和区域性股权交易市场

一方面,要壮大新三板市场,发展区域性股权交易中心,建设多层次的场外市场。新三板主要服务于创新型、创业型、成长型的中小企业,相较于主板、创业板的上市条件更加灵活,特别是在营业收入、利润指标等方面要求较低,使得更多中小民营企业能够进入资本市场,实现融资。而且,新三板市场实施的分层制度(基础

---

[1] 推动完善民企债券融资支持机制 增强服务民营经济发展质效[EB/OL]. http://www.csrc.gov.cn/csrc/c100028/c2206490/content.shtml.

[2] 证监会. 开展民营企业债券融资专项支持计划 毫不动摇支持民营经济健康发展[EB/OL]. http://www.csrc.gov.cn/csrc/c100028/c2517990/content.shtml.

层、创新层、精选层)为不同发展阶段的企业提供了更加精准的服务。因此,支持各地区发展区域性股权交易市场,可以为尚未达到全国性资本市场上市要求的企业提供股权融资、股权转让和增资扩股的机会。

另一方面,要促进板块间的有机衔接,建立从区域性股权市场、新三板市场到创业板、科创板及主板市场的转板机制,打通企业融资的上升通道。

(二)强化金融监管和风险防控

融资市场的无序发展容易导致资产泡沫和市场失序,进而导致大量资金流向高风险的项目或企业,造成资源错配。而且,融资市场如果缺乏有效的风险防控,可能会引发系统性金融风险,尤其是在市场高度联动的复杂情况下。因此,构建直接支持民营经济发展的融资体制机制必须强化监管和风控工作。通过强化监管,可以引导资金流向那些具有长期发展潜力的民营企业,支持它们的可持续发展。通过强化风险防控,可以及时识别和应对潜在的系统性风险,防止局部风险扩散成全局性危机,确保金融体系的稳定。为强化金融监管与风险防控,政府可从以下三个方面着手。

1. 要强化市场监管与法律保障

具体措施包括:

(1)建立健全监管体系,提高违规处罚力度,强化市场监管。对金融机构、融资平台和创新型金融产品的市场准入进行严格的资质审查,确保进入市场的机构和产品具有良好的信用和稳健的运营能力。对民营企业融资过程中涉及的新型融资工具和平台,必须确保其具备合规资质。针对不同类型的金融创新产品,如P2P借贷、供应链金融、众筹等,设立清晰的监管标准和准入条件,建立创新融资工具的备案制度,要求所有新型金融产品在推出前必须向监管机构备案。

(2)健全资本市场法治建设,完善法律保障。加强对非法集资、金融诈骗、非法放贷等金融犯罪行为的打击力度,维护市场秩序。金融监管机构应与公安机关、司法部门合作,快速反应、严厉查处违法行为,保护投资者和企业的合法权益。建立完善的处罚机制,对违反市场行为规范的机构和个人进行严惩,提高违法成本,震慑潜在的违法行为。

2. 要加强金融风险的防控

具体措施包括:

(1)建立动态风险监测体系,制定风险预警机制。利用大数据和人工智能技术,实时监测金融市场的动态变化,特别是民营企业融资行为中的风险信号。对资金流动、交易行为、市场波动等进行持续跟踪,及时发现潜在风险。

(2)建立有效的风险预警机制,对金融市场中的异常波动或企业融资中的高风险行为,及时发布预警。金融监管机构应根据预警信息采取相应的监管措施,如提高审查力度、限制高风险产品等。

(3)注意跨市场风险的防范。对涉及多个金融市场或跨境交易的创新融资工具,特别是涉及外汇、商品衍生品、数字货币等领域的产品,需加强监管,防范跨市场传导的风险,确保这些产品在不同市场中的风险控制机制协调一致,避免风险外溢。

3. 要推动金融科技与资本市场的融合

推动区块链技术应用,提升市场透明度和安全性,发展数字供应链金融。供应链金融的核心是通过供应链核心企业的信用优势,将上下游中小企业的应收账款、库存、预付款等供应链中的各个环节转换为融资工具,与金融机构的服务能力结合起来,提供针对性的融资解决方案。而利用大数据、区块链等技术,能够提升供应链金融的透明度和安全性,降低融资风险,增强供应链金融的效率和覆盖面。

三、搭建政务数据共享平台,构建民营经济数据获取、保护、利用的全链条体制机制

政务数据在优化民营企业营商环境方面是起关键作用的。政务数据的有效利用不仅有利于民营企业的健康发展,而且为经济的持续增长与社会的和谐稳定提供了有力保障。搭建政务数据共享平台,可以提升政府服务效率,降低企业经营成本,增强市场透明度,增强政府与企业互动等,有助于构建高效、透明、公平的营商环境。

近年来,政务数据共享开放工作成效显著,各地区各部门积极推进数据共享和开发利用,涌现出如杭州市"亲清在线"等创新实践[①],为其他地区构建民营经济数据获取、保护、利用的全链条体制机制提供学习的经验。杭州市"亲清在线"平台诞生于2020年,围绕企业全生命周期,按照全程在线、流程再造、数据协同的理念,为企业提供全生态、全链条的线上政务服务。在横向集成方面,"亲清在线"打破部门

---

① 国务院发展研究中心企业研究所. 加快推进政务数据有效共享[EB/OL]. https://xxzx.mca.gov.cn/n783/c1662004999979994202/content.html.

职能边框,通过"城市大脑"连接各部门业务系统,从民营企业视角重塑业务流程,将政策的各项前置条件全部转化为数字化规则,并将审批规则标准化,实现系统自动判别、智慧审批。在纵向贯通方面,"亲清在线"的数据共享以统一社会信用代码为标识,联结50多个中央、省、市职能部门,协同372个数据接口,实现市、区县、镇街三级共用。同时,为实现民营企业承诺的可追溯,"亲清在线"还建立起以信用为核心的事中风控体系、事后监管机制、联合奖惩机制的企业信用管理闭环。应用具备数据认证、电子存证功能的区块链技术,强化"一数一源"的质量追溯机制,确保核心数据可溯、可证、无法篡改,隐私数据安全存储使用,实现安全可信的数字政务服务保障体系。

但是,在民营经济获取、保护和利用政务数据的过程中,仍存在数据壁垒、标准规范不统一、体制机制不健全、安全保障不完善等问题,这严重制约了民营企业更好更充分地利用政务数据。因此,要聚焦民营企业使用政务数据的难点痛点,夯实政务数据开放共享的基础,促进政务数据规范有序、高效公平的开放共享和有效利用,具体可从以下三个方面着手。

(一)完善标准的制度规范

目前,没有相关法律法规明确政府部门数据采集、录入、共享的权责,也没有出台分级分类管理的标准规范。由于缺乏统一有效的标准化支撑,各地区各部门采集数据所依据的技术标准和管理规范不尽相同,往往选择"各自为政",不敢开放共享。

因此,推进政务数据开放共享工作,需要完善标准的制度规范。首先,要建立政务数据产权保护机制,为政务数据资源开发利用营造法治环境。通过开展数据权属应用试点,探索建立数据权属界定和保护利用制度,完善数据资源全生命周期管理的规范性文件。其次,要确定一份政务数据目录,由各地区各部门根据政务数据目录对本地区本部门政务数据按照统一标准规范进行梳理和汇聚,明确共享属性和共享条件、开放属性和开放条件。最后,要进一步打通各级平台的连接,持续保障数据资源一体化。

(二)加强数据的安全保障

随着政府数据和社会数据的深度融合,政府应建立健全数据采集、传输、存储、处理、使用等全生命周期的安全管理机制,完善政务数据共享的安全保障。首先,围绕数据全生命周期,应明确数据安全主体的责任。其次,要加强数据安全常态化检测,提升平台技术防护能力,建立健全面向数据的信息安全技术保障体系。最后,要加大对个人隐私、商业秘密等重要数据保护力度,严格管控数据访问行为。对涉及敏感信息的数据,应减少隐私泄露的风险。在搭建数据安全防线的过程中,还要注意更新老旧的信息化基础设施,确保数据安全。

(三)深化共享和应用场景

针对各方参与数据开放共享的意愿薄弱问题,政府应采取措施,增强各方探索和利用共享数据的信心。首先,继续发挥营商环境创新试点城市的示范带动作用。在数据共享和电子证照应用支撑领域先行先试,推动相关改革举措在全国复制推广。其次,主动收集社会、企业的政务数据开放需求,以需求为导向制定政务数据开放清单,及时处理民营企业提出的数据开放申请和异议处理申请,不断提高政务数据开放水平。最后,根据政务数据开放安全管理的工作要求,进一步加强开放安全审查,建立开放数据全流程监管体系,对政务数据开放工作中可能出现的各类安全风险,加强研究防控和事中事后监管。鼓励各地区选择安全可控的机构依法依规开展政务数据授权运营,发挥市场力量对政务数据资源进行开发利用,培育数据要素市场,构建共建、共治、共享的数据治理新格局。

第三节　以高水平对外开放为发展壮大民营企业提供支持保障

党的十八大以来,习近平总书记多次强调企业的开放发展,对引导企业利用国际国内两个市场、两种资源创新发展作出一系列重要论述,鼓励企业在更高水平的对外开放中实现更好的发展。因此,要发展壮大民营经济,还应积极鼓励民营企业"走出去",提升国际竞争力,这主要可从以下三个方面发力。

一、引导民营企业提升自身核心竞争力

纵观中国民营企业的发展历史,第一代民营企业大多在一轮政策红利期后迅速走下坡路,纷纷衰落。表面是归咎于热衷轰动效应、追求超速发展、盲目扩张和决策者目光短浅等问题,但是根本原因在于忽视或缺乏企业核心竞争力的建设。而能够跨越"短命"之坎的民营企业,正是因为一定程度上成功构建了企业核心竞争力,才能够在激烈竞争中存活下来,度过"二次创业"的瓶颈。

当今世界正经历百年未有之大变局，新一轮科技革命与产业变革正在加速演进，企业赖以生存的环境因素在更高层次上和更大范围内相互渗透、相互作用，并迅速改变，使得民营企业面临着更加激烈的国内和国际竞争。要使这些期待基业长青的民营企业在竞争日益国际化的环境中立于不败之地，提升其核心竞争力是当务之急。对此，政府必须以习近平新时代中国特色社会主义思想为指导，贯彻党的二十大精神，深刻理解民营企业核心竞争力的内涵以及短板，从而针对性地引导民营企业提高自身核心竞争力，为民营企业在"走出去"的过程中提供支持保障。

(一) 民营企业核心竞争力的内涵

"企业核心竞争力"这个概念最初由美国学者哈默尔和普拉哈德提出，被定义为"如何协调不同生产技能和有机整合各种技术流的知识，并据此创造出超越其他竞争对手的独特的经营理念、技术、产品和服务"[1]。基于此，所谓"民营企业的核心竞争能力"，宽泛来说，就表现为民营企业的资源利用能力、科技创新能力与市场开拓能力，是民营企业在长期的生产经营过程中形成的，蕴含于企业内质之中。

随着国内外市场环境的变化和技术的变革，民营企业核心竞争力的内涵也在不断扩展。具体来说，新的竞争形势下构筑民营企业核心竞争力的基本要素有两个。

1. 基础性要素[2]

基础性要素是指企业生存都必须具有的核心竞争力要素，是各类所有制企业在市场竞争中获取长期竞争优势应具有的竞争力要素，主要包括：(1)技术创新能力。技术密集型企业是未来市场经济中的活动主体，包括技术研发能力、生产制造能力、产品工艺与创新能力。(2)组织管理能力。主要是指企业经营管理过程中决策程序、活动执行的效率与效益状况，包括产权制度、经营管理模式、规章制度、企业文化、人力资源管理与战略等内容。(3)营销关系能力，是企业通过自己的产品或服务在企业与顾客之间建立的桥梁和纽带，并以此保持双向良性互动的一系列活动的总和。(4)经营管理能力，包括企业的经济规模、经济效益、盈利能力、市场地位和经营程序等内容。

---

[1] 梦然.民营企业核心竞争力评价体系研究——基于上市公司数据的实证分析[J].南京大学学报(哲学.人文科学.社会科学版),2007(6):125.

[2] 旷开源,旷开萃.民营企业核心竞争力评价指标体系[J].山西财经大学学报,2004(5):104.

2. 独特性要素[①]

独特性要素是指构成现阶段我国民营企业核心竞争力的独特性和重要性因素，是民营企业获取长期竞争优势的要素。它由三方面的内容组成：(1)劳动力要素。作为衡量民营企业核心竞争力的重要组成部分，劳动力要素的竞争力状况主要体现在劳动力的数量、获取难度和使用成本、劳动力的使用效益、劳动力的成长性、创新性水平以及高层次人才的价值性等。(2)关系能力。民营企业的关系能力体现在外部环境的突破上，它具体指这种关系成本的运用、成本控制与关系能力收益。例如，公关费用、政策优惠、金融支持、企业效益的对比情况。(3)决策执行效率。这种竞争能力具体体现在决策的速度、执行的力度与效率以及转变的成本上。

(二)提升民营企业核心竞争力的必要性

国际局势的风云变幻昭示着挑战与机遇的并存，提升民营企业的核心竞争力是发展壮大民营经济的当务之急。首先，核心竞争力是民营企业的立身之本。在国际国内市场竞争对手众多的背景下，民营企业想要取得长足发展，保持有利地位，必须要有明显优越于对手的竞争力，否则，必定被市场淘汰。其次，核心竞争力还是民营企业发展壮大的根基。企业核心竞争力形成过程本身就是企业不断健康成长的过程和结果。核心竞争力一旦形成，在其扩散效应的推动下，民营企业便可不断扩大相关产品的生产，迅速由单一走向多元，实现可持续的发展壮大。最后，核心竞争力是民营企业独特的战略性资源。民营企业核心竞争力的培育和提升过程，是企业内部各种要素不断与外部环境融合的过程。在此过程中，民营企业需要迅速对外部竞争的变化作出反应，不断对内部要素之间的匹配进行调整，达成对人才、资金和其他生产资料的最优化配置，逐渐形成自身赖以生存和发展的、异质于其他企业的物质和精神资源。它将是民营企业进一步发展的一个非常重要的战略性资源，是自身今后生存与发展的"灵根"。随着国家越发重视非公有制经济，民营企业的发展将更加依靠基础性要素，同时，独特性要素也将在不断地转变和强化中为民营企业创造更多的利益和机会。

(三)民营企业核心竞争力的提升离不开政府的大力支持

我国民营企业虽然具有体制灵活、对市场有敏锐洞察力等优点，但是当前民营企业在核心竞争力的进一步提升上存在诸多问题，对其发展壮大构成了不可忽视的阻碍。具体而言，我国民营企业核心竞争力包括但不限于以下几个方面的短板：

[①] 旷开源,旷开萃.民营企业核心竞争力评价指标体系[J].山西财经大学学报,2004(5):104-105.

(1)缺乏明晰的战略思想。民营企业要获得持续的竞争优势,最终形成其核心竞争力,在发展的不同阶段,必须有与之对应的、明确的发展战略。我国民营企业成长的初期阶段,大多面临资金短缺问题,所以企业发展过程中过分重视短期效益,形成了"重战术、轻战略"的发展特点。同时,由于没有明确的战略意图,缺乏核心的经营理念,在经营过程中方向性不强,常以能否盈利作为投资准则,因此企业经营领域模糊,把有限的资源分散在了多个业务领域,损害了核心竞争力的提升。(2)自主创新和研发不足。目前,尽管民营企业不断加大自主研发投入,但仍主要从事较低层次的科技创新活动,以发明专利和标准制定为代表的高质量成果占比较低。一方面,一些民营企业特别是中小微企业过于依赖资源禀赋,进取心和创新性不足;另一方面,民营企业常常面临激烈的市场竞争,这种竞争环境可能会限制它们在创新上的投入和风险承担能力。企业为了生存和发展,可能更多地关注短期利益,而不是长期的技术创新。(3)误解企业品牌建设的本质要求。相当多的民营企业将品牌建设与创名牌相提并论,因而在实践中采取的主要手段就是广告"轰炸",以为只要提高了产品的知名度,品牌也就自然形成了。(4)核心竞争力要素的整合问题。重组并购是提升民营企业的一个快速渠道。但是,部分民营企业并购后,在扩大了的规模上,不仅整体上缺乏其内部各成员企业之间的有效协作,而且各成员企业之间在技术、市场和管理等方面的整合缺位。这不但无助于核心竞争力的提升,甚至损害了民营企业原有的核心竞争力。

对此,良好的客观环境是促进民营企业核心能力形成的重要条件。民营企业的发展离不开政府的扶持、社会的关心,否则,民营经济的"二次创业",建立民营企业的核心竞争力将成为一句空话。一般来说,提升核心竞争力有内部开发积累、外部获取两种途径。内部开发,即企业完全通过内部积累培养要素能力,并进行整合后使其形成核心竞争力。这通常需要较长的时间才能有效提升核心竞争力,但是民营企业的生命周期普遍较短。此时,政府的支持和鼓励可以加速内部开发的速度,帮助民营企业快速提升其核心竞争力,有效延长其生命周期。外部获取,即通过并购、战略联盟,完全从外部获取构成要素,然后进一步进行内部整合,最终形成核心竞争力。这不仅会给民营企业造成巨大的经济压力,使得部分企业安于现状,而且考验了企业自身的整合能力。此时,政府的资金支持和技术指导便成了激励和保障民营企业提升核心竞争力的重要因素。

因此,针对民营企业核心竞争力方面的短板,以及提升核心竞争力的两种途径,政府可从以下几个方面着手:(1)坚定民营经济发展实体产业的决心,引导民营企业的资源投入向核心零部件和高端制成品设计研发等方向倾斜。加大对关键核心技术自主研发的支持力度,鼓励民营企业在关键环节投入研发力量,减少对外部技术和零部件的依赖。(2)鼓励民营企业加强品牌建设,严格把控产品质量,讲好品牌背后的中国故事,提升"中国制造"的美誉度。鼓励民营企业根据自身发展历程,从中发现并提炼出适合企业员工的价值观念、信念、符号等虚拟的但又实际存在的东西,并且与我国传统文化相结合,最后达到内化等过程来形成一只属于自身的"看不见的手",即企业文化。(3)通过产业政策引导,推动民营企业向产业链高端环节发展,鼓励企业进入智能制造、新能源等高附加值产业,提升产业链中的话语权和控制力。鼓励和支持民营企业引进先进的管理和整合经验,推动重组并购后的有效整合工作,提升企业的管理水平和运营效率。(4)通过设置专门的国际化服务机构,提供法律、税务、文化差异等方面的咨询服务,帮助企业更好地在全球范围内拓展业务。通过出台激励政策,鼓励民营企业关注环境保护、员工福利等社会责任方面的表现,以推动企业的可持续发展。

二、围绕高质量共建"一带一路",拓宽民营企业对外开放新平台、新通道

2013年9月,习近平主席在出访哈萨克斯坦期间,提出共建"丝绸之路经济带";次月,习近平主席在出访印度尼西亚期间,提出共建"21世纪海上丝绸之路",这标志着共建"一带一路"重大合作倡议的正式提出。此后,以习近平同志为核心的党中央对国际国内形势变化作出准确判断,扎实推进共建"一带一路"倡议,一步步地将这一倡议由理念转化为行动,由愿景变为现实。2015年3月,《推动共建丝绸之路经济带和21世纪海上丝绸之路的愿景与行动》正式发布,该文件对"一带一路"倡议的共建原则进行了说明,即"一带一路"倡议要坚持开放合作、和谐包容、市场运作与互利共赢。次年8月,习近平总书记在"一带一路"建设工作座谈会上发表重要讲话,强调要以钉钉子精神抓下去,逐步推进"一带一路"建设,让"一带一路"倡议造福沿线各国人民,这为此后"一带一路"的高质量发展提供了方向。对于共建"一带一路"高质量发展的目的和重要意义,习近平总书记在第二届"一带一路"国际合作高峰论坛上进行了全面阐述,"共建'一带一路'倡议,目的是聚焦互联互通,深化务实合作,携手应对人类面临的各种风险挑战,实现互利共赢、共同发展……共建'一带一路'为世界经济增长开辟了新空间,为国际贸易和投资搭建了

新平台,为完善全球经济治理拓展了新实践,为增进各国民生福祉作出了新贡献,成为共同的机遇之路、繁荣之路"[1]。随后,党的二十大报告再次强调要"推动共建'一带一路'高质量发展",党的二十届三中全会也明确指出要"完善推进高质量共建'一带一路'机制"[2],足见党中央对扎实推进"一带一路"的高度重视。高质量共建需要包括民营企业在内的各类企业的共同参与,这是民营企业"走出去"的重大战略机遇。

(一)"一带一路"为民营企业提供新平台、新通道

随着共建"一带一路"扎实推进,我国同沿线国家的合作不断深化,民营企业也因此获得了千载难逢的发展机遇。首先,"一带一路"倡议能够为民营企业提供丰富的投资机会。"一带一路"的推进发展离不开基础设施的互联互通。在"一带一路"国家基础设施投资缺口较大以及国家对"一带一路"基础设施建设大力支持的双重作用下,民营企业"走出去"发展能够获得稳健的投资项目与机会,以及广阔的投资市场。其次,"一带一路"倡议能够助力民营企业尤其是制造业领域的企业解决产能过剩问题。"一带一路"国家普遍发展水平不高,存在工业化进程慢、制造业起步晚等问题,而我国民营企业尤其是制造业领域的企业在响应"一带一路"倡议的过程中,能够顺势将过剩产能转移到发展水平不高的沿线国家,这既能够解决企业产能过剩的问题,又能够助力"一带一路"国家的高质量发展,可谓是双赢战略。再次,"一带一路"倡议为民营企业"走出去"发展提供了良好的集聚平台,能够使民营企业在发展过程中有效规避贸易壁垒等风险,加强产业集聚效应。推进"一带一路"高质量发展的重要载体在于境外经贸合作区的构建。伴随着"一带一路"的逐步深入推进,相关项目已由单一项目合作向一揽子项目合作延伸,企业布局模式由分散转向集聚,这有利于降低企业的流通费用和交易成本,释放集聚效应,同时企业之间抱团取暖,可以更好应对在国际贸易中面临的挑战与风险。最后,"一带一路"倡议为民营企业切实履行社会责任搭建了平台。民营企业在与"一带一路"国家进行经贸往来时,向来秉持着绿色发展的理念,重视环境保护、节能减排,同时也与当地社会形成了利益共同体,为当地人民提供了丰富的就业岗位,大幅提升了当地人民生活水平。

---

[1] 习近平在第二届"一带一路"国际合作高峰论坛开幕式上的主旨演讲[EB/OL]. http://www.qstheory.cn/yaowen/2019-04/26/c_1124420296.htm.

[2] 中国共产党第二十届中央委员会第三次全体会议公报[EB/OL]. https://www.gov.cn/yaowen/liebiao/202407/content_6963409.htm.

(二)推进"一带一路"促进民营企业"走出去"的举措

"一带一路"的推进能够为民营企业的发展提供对外开放新平台、新通道,好处颇多。然而,目前民营企业在参与"一带一路"的进程中,仍面临着营商环境严峻、海外投资经验欠缺、投资协同机制缺乏以及产融对接困难等挑战,这显然不利于民营企业在国际市场中的进一步发展。为此,政府应出台切实举措,着力推进"一带一路"的高质量发展,具体可从以下三方面着手。

(1)通过建立"一带一路"国家的组织协调机制,在增强各国内部一致性的过程中,推动民营企业"走出去"。"一带一路"国家普遍为发展中国家,经济发展水平有所差异,不同国家之间尚存差距。沿线国家常常会在国际经济、政治等多方面问题上出现分歧,这导致各国在经济政策协调上存在矛盾与阻碍,显然不利于"一带一路"机制的顺利推进。为此,我国政府应积极与别国政府加强沟通、交流,充分协调各方利益,建立国家间的组织协调机制,主要负责"一带一路"规划与实施方案的制定、项目的选择、建设进度的把握等,从而为民营企业在国际市场上的发展搭建起良好的平台。

(2)通过深化"一带一路"国家金融监管合作,在营造良好的投融资环境的过程中,推动民营企业"走出去"。民营企业"走出去"发展离不开相应的资金支持,为此,政府应努力营造良好的投融资环境。一方面,要搭建好投融资平台。要继续发挥共建"一带一路"各类专项投资基金、专项贷款、丝路基金的作用,继续发行丝路主题债券,大力支持多边开发融资合作中心有效运作。要在以亚投行投资项目引领"一带一路"建设的基础上,鼓励多边和各国金融机构参与共建"一带一路"投融资,支持开展第三方市场合作。另一方面,要加强沿线国家相互之间的金融监管合作。"一带一路"国家的金融监管模式各有所异,监管职能也有不同,因而沿线国家的金融监管难度较大。但为了给民营企业发展营造良好的投融资环境,更好规避金融风险,我国政府应加强与"一带一路"国家的金融监管合作,共同构建起高效的金融监管机制。

(3)通过推动"一带一路"国家的标准化对接,在加快互联互通建设的过程中,推动民营企业"走出去"。互联互通是关键的基础性工作,是推进"一带一路"倡议的重中之重。基础设施则是互联互通的基石,但这也正是许多发展中国家面临的发展瓶颈。建设可持续、抗风险、高质量、价格合理的基础设施,有助于各国更好发挥本国的资源禀赋优势,更快更好地融入全球供应链、产业链、价值链,实现联动发展。因此,为更好支持民营企业"走出去"发展战略,我国政府应积极与"一带一路"

沿线国家接洽,同合作各方共同努力,构建以港口、铁路、管网等为依托的互联互通网络,依托多国多港,构建全球互联互通伙伴关系,从而为民营企业的进一步发展提供新通道、新平台。

三、在制度型开放中促进民营企业发展壮大

制度型开放是我国高水平对外开放的重要内容,是贸易强国建设的必然要求。自2018年底的中央经济工作会议首次提出"推动由商品和要素流动型开放向规则等制度型开放转变"①后,党的二十大报告进一步提出"稳步扩大规则、规制、管理、标准等制度型开放"②。习近平总书记对此高度重视,在主持中央政治局第八次集体学习时强调,"要更加主动对接高标准国际经贸规则,稳步扩大规则、规制、管理、标准等制度型开放,加快打造对外开放新高地,建设更高水平开放型经济新体制"③。

(一)制度型开放为民营企业发展提供新机遇

所谓"制度型开放",是指在经济发展与对外开放过程中积极主动对接国际通行规则、规制、管理与标准,其基本内涵可分别从广度、深度与质量三个层面予以理解。首先,从广度来看,制度型开放是范围更广、领域更宽的开放,其侧重于在规则制定、治理能力(包括规制与管理)、标准控制以及信用评级各个方面与国际高标准对接,以增强自身在国际贸易与治理中的话语权以及在全球产业链中的竞争力,提高对外开放营商环境水平。其次,从深度来看,制度型开放是更深层次的"境内开放"。不同于传统的商品和要素流动的开放,制度型开放更为强调实现规则等制度的"引进来"和"走出去"。无论是制度的"引进来"抑或是"走出去",本质上都是在规则、规制、管理与标准等方面向国际看齐,将所对接的规则等制度从"边境"措施延伸至"境内"措施,比如标准一致化、竞争一致化与监管一致化等。最后,从质量来看,制度型开放强调制度政策的协调性、一致性。"政策协调"作为制度型开放的核心,更为强调规则、规制、标准等制度的兼容性和统一性。事实上,制度型开放不

---

① 中央经济工作会议举行 习近平李克强作重要讲话[EB/OL]. https://www.gov.cn/xinwen/2018-12/21/content_5350934.htm.
② 习近平. 高举中国特色社会主义伟大旗帜 为全面建设社会主义现代化国家而团结奋斗——在中国共产党第二十次全国代表大会上的报告[N]. 人民日报,2022-10-16.
③ 积极参与世界贸易组织改革 提高驾驭高水平对外开放能力[EB/OL]. https://www.gov.cn/yaowen/liebiao/202309/content_6906628.htm? ddtab=true.

仅对协调的领域有着更为宽泛和细化的内在要求,同时其对协调的深化程度也有着较高要求,这恰恰体现出了制度型开放注重协同、兼容以及一致的内在特征。

制度型开放作为商品流、资金流、信息流、人员流、技术流"五个流开放"的战略升级,将给民营企业带来极大的发展机遇。首先,制度型开放有助于民营企业更好借鉴国际经验,优化自身资源配置,从而提升自身竞争力。一方面,通过制度型开放,民营企业能够学习并引入国外的企业运作模式与经验,提升自身管理与监督效率。另一方面,通过制度型开放,民营企业能够更好引入国外资金、技术与竞争机制,推动企业自身加快技术创新和管理升级,增强核心竞争力。其次,制度型开放有助于构建全国统一大市场,从而为民营企业打造良好的发展环境。通过制度型开放,地方保护与行业垄断等阻碍民营企业发展的现象得以被打破,全国市场一体化的进程得到迅速发展。此外,制度型开放有助于民营企业与国际规则接轨,吸引外资进入更多领域,从而提高企业发展活力。最后,通过制度型开放,民营企业得以引入高端产业资源,推动自身产业结构向高附加值、高技术方向转化,国际合作与技术交流水平得到大幅提高,从而民营企业自身的技术创新能力得以提升。

(二)稳步扩大制度型开放的举措

制度型开放对于促进民营企业发展意义重大,但在参与制度型开放的进程中,民营企业自身也面临着挑战与风险。为此,要鼓励民营企业积极参与制度型开放,政府需出台相应的政策法规,为民营企业提供切实保障,具体可从以下三方面入手。

1. 尽快推动由边境措施转向边境后措施的对外开放延伸拓展

当下,国际经贸规则更为强调知识产权、劳工、环境等标准一致化,竞争政策、国有企业、政府采购、投资等竞争一致化,法治、监管、反腐败一致化等。为适应这一变化趋势,政府应瞄准更高层次国际合作与竞争,在相关领域加快形成一系列制度性、结构性安排。要统筹加强知识产权协同保护,对标国际通用标准建立相应的知识产权保护体系以及平等保护知识产权的长效纠错机制;要尽快加入WTO《政府采购协议》,完善政府采购制度,提高政府采购过程的透明度;要加快探索国际贸易经济新规则以及电子商务等新兴领域的治理模式与规则。总之,为鼓励民营企业参与制度型开放,政府应通过相应的规则变革与制度优化,主动向国际高标准看齐,尽快推动由边境措施向边境后措施转变。

2. 努力打造市场化、法治化、国际化营商环境

制度型开放的实质在于对接高标准国际经贸规则,建立起与之相适应的国内

规则和制度体系。良好的国际营商环境建设是我国民营企业提升国际竞争力的必然要求,目前我国营商环境与国际先进水平相比尚存差距。因此,为更好鼓励民营企业参与到制度型开放之中,政府应努力营造市场化、法治化、国际化的营商环境。一方面,政府要积极探索与补充更多符合国际通行标准的制度建设,持续深入推进行政审批改革,推动一系列相关制度的改革,补齐短板弱项,通过构建公平竞争的制度激发民营企业的活力;另一方面,政府应加快建立起公平、公正、公开、透明的市场规制环境,打造更为开放、便利的贸易投资环境以及更加协调、有效的产业发展环境,从而为民营企业在国际市场中的发展提供坚实保障。

3. 积极供给国际公共产品,推动完善规则导向的全球治理体系

制度型开放要求政府既注重高质量发展"引进来",同时又不能忽视推动高水平"走出去"。在当前国际局势动荡不安、供应链短缺以及我国在高、精、尖领域受到美国等西方国家阻遏的现实背景下,政府应切实发挥作用促进"双循环"新发展格局的构建,为民营企业"走出去"创造机遇。首先,要积极推动 WTO(世界贸易组织)改革,在 WTO 规则修改完善的谈判中发挥积极作用,维护多边贸易投资体制,为推进包括 WTO 在内的国际多边机构改革贡献中国智慧、中国方案。其次,要积极参与 RCEP(《区域全面经济伙伴关系协定》)区域价值链治理,在 RCEP 区域价值链治理中争取更多话语权,从而为民营企业的人员、资本以及货物等要素的流动搭建良好平台。最后,要与 CPTPP(《全面与进步跨太平洋伙伴关系协定》)、DEPA(《数字经济伙伴关系协定》)等高标准国际经贸规则深度对接,在知识产权保护、数据隐私、跨境电商等领域探索改革方案,带动国内制度型开放。这里需要说明的是,我国有一些民营企业在开放的规则、规制、标准的制定中,发挥着重要作用。例如,华为在特定领域(5G)所制定的行业标准有望成为国际通行的规则。因此,要鼓励更多的民营企业向这一发展方向迈进。

参考文献

[1] 马克思,恩格斯. 马克思恩格斯全集:第11卷[M]. 北京:人民出版社,1995.
[2] 马克思,恩格斯. 马克思恩格斯全集:第31卷[M]. 北京:人民出版社,1998.
[3] 马克思,恩格斯. 马克思恩格斯文集:第1卷[M]. 北京:人民出版社,2009.
[4] 马克思,恩格斯. 马克思恩格斯文集:第2卷[M]. 北京:人民出版社,2009.
[5] 马克思,恩格斯. 马克思恩格斯文集:第4卷[M]. 北京:人民出版社,2009.
[6] 马克思,恩格斯. 马克思恩格斯文集:第5卷[M]. 北京:人民出版社,2009.
[7] 马克思,恩格斯. 马克思恩格斯文集:第8卷[M]. 北京:人民出版社,2009.
[8] 马克思,恩格斯. 马克思恩格斯文集:第9卷[M]. 北京:人民出版社,2009.
[9] 马克思,恩格斯. 共产党宣言[M]. 北京:人民出版社,2018.
[10] 马克思,恩格斯. 马克思恩格斯全集:第3卷[M]. 北京:人民出版社,1960.
[11] 马克思,恩格斯. 马克思恩格斯选集:第3卷[M]. 北京:人民出版社,2012.
[12] 邓小平. 邓小平文选:第2卷[M]. 北京:人民出版社,1994.
[13] 胡锦涛. 论构建社会主义和谐社会[M]. 北京:中央文献出版社,2013.
[14] 江泽民. 论社会主义市场经济[M]. 北京:中央文献出版社,2006.
[15] 习近平. 摆脱贫困[M]. 福州:福建人民出版社,1992.
[16] 习近平. 干在实处走在前列——推进浙江新发展的思考与实践[M]. 北京:中共中央党校出版社,2006.
[17] 习近平. 知之深 爱之切[M]. 石家庄:河北出版传媒集团、河北人民出版社,2015.
[18] 习近平. 习近平关于社会主义经济建设论述摘编[M]. 北京:中央文献出版社,2017.
[19] 习近平. 习近平谈治国理政:第3卷[M]. 北京:外文出版社,2020.
[20] 习近平. 习近平著作选读:第1卷[M]. 北京:人民出版社,2023.
[21] 习近平. 习近平著作选读:第2卷[M]. 北京:人民出版社,2023.

[22] 习近平.论坚持全面深化改革[M].北京:中央文献出版社,2018.

[23] 习近平.习近平谈"一带一路"[M].北京:中央文献出版社,2018.

[24] 人民出版社编.中共中央、国务院关于"三农"工作的一号文件选编(1982—2014)[M].北京:人民出版社,2014.

[25] 中共中央党史和文献研究院.习近平扶贫论述摘编[M].北京:中央文献出版社,2018.

[26] 中共中央党史和文献研究院.十八大以来重要文献选编:下册[M].北京:中央文献出版社,2018.

[27] 中共中央文献研究室.习近平关于社会主义政治建设论述摘编[M].北京:中央文献出版社,2017.

[28] 中共中央文献研究室.三中全会以来重要文献选编:下册[M].北京:中央文献出版社,2011.

[29] 中共中央文献研究室.十八大以来重要文献选编:上册[M].北京:中央文献出版社,2014.

[30] 中共中央文献研究室.十二大以来重要文献选编:下册[M].北京:人民出版社,1988.

[31] 中共中央文献研究室.十六大以来重要文献选编:上册[M].北京:中央文献出版社,2011.

[32] 中共中央文献研究室.十四大以来重要文献选编:上册[M].北京:中央文献出版社,2011.

[33] 本书编写组.闽山闽水物华新 习近平福建足迹(上)[M].福州:福建人民出版社,北京:人民出版社,2022.

[34] 道格拉斯·C.诺思.制度、制度变迁与经济绩效[M].杭行,韦森,译.上海:格致出版社,2014.

[35] 河北省统计局.河北经济统计年鉴[M].北京:中国统计出版社,1986.

[36] 黄孟复主编.中国民营经济史·大事记[M].北京:社会科学文献出版社,2009.

[37] 雷元江.新中国非公经济史[M].北京:中共中央党校出版社,2018.

[38] 路德维希·冯·米塞斯.人的行动:关于经济学的论文[M].余晖,译.上海:上海世纪出版集团,2013.

[39] 西奥多·威廉·舒尔茨.论人力资本投资[M].吴珠华,等译.北京:北京经济

学院出版社,1990.

[40] 伊查克·爱迪思.企业生命周期[M].赵睿,译.北京:华夏出版社,2017.

[41] 约瑟夫·熊彼特.经济发展理论[M].何畏,易家详,张军扩,等译.北京:商务印书馆,1990.

[42] 中央党校采访实录编辑室.习近平在正定[M].北京:中共中央党校出版社,2019.

[43] 周海江.中国特色现代企业制度[M].北京:中共中央党校出版社,2016.

[44] 牢牢把握东北的重要使命 奋力谱写东北全面振兴新篇章[N].人民日报,2023-09-10.

[45] 加快发展新质生产力 扎实推进高质量发展[N].人民日报,2024-02-02.

[46] 中共中央、国务院关于促进民营经济发展壮大的意见[N].人民日报,2023-07-14.

[47] 中共中央关于进一步全面深化改革 推进中国式现代化的决定[N].人民日报,2024-07-22.

[48] 谋求持久发展 共筑亚太梦想——在亚太经合组织工商领导人峰会开幕式上的演讲[N].人民日报,2014-11-10.

[49] 中华人民共和国国民经济和社会发展第十四个五年规划和2035年远景目标纲要[N].人民日报,2021-03-13.

[50] 完善中国特色现代企业制度 建设具有全球竞争力的科技创新开放环境[N].人民日报,2024-06-12.

[51] 中国共产党第十一届中央委员会第三次全体会议公报[N].人民日报,1978-12-24.

[52] 中共中央关于全面深化改革若干重大问题的决定[N].人民日报,2013-11-16.

[53] 中共中央关于建立社会主义市场经济体制若干问题的决定[J].党的建设,1994(1):5-13.

[54] 中华人民共和国宪法修正案[N].人民日报,1988-04-13.

[55] 新华网.截至2023年底我国个体工商户达1.24亿户[EB/OL].http://www.news.CN/20240131/a29429c7a6bf406aaf5201fc2091d7176/c.html.

[56] 中共中央关于建立社会主义市场经济体制若干问题的决定[J].中华人民共和国国务院公报,1993(28):1286-1303.

[57] 北京大学企业大数据研究中心,北京大学中国社会科学调查中心,蚂蚁集团研究院.中国小微经营者调查2024年二季度报告暨2024年三季度中国小微经营者信心指数报告[R].北京：2024.

[58] 蔡庆丰,田霖.产业政策与企业跨行业并购:市场导向还是政策套利[J].中国工业经济,2019(1):81—99.

[59] 陈东,刘志彪.新中国70年民营经济发展:演变历程、启示及展望[J].统计学报,2020,1(2):83—94.

[60] 陈金至,刘元春,宋鹭.进退相济:国有经济的产业布局与宏观稳定效应[J].管理世界,2023,39(10):23—41.

[61] 陈龙.党的领导是社会主义市场经济的重要特征[J].理论探索,2022(5):109—114.

[62] 陈伟荣,陈文敬."晋江经验"锻造"晋江奇迹"[J].群言,2018(11):11—14.

[63] 陈云贤.中国特色社会主义市场经济:有为政府＋有效市场[J].经济研究,2019,54(1):4—19.

[64] 程磊,郑前宏.党组织参与民营企业治理的效果与机制研究[J].经济评论,2023,243(5):53—70.

[65] 董碧娟.财税加力支持民企拓市场[N].经济日报,2023—12—21.

[66] 高德步.中国民营经济的发展历程[J].行政管理改革,2018(9):40—47.

[67] 龚维斌.从"晋江模式"看地方文化在经济发展中的作用[J].南京师大学报(社会科学版),2000(6):10—16.

[68] 韩小芳.中国国有企业薪酬制度改革的演化动因与未来取向[J].江海学刊,2018(2):214—219.

[69] 何轩,马骏.党建也是生产力——民营企业党组织建设的机制与效果研究[J].社会学研究,2018,33(3):1—24.

[70] 何瑛,杨琳.改革开放以来国有企业混合所有制改革:历程、成效与展望[J].管理世界,2021,37(7):44—60.

[71] 贺雪峰.谁的乡村建设——乡村振兴战略的实施前提[J].探索与争鸣,2017(12):71—76.

[72] 胡锦涛.高举中国特色社会主义伟大旗帜 为夺取全面建设小康社会新胜利而奋斗——在中国共产党第十七次全国代表大会上的报告[N].人民日报,2007—10—15.

[73] 胡锦涛.坚定不移沿着中国特色社会主义道路前进 为全面建成小康社会而奋斗——在中国共产党第十八次全国代表大会上的报告[N].人民日报,2012－11－18.

[74] 胡耀邦.全面开创社会主义现代化建设的新局面——在中国共产党第十二次全国代表大会上的报告[N].人民日报,1982－09－08.

[75] 黄速建,肖红军,王欣.论国有企业高质量发展[J].中国工业经济,2018(10):19－41.

[76] 霍晓丽,刘荣荣,周洁,等."不拘一格地选拔人才"——习近平同志在河北正定工作期间推出"人才九条"的实践与启示[J].共产党员(河北),2023(14):14－22.

[77] 贾林祥.社会偏见:制约和谐社会构建的社会心理因素[J].陕西师范大学学报(哲学社会科学版),2010,39(3):18－23.

[78] 江泽民.加快改革开放和现代化建设步伐 夺取有中国特色社会主义事业的更大胜利——在中国共产党第十四次全国代表大会上的报告[N].人民日报,1992－10－21.

[79] 江泽民.高举邓小平理论伟大旗帜,把建设有中国特色社会主义事业全面推向二十一世纪———在中国共产党第十五次全国代表大会上的报告[N].人民日报,1997－09－22.

[80] 江泽民.全面建设小康社会,开创中国特色社会主义事业新局面——在中国共产党第十六次全国代表大会上的报告[N].人民日报,2002－11－22.

[81] 旷开源,旷开萃.民营企业核心竞争力评价指标体系[J].山西财经大学学报,2004(5):104－105.

[82] 兰红光.毫不动摇坚持我国基本经济制度 推动各种所有制经济健康发展[N].人民日报,2016－03－05.

[83] 郎旭华,冒佩华.生产力质态跃升形成新质生产力[N].光明日报,2024－06－18.

[84] 李慧,胡豹.共同富裕视阈下推进浙江农村集体经济发展的模式与路径[J].浙江农业科学,2022,63(10):2243－2247.

[85] 李双金.改革开放以来中国民营经济发展的理论探索[J].上海经济研究,2023(7):53－63.

[86] 李雪,罗进辉,黄泽悦.亲清政商关系与企业交易成本——基于中国上市公司非生产性支出的经验证据[J].山西财经大学学报,2023,45(7):98－111.

[87] 罗永宽,杨娇.学习贯彻习近平总书记促进民营经济高质量发展的重要论述

[J].上海经济研究,2023(12):5—15.

[88] 冒佩华,杨浩宇.发展壮大民营经济的理论逻辑与现实进路[J].上海经济研究,2023(6):29—40.

[89] 孟捷.党的领导与社会主义市场经济中的国家经济治理[J].理论月刊,2021(9):53—60.

[90] 孟捷."党支部领办合作社"与社会主义初级阶段的政治-经济制度——以"烟台经验"为参照[J].政治经济学研究,2022(2):111—124.

[91] 孟捷,陈龙.如何理解党和国家在社会主义市场经济中的作用[J].天津社会科学,2022,1(1):80—86.

[92] 梦然.民营企业核心竞争力评价体系研究——基于上市公司数据的实证分析[J].南京大学学报(哲学.人文科学.社会科学版),2007(6):125.

[93] 钱淼,郭红东.党组织领办合作社壮大农村集体经济的制度安排与实践逻辑[J].求实,2023(5):84—95.

[94] 屈文洲,谢雅璐,叶玉妹.信息不对称、融资约束与投资-现金流敏感性——基于市场微观结构理论的实证研究[J].经济研究,2011,46(6):105—117.

[95] 任晓猛,钱滔,潘士远,等.新时代推进民营经济高质量发展:问题、思路与举措[J].管理世界,2022,38(8):40—54.

[96] 施雪华."服务型政府"的基本含义、理论基础和建构条件[J].社会科学,2010(2):3—11.

[97] 孙天阳,杨丹辉.新兴产业最新研究进展及展望——一个文献综述[J].产业经济评论,2022(1):105—122.

[98] 田超伟.马克思恩格斯共同富裕思想及其当代价值[J].马克思主义研究,2022(1):81—91.

[99] 王惠林,张卫国.党建引领村集体经济组织赋能农民农村共同富裕的实践路径——基于山东省招远市D村的实证调查[J].求实,2023(6):92—106.

[100] 王建玲,李玥婷,吴璐.社会责任的信号作用——基于中国市场的研究[J].中国管理科学,2018,26(8):31—41.

[101] 王欣,肖红军.推动国有企业与民营企业协同发展:进展、问题与对策[J].经济体制改革,2022(5):5—13.

[102] 王轶.民营经济促进法的立法原则[J].广东社会科学,2024(3):241.

[103] 王智波.1970年以后的有效市场假说[J].世界经济,2004,27(8):68—78.

[104] 习近平. 研究借鉴晋江经验,加快构建三条战略通道[N]. 福建日报,2002-10-14.

[105] 习近平. 研究借鉴晋江经验,加快县域经济发展[N]. 人民日报,2002-08-20.

[106] 习近平. 在民营企业座谈会上的讲话[N]. 人民日报,2018-11-01.

[107] 习近平. 决胜全面建成小康社会 夺取新时代中国特色社会主义伟大胜利——在中国共产党第十九次全国代表大会上的报告[N]. 人民日报,2017-10-18.

[108] 习近平. 高举中国特色社会主义伟大旗帜 为全面建设社会主义现代化国家而团结奋斗——在中国共产党第二十次全国代表大会上的报告[N]. 人民日报,2022-10-16.

[109] 习近平. 论《〈政治经济学批判〉序言》的时代意义[J]. 福建论坛(经济社会版),1997(1):1-7.

[110] 习近平. 社会主义市场经济和马克思主义经济学的发展与完善[J]. 经济学动态,1998(7):3-6.

[111] 习近平. 正确处理社会主义市场经济的两个辩证关系[J]. 红旗文稿,1998(11):1-5.

[112] 习近平. 略论《关于费尔巴哈的提纲》的时代意义[J]. 中共福建省委党校学报,2001(9):3-10.

[113] 习近平. 对发展社会主义市场经济的再认识[J]. 东南学术,2001(4):26-38.

[114] 习近平. 习近平在党的十八届五中全会第二次全体会议上的讲话(节选)[J]. 求是,2016(1).

[115] 习近平. 不断开拓当代中国马克思主义政治经济学新境界[J]. 求是,2020(16).

[116] 习近平. 在党史学习教育动员大会上的讲话(2021年2月20日)[J]. 求是,2021(4):4-11.

[117] 习近平. 坚持和发展中国特色社会主义要一以贯之[J]. 求是,2022(18).

[118] 习近平. 开创我国高质量发展新局面[J]. 求是,2024(12).

[119] 习近平. 在纪念毛泽东同志诞辰130周年座谈会上的讲话[J]. 党建,2024(1).

[120] 习近平. 当前经济工作的几个重大问题[J]. 求是,2023(4).

[121] 肖文,谢文武. 当前民营经济发展的新特征与新挑战[J]. 人民论坛,2023(7):

24—29.

[122] 徐勇,叶本乾.关系叠加视角下的家户制政治形态——以传统汉族地区家户社会为基点[J].云南社会科学,2020(4):2—10.

[123] 薛有志.管理具有技术性[J].经济纵横,2000(4):13—16.

[124] 严清华,杜长征.中国古代民营经济思想的演化及其选择机制[J].经济思想史评论,2006(1):278—288.

[125] 杨华,王会.重塑农村基层组织的治理责任——理解税费改革后乡村治理困境的一个框架[J].南京农业大学学报(社会科学版),2011,11(2):41—49.

[126] 杨雪锋,李维昆.民营企业转型升级与战略性新兴产业的市场主体培育[J].黑龙江社会科学,2013(4):64—67.

[127] 杨宜音.关系化还是类别化:中国人"我们"概念形成的社会心理机制探讨[J].中国社会科学,2008(4):148—159.

[128] 尹贻梅,刘志高,刘卫东.路径依赖理论及其地方经济发展隐喻[J].地理研究,2012,31(5):782—791.

[129] 郁建兴,任杰.共同富裕的理论内涵与政策议程[J].政治学研究,2021(3):13—25.

[130] 张来明,李建伟.促进共同富裕的内涵、战略目标与政策措施[J].改革,2021(9):16—33.

[131] 张璐,闫红月,苏敬勤,等.从"锁定"到"进阶":如何突破主导逻辑的路径依赖——基于战略认知视角的案例研究[J].南开管理评论,2021,24(1):86—96.

[132] 江宇.烟台纪事 党支部领办合作社之路[M].北京:人民日报出版社,2021.

[133] 张菀洺,刘迎秋.开拓政治经济学中国话语新境界——中国民营经济理论的创新发展[J].中国社会科学,2021(6):77—97.

[134] 张文武.民营经济促进共同富裕:理论澄清、逻辑机制与现实路径[J].社会科学研究,2024(3):69—75.

[135] 张文显.习近平法治思想研究(下)——习近平全面依法治国的核心观点[J].法制与社会发展,2016,22(4):5—47.

[136] 张宇燕.理解百年未有之大变局[J].国际经济评论,2019(5):9—19.

[137] 赵普兵,吴晓燕.基层党组织引领农村集体经济发展:基于增能理论的分析[J].河南师范大学学报(哲学社会科学版),2023,50(5):7—13.

[138] 沿着有中国特色的社会主义道路前进——在中国共产党第十三次全国代表

大会上的报告[N].人民日报,1987-11-24.

[139] 中华全国工商业联合会经济服务部.2023年中国民营企业500强调研分析报告[R].北京:2023.

[140] 周戎,雷江梅,阳小华.习近平关于非公有制经济重要论述的核心要义与时代价值[J].江汉论坛,2022(12):5-12.

[141] 周文,李雪艳.民营经济高质量发展与新质生产力:关联机理与互动路径[J].河北经贸大学学报,2024,45(2):1-10.

[142] 邹升平,贾力.关于新时代民营经济发展的理论思考——兼论对"民营经济离场论"的批判[J].中共南京市委党校学报,2019(6):51-58.

۴